GABRIEL BONVALOT

L'Asie inconnue

A TRAVERS LE TIBET

PARIS
ERNEST FLAMMARION, ÉDITEUR
26, RUE RACINE, PRÈS L'ODÉON

DERNIÈRES PUBLICATIONS

Collection in-18 à 3 fr. 50 le volume

AICARD (JEAN). — Diamant noir. Roman .... 1 vol.
— L'Ibis bleu. Roman .... 1 vol.
— Fleur d'abîme. Roman .... 1 vol.
— Don Juan ou le Comte du siècle .... 1 vol.
ALBALAT (A.). — Le Mal d'écrire et le Roman contemporain. 1 vol.
ARÈNE PAUL. — Domnine. Roman .... 1 vol.
— Le Midi Bouge .... 1 vol.
BERTIN (G.). — Madame de Lamballe .... 1 vol.
BOUSSENARD et MALIN. — Orphelin .... 1 vol.
CATERS (L. DE). — De Baisers en Baisers. Roman .... 1 vol.
— Confession d'une Femme du Monde. Roman .... 1 vol.
COURET (ÉMILE). — Histoire complète de la prison politique de Sainte-Pélagie, depuis sa fondation jusqu'à nos jours .... 1 vol.
DAUDET (ALPHONSE). — Rose et Ninette. Mœurs du jour. — Frontispice de Marold .... 1 vol.
— L'Obstacle. — Collection Guillaume, illustrée .... 1 vol.
— La Menteuse. Illustrations de Myrbach .... 1 vol.
DANRIT (CAPITAINE). — La Guerre de demain. Ill. de P. de Semant. 6 vol.
(Guerre de Forteresse, 2 vol.; En Rase Campagne, 2 vol.; En Ballon, 2 vol.)
DEMESSE (HENRI). — Petite Fifi .... 1 vol.
— La Petite Orpheline .... 1 vol.
— L'Oncle Josef .... 1 vol.
— Le Vicomte de Cerny .... 1 vol.
DRUMONT (ÉDOUARD). — Mon Vieux Paris. Illustr. de G. Coindre. 1 vol.
DUBOIS (FÉLIX). — Le Péril Anarchiste. 70 illustrations ... 1 vol.
DUVAL (GEORGES). — Napoléon Ier .... 1 vol.
— Napoléon III. Enfance. Jeunesse .... 1 vol.
FLAMMARION (CAMILLE). — La Fin du Monde. Illustré .... 1 vol.
GÉRARD (D'). — Le Médecin de Madame. Roman professionnel ... 1 vol.
GINA SAXEBEY. — Autour d'une dot. Roman .... 1 vol.
HOUSSAYE (ARSÈNE). — Notre-Dame de Thermidor .... 1 vol.
HUCHER (FRÉDÉRICK). — Chérubin .... 1 vol.
JUNG (EUGÈNE). — Mademoiselle Moustique. Mœurs tonkinoises. Illustré .... 1 vol.
KISTEMAECKERS FILS (HENRY). — Par les Femmes. Roman parisien. 1 vol.
— L'Amour à nu .... 1 vol.
LAFARGUE (FERNAND). Une Seconde Femme .... 1 vol.
LAMBERT (ALBERT). — Sur les Planches. Études de mise en scène. 1 vol.
MAËL (PIERRE). Amour d'Orient .... 1 vol.
MALOT (HECTOR). — En Famille. Ouvrage couronné par l'Académie française. Illustré .... 1 vol.
— Amours de Jeune .... 1 vol.
— Amours de Vieux .... 1 vol.
MARTINEAU (A.). — Madagascar .... 1 vol.
PUIBARAUD (LOUIS). — Les Malfaiteurs de profession. Illustr. de L. Gras .... 1 vol.
RENARD (JULES). — Poil de Carotte .... 1 vol.
SALES (PIERRE). — Les Madeleines. Roman .... 1 vol.
— La Fée du Guildo .... 1 vol.
— La Malouine .... 1 vol.
VIERGE (PIERRE). Ame chimérique .... 1 vol.
XANROF. — Lettres ouvertes .... 1 vol.
YANN NIBOR. — Nos Matelots. Préface de J. Claretie. Nombreuses illustrations .... 1 vol.
— Chansons et Récits de Mer. Illustrés. Préface de Pierre Loti. Couronné par l'Académie française .... 1 vol.

L'ASIE INCONNUE

PARIS. — IMP. E. FLAMMARION, RUE RACINE, 26.

GABRIEL BONVALOT

ASIE INCONNUE

A TRAVERS LE TIBET

PARIS
ERNEST FLAMMARION, ÉDITEUR
26, RUE RACINE, PRÈS L'ODÉON

Tous droits réservés.

L'ASIE INCONNUE

CHAPITRE PREMIER

DANS LE TIEN CHAN CHINOIS

En janvier 1889, chez mon brave ami Henri Lorin, qui me rappelait cela à Paris, à mon retour, nous parlions explorations, voyages; il me demandait quel nouveau projet j'avais en tête et si je songeais encore à l'Asie. Je lui répondais qu'un beau voyage serait d'aller par terre de Paris au Tonkin, de jalonner hardiment une route à travers tout le vieux continent. Et lorsque Henri Lorin m'invita à lui montrer sur la carte mon itinéraire probable, je traçai une ligne à travers le Turkestan chinois, les hauts plateaux du Tibet et les vallées des grands fleuves de la Chine et de la presqu'île indo-chinoise. A ceux qui regardaient par-dessus mon épaule, ce plan paraissait superbe, et moi, encore fatigué du Pamir, je ne voulais pas même songer à l'exécuter : pour la bonne raison que lorsque je me chante voyage, je me laisse prendre incontinent à cette pipée de mon imagination.

A quelques mois de là, je revenais de l'Exposition, qu'on installait et où j'avais été prendre l'air des pays lointains, lorsque ce même ami m'écrivit que quelqu'un désirait voyager avec moi en Asie. Il s'agissait de savoir si c'était une personne décidée à me suivre partout, mon intention n'étant pas de globe-trotter pour passer le temps, mais d'explorer. On me répondit selon mes désirs. Du coup, j'oubliai les promesses que j'avais faites de me reposer et je me précipitai sur les récits du Père Huc et de Prjevalsky.

Les pourparlers ne languirent point avec le duc de Chartres, qui offrait de subvenir aux frais d'une exploration à laquelle son fils participerait. Nous tombâmes immédiatement d'accord sur ce point, que notre œuvre serait nationale et que nos collections seraient remises à nos musées. Mon futur compagnon, le prince Henri d'Orléans, fut enthousiasmé par le plan que je lui soumis, plan assez vague, le voyage ayant cela de commun avec la guerre, qu'il est « tout d'exécution ». Avant d'être sur le terrain, il est enfantin et inutile de rien affirmer.

Les premiers préparatifs ayant été rapidement terminés, le 6 juillet nous quittions Paris enfiévré alors de son Exposition. A Moscou nous devions rencontrer Rachmed, le fidèle compagnon de mes deux précédents voyages. On me l'avait trouvé au Caucase à l'endroit où je supposais qu'il serait, car je sais près de quelles gens Rachmed aime à vivre, quand il ne court pas les grands chemins. Le brave garçon se préparait à venir à l'Exposition, il réalisait un rêve qu'il caressait depuis longtemps; déjà son billet était pris, il allait s'embarquer à Batoum, lorsque mon télégramme lui parvint : « Si tu veux venir Chine avec moi, va attendre Moscou. » Et Rachmed alla aux bureaux de la compagnie Paquet se faire rembourser son billet de Paris et il en prit un autre pour Moscou. Il n'était pas heureux de la conjoncture; comme vous pensez bien, il avait le cœur gros de ne pas voir l'Exposition. Pourtant il n'hésita pas. Ainsi qu'il le confia, en parlant de moi, à un de mes amis, il avait la crainte de perdre mon affection : « Il n'aurait pas été content », disait-il. Rachmed est Ousbeg d'origine, il appartient à une des branches de cette belle race turque où l'on compte tant de braves gens, je ne me lasserai jamais de le répéter.

En Russie on nous fait le meilleur accueil. On nous donne toutes les recommandations nécessaires pour les consuls de la frontière chinoise. A Moscou nous séjournons juste le temps de faire d'innombrables achats. Nous touchons à Nijnii-Novgorod, nous descendons le Volga, remontons la Kama, traversons la chaîne de l'Oural. Nous reprenons le bateau à Tioumen, débarquons à Omsk et, y ayant fait quelques emplettes, nous repartons pour Semipalatinsk. Là nous achetons les produits européens que nous craignons de ne pouvoir nous procurer à l'extrême frontière, et, à grands cahots de *tarantass*, nous arrivons à Djarkent, la dernière ville du territoire russe.

Avant d'entrer en Chine nous organisons notre caravane et nous recrutons le personnel nécessaire à l'exécution de nos projets.

Rachmed examine les hommes, et, en me les présentant, il me dit invariablement : « Ils ne valent rien pour la route. » Je vois bien qu'il a raison. Pas un seul qui ait un passé sérieux : tous des paresseux, des endettés, des gens qui veulent passer la frontière dans notre suite; aucun de ces bons aventuriers à mine décidée, vigoureux, ayant déjà regardé la mort sous le nez, et qui suivraient dans le feu le chef que le hasard leur donne, pourvu que ce chef ait su se les attacher par un mélange parfois égal de bons et de mauvais traitements. Combien nous regrettons de n'avoir pas notre base d'opérations dans le Turkestan russe, à Samarcande, par exemple, où les bons *djiguites* ne manquent pas.

Nous avons bien trois Russes qui nous conviendraient, mais ils ont posé comme condition d'engagement de ne pas dépasser le Lob Nor.

Le 2 septembre nous quittons Djarkent. En marchant à petites journées, nous sommes, le 6, à Kouldja, où le consul russe et son secrétaire nous offrent la plus cordiale hospitalité. Nous passons de bons moments chez les membres de la mission belge. L'un d'eux, le Père Dedeken, a terminé son engagement; il doit retourner en Europe, et, comme il a un rendez-vous à Chang-Haï, il s'en ira à la Côte avec nous et peut-être nous accompagnera en Europe. Le Père parle chinois. C'est un homme décidé, et nous sommes heureux de le voir grossir notre troupe. Son serviteur, Bartholomeus, l'accompagnera. C'est un Chinois honnête, chose extrêmement rare, paraît-il, mais très entêté, ce qui est très commun en Chine, nous dit-on.

Le prince Henri, Dedeken, Rachmed, Bartholomeus et moi formerons le noyau de l'expédition. Nous avons encore un interprète, nommé Abdoullah, parlant chinois et mogol; autrefois il a accompagné l'illustre Prjevalsky. Il nous paraît un honnête garçon; mais sa vanité, sa vantardise, son bavardage nous inquiètent.

Le récit des souffrances qu'il a éprouvées dans le Tsaïdam épouvante nos gens. Ce babillard infatigable semble prendre à cœur de nous décourager de rien entreprendre en dehors des sentiers battus. Il faut dire que le consul russe de Kouldja ne nous encourage pas non plus, et lorsque Henri d'Orléans lui dit que nous allons essayer d'arriver à Batang, il a un sourire d'incrédulité et il l'engage à ne pas se leurrer de cet espoir.

Il nous fait observer que nous n'avons pas d'escorte, pas de tente de feutre, pas de passeport chinois. L'expérience nous a démontré qu'on peut se passer de ces trois choses indispensables au dire du consul.

En ce qui concerne le passeport, je dois dire que la principale cause de notre réussite a été de n'avoir pas prévenu à l'avance le Tsong-li-yamen de Pékin. En demandant un passeport pour voyager dans les parties peu visitées de la Chine, nous aurions éveillé l'attention de la diplomatie chinoise. Les mandarins nous auraient donné les plus chaleureuses lettres de recommandation, sauf, une fois notre itinéraire connu, à envoyer d'avance des ordres pour que tous les moyens soient employés afin de nous barrer la route et de nous obliger à rebrousser chemin. Tel a été le sort de tous les voyageurs en Chine, depuis feu Prjevalsky jusqu'à Richthofen, au comte Bela Szecheny et tant d'autres, arrêtés dans leurs entreprises par des procédés divers.

Après avoir complété notre caravane tant bien que mal à Kouldja, il nous manque, pour continuer notre route, l'autorisation du gouverneur chinois de la province. Elle nous est accordée après une visite où l'étiquette est très bien observée, en ce sens qu'on nous offre trois tasses de thé et une bouteille de champagne. Le gouverneur nous remet deux sauvegardes pour nous conduire aux frontières de la province d'Ili.

Le 12 septembre, la petite colonie européenne nous fait gracieusement la conduite jusqu'à la porte de la ville. On nous souhaite cordialement bon voyage, bon retour en France, et puis on se sépare.

Nous voilà donc enfin en selle. Le chemin est creusé dans le lœss; c'est bien la poussière du Turkestan. On en sort, et le sol, le paysage, la culture de la plaine me rappellent les environs de Samarcande et de Tachkent. Les faces glabres, les yeux bridés, les longues tresses des hommes disent qu'on est en Chine. La fertilité de cette vallée d'Ili est remarquable; aussi depuis quelques années se repeuple-t-elle très rapidement. Beaucoup de Tarantchis qui avaient fui sur le territoire russe retournent aux places que leurs pères ont cultivées. Beaucoup d'émigrants viennent de Kachgarie, même de la Chine orientale. Longtemps encore les bras manqueront à cette terre qui peut nourrir des centaines de milliers d'habitants.

Nous laissons à notre droite la vallée d'Ili, et jusqu'à Mazar, posé sur un affluent du Kach, nous suivons une route commode. Fréquemment nous rencontrons des villages abandonnés par des Tarantchis qui, ayant pris part au massacre des Chinois, ont fui quand ces derniers ont reçu la province d'Ili des mains de la Russie.

Les maisons tombent en ruine; elles se perdent maintenant dans un bocage de saules, de peupliers, de vignes; les herbes folles encombrent les jardins; les canaux d'irrigation sont à sec et les champs en jachère. Ces terres, désertes maintenant, n'ont pas cessé d'être généreuses; elles se sont parées de verdure, et l'aspect en est riant.

Un de nos hommes reconnaît la maison où il est né; le toit est tombé; la porte a été enlevée, on l'a brûlée sans doute; les murs sont crevassés, il y a des touffes d'orge près de l'âtre, et le Tarantchi se lamente :

— C'est là que je suis né, et je ne sais pas où aller maintenant. Lorsque j'habitais là avec mon père, nous étions heureux. Quelles belles récoltes! Le blé valait cinq kopeks le *poud* (à peu près un double décalitre), aujourd'hui nous le payons trente à Djarkent.

— Pourquoi n'y êtes-vous pas restés?

— Nous avions trop tué de Chinois, de Solons, de Sibos, et au retour des Chinois, nous nous sommes sauvés.

— Maintenant que tu as passé la frontière, retourneras-tu à Djarkent?

— Dieu m'en garde! La terre n'y est pas bonne et l'eau est rare. J'irai à Kachgar, où j'ai la famille d'une de mes femmes.

— N'étais-tu pas marié à Djarkent?

— Oui, et même j'avais un enfant. Il est mort la veille du jour où je me suis présenté chez vous, et j'ai rendu ma femme à son père. Je suis libre.

La facilité avec laquelle ce musulman abandonne sa femme ne laisse pas de m'étonner. Il paraît que c'est monnaie courante dans le pays.

Nous trouvons dans la province d'Ili, au delà de

Mazar, beaucoup de Kirghiz sibériens, que la bonté des pâturages des affluents de l'Ili a attirés. Ils ont conservé les chefs qu'ils avaient élus étant sujets russes. Par ordre du mandarin chinois, d'accord en cela avec les tribus, ces chefs élus transmettront le pouvoir à leurs descendants.

À côté de ces Kirghiz très riches, nous voyons des Kalmouks très pauvres. Les bons pâturages, les riches troupeaux, appartiennent aux premiers; les autres sont relégués dans les moins bonnes places, qu'ils cultivent sans acquérir l'aisance. Ces Kalmouks ne payent vraiment pas de mine. Ils sont chétifs, mal nourris, mal logés, mal vêtus, et ils ont l'air placide plutôt qu'énergique ou intelligent.

Leurs voisins ne paraissent pas les tenir en haute estime, car un Kirghiz à qui je fais remarquer combien ces Mogols ont la physionomie douce, me répond en riant :

— Cela est vrai. Ils sont bons comme les vaches.

— Comment?

— Parce qu'on peut les traire à volonté.

Il paraît que les Kirghiz, qui sont audacieux, bien armés et sans scrupules, ne se gênent pas pour tromper et piller ces Mogols. Les voleurs, étant musulmans, transigent facilement avec leur conscience, attendu que les volés sont bouddhistes, c'est-à-dire des gens qui n'ont pas de « livre », ni Bible, ni Coran, par conséquent les derniers des hommes.

Les autorités chinoises interviendraient rarement pour rendre justice à ceux qui sont lésés : les coupables sont presque toujours insaisissables; dans la montagne ils se cachent facilement, et puis, à ce propos, on peut obtenir de leur famille ou de leur tribu soit un impôt arriéré, soit un cadeau qu'en temps ordinaire le mandarin se verrait refuser.

Lorsque les brigandages sont tels que toute sécurité a disparu, la ruse est employée : avec de belles paroles, avec des promesses, on attire en ville le chef qui est l'instigateur du désordre, et l'on s'en débarrasse d'une manière quelconque. Par exemple on le met dans une cage entre deux pals, et, pour que les méchants tremblent, on laisse le prisonnier mourir dans cette horrible posture. L'agonie dure parfois une semaine.

Les nomades ayant perdu leur chef sont un peu désorientés, et l'on profite de cet état d'esprit pour exiger une sorte de soumission. Les autorités chinoises ont réussi à enregistrer nombre de Kirghiz, à les étiqueter pour ainsi dire. En effet, des cavaliers qui nous croisent portent au cou une tablette renfermée dans un sac de feutre. Je demande ce que cela signifie, et l'on m'explique que depuis quelque temps tout Kirghiz, avant de se rendre à la ville, doit se présenter d'abord chez son chef et lui demander une tablette de ce genre. Dessus est écrit son nom en turc, en chinois, en mogol : c'est un passeport qui lui permet de circuler librement dans les bazars. Aux époques de trouble, tout Kirghiz surpris sans cette tablette est arrêté par les soldats chinois et punis des peines les plus terribles.

En rentrant dans sa tribu, le voyageur doit rendre à son chef son passeport sur bois : on contrôle ainsi les absences et l'on a un moyen de faire un peu la police de la montagne.

Le 15 septembre, nous avons quitté Mazar. Si le pont sur le Kach n'avait été emporté à la suite d'un orage, nous aurions franchi cette rivière pour nous rendre dans la vallée du Koungez par une passe voisine. Il nous faut prendre à travers la montagne plus au nord et aller chercher un gué plus haut. Après avoir grimpé, puis suivi les ondulations des collines incultes, nous apercevons la vallée, sorte de terrasse au pied des montagnes, steppe grisâtre tachetée de tentes peu nombreuses et où quelques troupeaux errent. Elle est dominée à l'est par un chaînon plus élevé que celui du nord, dont les pentes nous semblent nues et dont les cimes ne sont point blanches de neige.

Les bords de la rivière offrent un aspect assez riant. Elle se déroule ainsi qu'un ruban à travers des bocages verts formés par des peupliers, des saules, des tamarix qui ont encore quelques fleurs, des réglisses, des épines-vinettes, des framboisiers sauvages. L'eau est abondante et l'herbe est drue partout où la rivière s'est répandue. Dans les fourrés, les faisans abondent.

Après un village abandonné nous traversons la petite rivière de Nilka et quittons la vallée marécageuse pour regrimper sur le plateau qui la borde. Au milieu de hautes herbes on rencontre des surfaces défrichées où les Mogols ont leurs tentes de feutre. Elles sont plus petites que celles des Kirghiz, plus basses, plus pointues vers le sommet. Ces Mogols sont occupés à battre le blé dans les aires en plein vent et de la même manière que font les peuples primitifs qui n'emploient point de machines. Une perche est plantée au milieu du blé posé sur le sol. Des bœufs réunis sur une même ligne sont attachés à cette perche et tournent autour. Ils piétinent lentement la moisson. Des enfants les houspillent d'une baguette. Ces enfants, nus comme à l'heure de leur naissance, sont malingres. Leur ventre est trop saillant; leur peau, exposée au soleil, presque noire, paraît jetée sur leur ossature et elle semble vouloir la quitter chaque fois qu'ils élèvent leurs bras et font saillir les cercles de leurs côtes et les angles de leurs omoplates.

En passant près d'une de ces batteries, j'attire l'attention d'un Mogol qui se repose sur les gerbes, tandis que ses fils chassent les bœufs. Il se lève et quand je passe :

— Salut! dit-il.
— Salut, ami.

— Où vas-tu?
— Par là (je montre le sud-est).

Il pousse une sorte de grognement, n'en demande pas davantage et reste immobile à réfléchir. Il ne s'explique pas notre présence. A quelques pas de là je me retourne, et je le vois balayer son grain avec un balai fait comme chez nous et qu'il manœuvre de la même manière que l'Européen le plus civilisé.

Le soir du 16 septembre nous sommes sur les bords de la rivière, qui est large d'au moins 200 mètres au point où nous devons la franchir, car elle se ramifie et forme des îlots nombreux. Son cours est assez impétueux. Demain matin, à l'heure où les eaux sont le plus basses, avant le lever du soleil, notre caravane passera sur l'autre rive, sans encombre, nous l'espérons.

De notre bivouac nous apercevons au nord des points blancs dans la plaine, au pied des montagnes. Ce sont, paraît-il, des tentes de lamas qui se livrent aux travaux de la moisson. La récolte terminée, ils reviendront hiverner dans le monastère, bâti sur la rive gauche de la rivière.

Ici nous sommes dans un pays bouddhiste, dans un pays où l'on croit à la métempsycose, à la transmigration de l'âme d'un corps dans un autre. Cela n'entraîne, comme vous pensez bien, ni le respect de la dépouille humaine, ni le culte des morts.

En me promenant dans les roselières à la

recherche de petits oiseaux pour notre collection d'histoire naturelle, je heurte du pied la partie supérieure d'une tête d'homme. Les bêtes sauvages, les oiseaux de proie, et sans doute les chiens des tentes voisines, ont fait disparaître l'enveloppe terrestre du Mogol, dévorant sa chair, broyant ses os; puis les années, les intempéries, ont achevé l'œuvre de destruction. Il ne reste plus qu'un crâne blanchi, un tibia rongé, une moitié de mâchoire; mais l'âme s'est envolée et les carrés d'étoffe au bout des piquets prient pour elle, car ils portent, imprimées en noir sur fond jaune, des prières merveilleuses rapportées de Lhaça.

Le lendemain, comme nous avons l'assurance de rejoindre facilement notre caravane, que la traversée du gué retardera dans sa marche, nous visitons le grand lama maître du monastère.

Notre arrivée près des tentes est annoncée par les aboiements furieux de superbes mâtins à long poil. Le bruit fait sortir des lamas jeunes et vieux, qui écartent à coups de pierres ces bêtes très vigilantes. Nous disons l'objet de notre visite au plus âgé d'entre eux; celui-ci envoie en avant-coureurs deux jeunes moinillons, et lui-même nous conduit poliment à la demeure de son chef. L'individu qui nous sert de cicerone possède une tête énorme, un col assez long, de petits yeux et une face très large et toute grêlée de verrues. Cela ne constituerait pas une physionomie avenante si la bouche à grosses lèvres n'avait un sourire aimable qui efface cette laideur. Il paraît que cet excellent homme, dont il serait difficile de fixer au juste l'âge, est un médecin célèbre. Nous ne savons quels sont les honoraires que les malades lui payent, mais nous pouvons dire qu'il ne fait pas de grands frais de toilette. Sa coiffure est une calotte de cuir crasseuse surmontée d'une houppe, petite calotte d'enfant de chœur, qui est vraiment minuscule pour cette énorme tête, par rapport à laquelle elle a à peu près les proportions d'un pain à cacheter posé sur une mandarine. J'allais oublier — tant cette tête me préoccupe — de vous dire que l'ajustement de cet Hippocrate consiste en une longue robe de bure lui tombant aux pieds et qu'une corde serre à la taille. Ce long corps maigre est terminé par de petits pieds enfermés dans une sorte de bas en cuir brut : cette chaussure ne mérite pas le nom de botte.

Le grand lama nous accueille poliment sur le seuil de sa tente de feutre blanc, la plus grande de toutes. Il soulève lui-même la portière et nous invite avec une grande affabilité à pénétrer dans sa demeure. Nous ne nous faisons pas prier et nous nous asseyons à l'orientale à gauche de l'entrée.

Le petit homme jaune nous questionne sur notre santé, nous offre les services de son médecin et nous entretient le plus paternellement du monde. Laissant à notre interprète le soin de lui répondre, nous examinons à l'aise, quoique discrètement, cette incarnation de Bouddha et son intérieur.

Ce grand lama paraît avoir une soixantaine d'années. Comme tous les prêtres de sa religion, il a les cheveux courts; étant naturellement imberbe, il n'a pas besoin de se raser. Ses traits sont réguliers, surtout comparés à ceux de son médecin. La face est assez large, bien entendu, mais l'œil noir est très intelligent, la bouche est fine, les sourcils sont bien marqués. Il a de l'aisance dans les gestes, de l'onction dans la voix. Nous ne serions pas étonnés qu'il administrât fort bien sa congrégation. Il nous semble être un « homme remarquable ». De temps à autre il prise du tabac rouge qu'il verse sur l'ongle de son pouce; il le puise à une bouteille ovale de jade que ferme une cheville à tête d'argent. Il veille à ce que l'on nous serve le thé au beurre, boisson favorite des Mogols et des Tibétains, avec laquelle je fais aujourd'hui connaissance et que je trouve à mon goût.

En sortant nous apercevons des cymbaliers qui sont postés devant une grande tente, laquelle est affectée au service religieux durant la moisson. Les lamas sont presque tous dans les champs et le nombre des prieurs est très petit : il se compose surtout de jeunes garçons tous en calotte d'enfant de chœur, tête rasée, avec une longue robe monacale serrée aux reins par une ceinture.

Le monastère consiste en une réunion de maisons dans le goût (!) mogol et formant un carré. Rien de plus simple que l'architecture de ces constructions : quatre murs, une porte, une fenêtre, un âtre, un trou dans le plafond; sur le toit : du fourrage, des guirlandes de prières, et c'est tout. Autant que nous pouvons en juger par les fentes des portes fermées, l'ameublement est nul ; nous apercevons quelques coffres, quelques hardes, quelques outils. Au reste, les lamas, fidèles à leurs habitudes de nomades, habitent, nous assure-t-on, même pendant la saison froide, leurs tentes de feutre dressées dans les cours que forment les habitations. Elles sont bâties avec de la terre, des moellons, des perches, et elles servent autant à l'usage du bétail qu'à celui des hommes.

La pagode est neuve; ses murailles sont blanchies à la chaux. La grande porte ouverte, nous pénétrons dans une sorte de grange rectangulaire. Tout d'abord notre regard se porte sur l'autel, où brillent les flammes de lampes à huile qui font reluire la dorure des statues. L'une représente Bouddha jeune, souriant, assis sur un trône. Derrière lui, un lama en métal doré sourit le plus aimablement du monde, comme Bouddha, et, comme lui aussi, il possède de longues oreilles, pour mieux entendre les prières, sans doute; et il tient les mains l'une opposée à l'autre en ayant l'air de se préparer à applaudir, tout en restant très digne.

A côté du grand autel, une chapelle de plus modestes proportions abrite la statue d'un personnage vêtu de jaune, ayant un tablier sur les genoux

2.

et un chapelet à la main; il serait le successeur du grand lama, et son rôle serait analogue à celui d'un saint, car il aurait charge d'intercéder en faveur des fidèles et de transmettre leurs prières à qui de droit.

Sur la table de l'autel sont alignées de petites tasses contenant de l'huile. On voit, à côté des aiguières de bronze, des sonnettes, des paquets d'images, des plumes de paon en trophée, des ballots de livres saints et de prières imprimées, des fioles renfermant des graines ou des odeurs, et d'autres menus objets dont la valeur est grande, car ils ont été apportés de la sainte ville de Lhaça. Les côtés de la nef, si l'on peut ici employer ce mot, servent de hangar et de remise, car nous apercevons des coffres, des caisses, des peaux, des tapis, des marchandises diverses, et même des treillis de tentes. Le sol est battu et cela donne à cette pagode un air de propreté.

Avant de quitter le lama guide, nous lui donnons un copieux pourboire; le pauvre diable ne cache pas son contentement, car la richesse n'est point connue de ces gens simples. Nous sommes frappés de l'état misérable où vivent les Mogols campés aux alentours. L'intérieur de leurs tentes est un modèle de malpropreté, on y respire les odeurs les plus désagréables. Presque tous les enfants sont nus, leurs parents n'ayant pas de quoi les vêtir. Quant aux femmes, elles dépassent en laideur les êtres les plus laids et l'on se demande, en les considérant, comment ferait le plus ardent des poètes pour les poétiser.

Le soir, nous arrivons par une petite passe dans la vallée du Koungez. Nous campons non loin d'une mine de cuivre où nous trouvons une imperceptible source qui nous donne assez d'eau pour le thé. Nous sommes dans une steppe aride.

Le 18 septembre, nous campons dans les roselières aux bords du Koungez, à une place nommée Timourlik. Sur la rive opposée on distingue un grand campement de Kirghiz. Est-ce notre présence qui les décide? Est-ce que le temps est venu pour eux de chercher d'autres pâturages? En tout cas, durant la nuit ils rassemblent leurs troupeaux, plient leurs tentes, et le matin dès l'aube ils ont disparu.

Nous passons le Koungez à dix kilomètres de là, car nous devons nous diriger vers le sud-est, vers la vallée de Tsakma, et la passe qui y mène se trouve en amont de la rivière. Nous sommes maintenant sur la route suivie par Prjevalsky. Jusqu'à présent la traversée des chaînons du Tian Chan qui nous barrent la route n'offre pas de grandes difficultés : nous faisons une promenade charmante. La température est agréable, quoique le 18 nous ayons à une heure de l'après-midi + 38 degrés à l'ombre. Le minimum de la nuit est — 9 degrés, juste ce qu'il faut pour qu'on s'enveloppe avec plaisir dans les longues couvertures ouatées.

Aussi les Kirghiz qui, le 19, nous offrent l'hospitalité, se disent-ils les plus heureux des hommes. Ils ont de l'eau en suffisance : près des montagnes ils sèment le millet et le blé; dans la plaine ils abreuvent leurs troupeaux à volonté, l'herbe abonde. Le bois ne manque pas, car les rives du haut Koungez sont de véritables bocages, où nous reconnaissons à l'état sauvage les saules, les peupliers, le pommier à fruits petits et âcres au goûter, le poirier, l'abricotier, le chanvre, la réglisse, le houblon. Avant de passer dans la vallée de Tsakma, nous campons dans un véritable bois où rôdent les sangliers, les cerfs, les renards, les faisans et, hélas! aussi les loups, qui nous dévorent quatre moutons bien gras dont nous nous proposions de faire un excellent rôti. Nos chasseurs poursuivent des ours sans les atteindre. Ils foisonnent dans la montagne.

Le 20 septembre, nous quittons ces braves Kirghiz, qui sont les derniers que nous verrons. Je ne crois pas que leurs tribus se soient répandues plus à l'est.

Leur chef, nommé Sasan, est très fier de la médaille russe qu'il porte au cou et du bouton bleu de son chapeau, qui indique son grade chinois. Il nous fait la conduite à travers les roselières, et avant de nous souhaiter toutes les prospérités imaginables, il recommande à notre bienveillance cinq hommes de sa tribu que nous rencontrerons peut-être aux environs du Youldouz.

« Ils sont partis sans permission, dit-il; il est à craindre qu'en vous voyant de loin ils ne vous confondent avec des Chinois et prennent la fuite. Je vous en prie, ne leur faites pas de mal, ne leur tirez pas de coups de fusil. »

Nous supposons immédiatement que les amis du vieux Sasan sont des *barantachis*, c'est-à-dire des gens se livrant à la *baranta*, nom turc du « vol des chevaux ».

Le 22 septembre est pour nous le premier jour un peu pénible. Il tombe une pluie plus que rafraîchissante et pas un de nos hommes n'a le désir de se mettre en route. Les deux guides que le gouverneur chinois nous a donnés prétendent ne pas connaître de route vers la vallée de Tsakma, et l'interprète Abdoullah, qui se charge de nous en montrer une, nous mène droit à une impasse. Nous rebroussons chemin et le simple bon sens nous fait découvrir une passe commode : elle le serait du moins si la pluie n'avait rendu la montée difficile. Nous sommes sur la terre argileuse de la steppe et nos chameaux ne tardent pas à glisser, à hurler de rage; quelques-uns d'entre eux s'abattent et voilà notre caravane arrêtée. On les relève avec peine, et, pour éviter de nouvelles chutes, on fauche des herbes et des broussailles avec le tranchant des sabres et l'on étale à ces maladroits animaux une litière sur laquelle ils conservent l'équilibre. On les fait avancer en les excitant par des cris proférés dans les langues les plus variées : vous auriez entendu le russe, le kalmouk, le turc, le chinois, le français et même le flamand. Quant à ces deux dernières langues, c'était la première fois qu'on les parlait dans ce recoin des Monts Célestes.

La pluie cesse lorsque nous sommes en haut de la passe. Près de la ligne de faîte nous trouvons un sentier à peine tracé sur le rebord d'une gorge; à notre gauche, au-dessous de nous, de grands cerfs lèvent la tête et nous regardent immobiles. Un de nos chasseurs tente de les approcher, mais le chien effraye ces superbes bêtes; elles fuient, s'enlevant par bonds vigoureux au-dessus des broussailles; elles s'enfoncent dans la verdure des pins et disparaissent.

L'horizon étant plus net, grâce à la brise, l'espace grandit vers l'ouest et se développe si loin que la rivière ne se voit plus que comme un fil, et qu'elle finit par se perdre dans un infini uniforme.

Nous campons sur un terre-plein naturel près d'un bocage où la rivière circule. On allume de grands feux, un grand séchage est organisé. On sacrifie une brebis grasse. La gaîté est générale. Les moutons qui nous restent sont liés les uns aux autres et tenus entre les feux dans le cercle que feront les chameaux et les chevaux, ce soir. On craint les loups; ils pourraient nous réduire à la famine.

Cette contrée, où se voient des traces de sangliers, de cerfs, de loups, d'ours, est fréquentée par les chasseurs : les cendres d'un feu en plein air, des tisons calcinés, un abri de branchages nous le prouvent.

Sous un pin, entre deux énormes racines, nous découvrons un gîte très confortable. Le sol est battu, la chambre à coucher est une épaisse litière d'herbes sous une voûte où l'on doit se glisser. Bien entendu qu'en s'éveillant il ne faudrait pas gesticuler, mais on peut dormir à l'abri de presque tous les vents; on peut allumer un feu à ses pieds, passer la nuit sans que le feu risque trop d'être éteint par la pluie, car les fines pointes toujours vertes des branches superposées ne laissent pas passer une goutte. Le gibier foisonne non loin de là; on peut certainement tuer des cerfs, puisque voilà les solides os de leurs jambes que les loups ont renoncé à croquer. En outre, de l'eau délicieuse et du bois à discrétion sont à deux pas. Cela donne envie d'être un sauvage, d'être un primate assez distingué pour apprécier ces commodités et en jouir complètement.

CHAPITRE II

DANS LE TIEN CHAN CHINOIS
(suite.)

L'interprète Abdoullah nous épouvante presque avec la passe de Narat qu'il a traversée autrefois et qui, selon lui, mettra hors d'état tous nos chameaux. A l'en croire, il faudrait coudre à chacun d'eux des plantes de pied artificielles, afin de les protéger contre les pierres tranchantes ou pointues dont la passe est hérissée. Il calcule que nous n'aurons pas assez de cuir pour le ressemelage de nos chameaux, et se lamente.

Rien de plus dangereux en exploration qu'un gaillard de cette espèce, un important aussi nul, à qui on laisserait prendre sur les indigènes un ascendant que s'arrogent souvent les interprètes. Nous n'ajoutons foi qu'à moitié aux dires d'Abdoullah et nous ne ressemelons pas nos chameaux.

Cette opération, qui ne laisserait pas d'étonner

un boulevardier, est fréquente dans le désert pierreux des montagnes. Elle consiste tout simplement à coudre au pied des bêtes blessées une semelle de cuir. Tandis qu'on exécute cette cordonnerie bizarre, le client n'est pas à l'aise et il donne toutes les marques extérieures, toutes, du mécontentement. La couture achevée, on rend à la bête qu'on avait ligottée la liberté de ses membres. Il est intéressant de voir ses premiers pas d'essai avec cet accessoire qui lui permet de poser le pied à terre sans douleur : elle s'en aperçoit vite, et vite elle cesse de récriminer en son patois contre la brutalité de ses maîtres.

Après une courte étape, ayant trouvé une « bonne place », nous faisons séjour, afin de nous préparer à franchir la passe.

Nous vous dirons, une fois pour toutes, qu'une « bonne place » est, ici, celle où l'on peut poser sa tente sur un terrain à peu près égal, à l'abri du vent ou de la neige, près de l'eau et du bois. Dans les régions où l'eau et le bois manquent, une bonne place existe encore... relativement à celles qu'on a occupées précédemment, il suffit alors qu'elle soit moins mauvaise.

Un beau campement comme celui du 23 et du 24 septembre ne s'oublie pas. Nous y restons deux jours, employés à des réparations diverses. On visite les fers des chevaux, on remplace ceux qui sont usés. On veille à ce qu'aucun clou ne manque. On regarde le dos des bêtes de somme et des chevaux; les selles qui les blessent sont modifiées; les plaies sont pansées; on recoud les enveloppes déchirées des charges. En un mot, tout est mis en état.

Notre vieux chamelier, Imatch le bancal, qui n'a pas voulu quitter les chameaux que nous avons achetés à son maître, les soigne avec une véritable affection. Ils le connaissent, et lorsqu'il les appelle dans la steppe à l'heure du picotin, ils viennent à lui comme les poules vers la ménagère qui leur jette le grain.

« Ma! Ma! » crie-t-il aujourd'hui avec une intonation aimable. Les chameaux d'habitude s'avancent vers leur maître en se « hâtant avec lenteur ». Cette fois ils perdent toute gravité, ils accourent de tous côtés, et les voilà se bousculant, se pressant autour d'Imatch. C'est à qui sera le premier servi.

Il se passe quelque chose d'extraordinaire : aujourd'hui est un jour de fête, car on donne à chacune de ces bêtes deux ou trois poignées de sel afin d'exciter leur appétit. Ce régal inattendu les met en belle humeur et ils la manifestent par des grognements comiques.

Imatch les chasse vers la steppe, mais les gourmands se tiennent aux environs du bivouac : ils ont l'espoir que l'on distribuera encore du sel. En attendant, ils le savourent et le ruminent avec une satisfaction que marque le balancement ininterrompu de leur courte queue.

En broyant les grains entre leurs fortes meules ils font un bruit déchirant les oreilles et qu'on peut comparer à celui des roues d'une brouette mal graissée, entrecoupé de grincements de scie.

Quelques-uns de nos hommes sont déjà souffrants et il se trouve que ce sont précisément les plus paresseux. Ils souhaitent vivement qu'on les renvoie avec les guides donnés par le gouverneur qui s'en retournent. Cependant ils iront avec nous jusqu'au delà de la passe, notre personnel ne pouvant être diminué en ce moment.

Voilà dix jours à peine que nous dressons la tente et déjà nous en avons pris l'habitude et nous l'aimons. Chaque soir nous nous étendons avec plaisir à la place que nous avons quittée le matin.

Notre tente n'est pourtant ni grande, ni confortable : sa hauteur est celle d'un homme ordinaire, mais elle est assez longue et assez large pour que tous les trois nous puissions nous étendre sur les feutres, manger à la gamelle unique qui nous réunit, et savourer les tasses de thé sans se toucher des coudes.

Notre abri est d'une bonne toile cousue double et solidement ; cela suffit pour nous protéger contre le mauvais temps et nous avons la sensation d'y être comme dans un salon, quand la pluie s'abat à flots ou que la tempête se déchaîne.

Le départ des deux guides donnés par le gouverneur d'Ili a fait dans notre troupe un vide, qui est comblé presque immédiatement par l'arrivée de deux Torgoutes. Ils nous arrivent à cheval, fusil en bandoulière, une longue tresse leur battant le dos. Ils s'approchent du feu de nos hommes et engagent la conversation en langue mogole. On leur offre le thé, on les questionne. Le plus vieux répond :

— Nous nous sommes aperçus, il y a cinq jours, que quatre de nos meilleurs chevaux nous manquaient. Nous sommes partis à leur recherche. En sortant de la vallée du Youldouz, où nos tentes sont dressées, nous avons trouvé trace de chevaux, mais sans pouvoir dire s'ils nous appartenaient. A tout hasard, nous sommes venus dans la vallée de Tsakma, dans la pensée que les voleurs avaient passé par là. Et, effectivement, nous avons revu des traces allant vers le nord, c'est-à-dire vers les Kirghiz du Koungez. Puis la pluie est venue et nous n'avons plus rien discerné et nous sommes retournés sur nos pas, certains de vous rejoindre, car nous avons bien vu que vous aviez des chameaux.

— Pourquoi les Kirghiz ont-ils volé vos chevaux ?

— De tout temps ils nous ont volés, et nous ne pouvons pas user de représailles à leur égard, car ils sont les plus forts. Autrefois nous vivions en toute sécurité dans cette vallée de Tsakma ; les Kirghiz sont arrivés, d'abord ils en ont occupé une partie ; ils n'ont pas tardé à vouloir tout nous prendre. Et ce fut entre les deux peuples un continuel échange de vols ; des meurtres furent commis et finalement les autorités chinoises intervinrent et décidèrent que le seul moyen de rétablir la paix était d'obliger les deux partis à quitter les pâturages ; depuis ce temps ni Mogols ni Kirghiz n'allument leurs feux dans la vallée de Tsakma. »

Nous obtenons facilement des deux Torgoutes qu'ils restent avec nous et nous montrent la route. Ce qui se passe autour d'eux les intéresse vivement : ils promènent un œil étonné sur les armes qu'on fourbit, sur les oiseaux qu'on prépare ; ils s'étonnent que l'on conserve la peau des jambes d'un daim que Henri d'Orléans a tué. Ils échangent quelques mots en voyant l'horrible effet de la balle d'express-rifle. Puis, le menton dans la main, ils reposent enfin leur vue sur la viande du *palao* qu'on fait « revenir » dans la marmite et qui jaunit « délicieusement », comme on dit aujourd'hui. Et la physionomie de ces braves gens s'éclaire. Ils sont conquis.

Le 25 septembre, par monts et par vaux, sous un ciel couvert, nous nous élevons peu à peu jusqu'à la passe, que Rachmed et moi trouvons bonne en pensant à beaucoup d'autres passes.

Le soir nous campons sur les bords du Youldouz, où nous arrivons par une descente sans pierres. Les nuages nous cachent les montagnes qui serrent la vallée, et la vallée n'en est pas plus gaie. Nous sommes heureux de nous tapir dans un bas-fond, car le vent souffle glacial.

Avant la nuit tous nos chameaux sont là. L'un d'eux, acheté à Kouldja, est malade, il tombe sur le sol dès l'arrivée. On lui enlève sa charge, mais il ne peut se relever. On l'entoure et les hommes discutent à son sujet. L'un prétend qu'il « était trop gras au départ » ; l'autre « qu'il n'était pas entraîné » ; puis celui-ci soutient qu' « il a un mal à l'intérieur ». Mourra-t-il ? ne mourra-t-il pas ? Sur ce point les avis sont partagés. Mais l'interprète sait tout et il dit :

— Attendez, je m'en vais vous renseigner. C'est bien simple. Les poils de la queue du chameau vont nous prédire son sort.

Il en arrache quelques-uns et les examine, il les pince ensuite entre le pouce et l'index près de la racine, il frotte ses deux doigts l'un contre l'autre et dit :

— Je vous affirme qu'il mourra.

— Pourquoi ?

— Parce que j'ai arraché facilement les poils, parce que de la graisse adhère à la racine des poils, ce qui indique une maladie mortelle.

Et la figure du Petit Homme — c'est son surnom — éclate de la satisfaction d'avoir prouvé son savoir. Quant à notre brave chameau, il agonise. Il fait pitié à son chamelier, qui lui met sous la tête une peau de mouton en guise d'oreiller.

Le mourant a l'œil dilaté, il perd connaissance. Il s'agite. On dirait que dans sa cervelle se succèdent à la hâte, une dernière fois, toutes les pensées de son existence. Il semble vouloir refaire tous les actes si souvent réitérés qui lui ont formé des habitudes. Il fait l'effort de se lever, il remue les jambes dans le vide pour marcher, il meut ses mâchoires pour manger, il ébauche un bruit de gorge pour ruminer, mais le regard s'éteint, l'œil se ferme et le bon serviteur râle du râle de la mort.

Les deux Torgoutes, qui sont bouddhistes, le regardent attristés et marmottent je ne sais quoi, une sorte de prière des morts, ou mieux un souhait de bon voyage à l'adresse de l'âme sur le point de transmigrer. Cela ne les empêche pas, l'âme partie, de dépouiller incontinent de la peau le corps qui la contenait. Puisque l'âme est partie....

Dans la nuit du 26 septembre nous avons un minimum de — 20 degrés. Au réveil, les hommes se plaignent du froid.

En chemin, au moment du thé, arrive un lama qui est un personnage considérable. Il porte un bonnet jaune en pointe, une robe de soie rouge; deux cavaliers armés de fusils à fourche le précèdent, deux autres le flanquent. Sa longue barbe noire bien fournie dénote son origine turque; s'il est bouddhiste, c'est par conversion.

Nous lui causons un véritable effroi en lui prodiguant des politesses. Nous avons beau l'inviter avec instances à descendre de son cheval, à venir boire une tasse de thé, il prend une mauvaise figure, maugrée je ne sais quelles malédictions, et lorsque Henri d'Orléans s'approche de lui l'appareil à la main, il détourne brusquement son cheval.

Abdoullah, de l'air le plus souriant, l'invite à se reposer et lui fait les compliments les plus flatteurs, mais il dépense son éloquence en pure perte. Le personnage se fâche :

— Je suis un grand lama, dit-il, un homme de Pékin, voyageant avec des papiers couverts de grands cachets. Qu'est-ce que vous me voulez ?

Néanmoins, tandis qu'il donne ses explications, il est photographié sans s'en douter, car il a retenu son cheval. Puis il s'en va parlant haut, en nous lançant de mauvais regards, défiant comme le chien à qui l'on tend un os, mais qui se doute que l'autre main tient un bâton.

Ces gens partis, arrive leur caravane, consistant en six chameaux encore jeune et peu chargés. Ils transportent une tente de feutre, des coffres, des ustensiles divers. La caravane passe sans s'arrêter et en se détournant de nous.

Deux cavaliers de l'arrière-garde se présentent ensuite. Ils sont armés de fusils à mèche et de sabres à lame très large et bien commode pour couper le fromage de Gruyère. Ils s'apprivoisent facilement. De suite, ils acceptent le thé. Ils bavardent un instant, et s'étant mouchés dans leurs doigts, ils empruntent une pipe de tabac droit au sac de notre Torgoute. La pipe allumée, ils remontent sur leurs bêtes et s'en vont après nous avoir salués d'une bonne figure.

Le paysage ne change pas. C'est la steppe bordée de montagnes, nue, parfois blanche de sel, puis ce sont des tourbières aux endroits où l'eau séjourne et s'écoule lentement. Nous voyons sur le sol des cornes d'*arkars*, mais nous n'avons pas le temps d'aller leur donner la chasse dans la montagne.

Le soir du 28 septembre nous campons au delà du lit desséché de la rivière Borokousté. Nous trouvons de l'herbe pour les chameaux, du *kisiak* (crottin) pour le feu.

Au nord, nous apercevons au flanc de la montagne une inscription en lettres immenses. Ce sont les paroles sacrées des bouddhistes; les fidèles lettrés peuvent les déchiffrer à des lieues de distance. De ma vie, je n'ai vu écrire en aussi énormes caractères : tous les versants du Tian Chan suffiraient à peine à l'impression d'un livre. Quant aux myopes qui voudraient se livrer à la lecture d'un tel écrit, ils devraient procéder à la façon des aveugles et faire le tour de chaque lettre à tâtons. Ce serait un excellent exercice pour les lecteurs et l'on ne pourrait pas reprocher aux bibliothécaires chargés de l'entretien de cette bibliothèque montagneuse, d'être des gens de bureau immobilisés sur leurs fauteuils. Il leur faudrait un jarret vigoureux.

Mais les bouddhistes aiment à manifester leur

dévotion à l'air libre et lorsque nous quittons la vallée pour gagner par une passe le défilé de Kabchigué Gol, nous rencontrons des obos à chaque point culminant des ondulations du terrain. Vous savez qu'un *obo* est un amas de pierres sur la plupart desquelles on a gravé des prières.

Ces obos, comme je vous l'ai déjà dit, sont placés généralement sur les hauteurs, à ces endroits où l'on fait reprendre haleine aux bêtes essoufflées par la montée. On profite souvent de ces arrêts pour tirer de sa besace un léger repas. Ensuite on prie pour que la route soit bonne, si c'est le départ, et parce que la route a été bonne, si c'est le retour. A ce propos, on marque son respect ou sa reconnaissance à la divinité en entassant des pierres; on y plante aussi une hampe, un bâton et au bout on attache une prière écrite sur toile. On s'en va. Ceux qui viennent ensuite ajoutent des cailloux au tas commencé. Des ouvriers spéciaux, des lamas voyageurs, gravent des prières sur des pierres plates et les déposent à cette place. Dès lors l'obo est constitué, et les pâtres, les voyageurs, les tribus en marche le grossissent chaque fois qu'ils passent auprès, et ces tas de pierres atteignent des dimensions colossales et ils ont l'aspect de monuments. De pieux bouddhistes y placent des images de Bouddha, de Tsongkaba, le grand réformateur, et de petites pyramides de terre représentant des chapelles, je crois; d'autres, des cornes gravées, des lambeaux arrachés à leur vêtement, des crins de leur cheval qu'ils lient à un bâton, n'importe quoi, ce qu'ils trouvent sous la main, et en accomplissant cet acte ils prient avec ferveur.

Pour arriver au défilé de Kabchigué Gol, mot qui signifierait « Rivière de l'Étroite Place », nous suivons le côté nord de la vallée. La route, assez bonne, serpente sur les contreforts. A droite, le regard plonge sur la vallée, où les Tougoutes ont leurs tentes; autour, sur la steppe verte errent leurs troupeaux. Le soleil luit avec tout son éclat. Sa chaleur semble excessive après 18 degrés de froid pendant la nuit. Il suffit de se retourner pour être convaincu tout de suite que ce beau temps ne durera pas, car de l'extrémité de la vallée la masse noire d'un orage court sur nous; le vent souffle, le soleil se voile et le grésil nous fouette, puis la neige tourbillonne et c'est l'hiver.

Heureusement nous avons atteint le sommet de la passe, j'entends une partie des cavaliers, car les chameaux ont un pas plus lent et rien ne peut changer leur allure; ils viennent derrière.

Le soir nous nous réunissons sous les saules du Kabchigué Gol.

Pendant trois jours nous le dégringolons littéralement. Les perdrix y sont innombrables et nos chasseurs en font de véritables hécatombes. Elles sont grises, succulentes. Beaucoup de grives, de mésanges, de bergeronnettes peuplent les broussailles et les arbres collés aux parois de la montagne. Ce sont des essences d'Europe.

Nous sommes ici en pays torgoute.

Les deux hommes de cette peuplade ont leur tente dans le défilé. Ils ne sont pas riches, ils possèdent peu de bétail : des chevaux, des moutons, des vaches.

Ce sont les descendants de ces Kalmouks qui quittèrent les steppes du Volga en 1770, et retournèrent avec mille peines dans le pays d'Ili. Ceux de ces nomades que nous trouvons ici ont gardé la mémoire de ce grand exode. Ils ne peuvent rien préciser, c'est un souvenir vague.

« Nous sommes venus de la contrée des Orosses, disent-ils, où nous avons laissé des gens de notre race ; il y a deux cents ans que nous habitons le Tian Chan. »

Quant à des détails, ils ne peuvent nous en donner. Ils ont oublié les souffrances et l'énergie de leurs ancêtres.

Ils nous montrent leurs bonnets carrés à oreillères en peau de mouton et prétendent que cette forme de coiffure leur vient des Russes. Allez donc écrire l'histoire de l'Asie avec de pareils documents ! Pourtant ils savent bien que leur khan a reçu des Chinois le titre de *ouantse*, c'est-à-dire de roi, et qu'il a dans ses archives un papier conférant à lui et à son peuple des privilèges. Ils nous engagent à rendre visite à ce chef. Lorsqu'on est dans la plaine où la ville de Karachar est bâtie, nous disent-ils, on aperçoit le palais ou mieux la grande ferme où ce roi habite : l'œil la distingue facilement sur le fond plus sombre de la plaine, ses murailles étant blanchies à la chaux.

Nous sortons avec plaisir de cet gorge étroite du Kabchigué Gol, bien qu'elle soit sauvage, pittoresque, et qu'elle possède une source merveilleuse, qui guérit les rhumatismes et qu'on appelle Archan Boulouk, c'est-à-dire « Source du Remède ». Nous y trouvons quelques malades, des Mogols de petite taille, bien bâtis, aux pieds et aux mains minuscules, des mains non élargies par le travail, mais longues, d'oisifs. Leur tête ressemble vraiment à une boule à peine équarrie, leurs pommettes sont saillantes, leurs yeux imperceptibles, de profil leur nez fait à peine saillie.

Un lama est propriétaire d'une cahute près de la source, sous un orme; il est le médecin consultant en même temps que le directeur et le garçon de cette station balnéaire. C'est un bon vieux, qui nous apprend que le jeune khan prince héritier des Torgoutes est parti en pèlerinage pour le Tibet.

Le 2 octobre nous sommes hors du défilé, dans la steppe. Elle s'annonçait dès 1.200 mètres par une avant-garde de *yantag*, dont les chameaux se régalent. Le changement est brusque, à vue. Voilà des pierres, du sable, un vaste horizon; la température s'élève : une heure auparavant c'était une fraîcheur agréable et déjà l'on sue. Comme il est entendu que l'homme n'est jamais satisfait de son sort, dans la caravane il y en a qui regrettent le défilé et la montagne. Ces geignants sont les mêmes qui, tout à l'heure, soupiraient après la plaine. En longeant un mince canal d'irrigation nous aboutissons à une surface parsemée de broussailles et de roseaux où des Torgoutes sont occupés à la moisson du blé. De loin, les ondulations nous cachaient ces cultures.

Nous campons dans une jachère près d'un bel orme flanqué d'un obo. Un homme apparaît, vieux, l'épaule déjetée, un chapelet à la main. Il me jette un regard inquiet, mais, sans interrompre son murmure et se tenant devant l'obo, il égrène son chapelet, puis il s'approche de l'arbre, s'accroupit, trempe son doigt dans la sève coulant de l'écorce et il s'en frotte le front. Puis il ramasse deux ou trois feuilles, les serre dans sa main, et nous ayant regardés de rechef, sans nous adresser une parole, il s'éloigne en répétant : « Om mané padmé houm ». Des milliers d'hommes répètent ces paroles leur vie durant, sans en comprendre le sens, mais en croyant s'assurer par ce marmottement une éternité meilleure.

Que venait faire là ce vieillard? Peut-être satisfaire un besoin ou écarter une crainte.

Dans la journée Henri d'Orléans a mille peines à photographier des Torgoutes qui viennent rôder autour de notre bivouac. Un seul accepte l'argent que nous lui offrons et consent à poser. Ils ne comprennent rien à cette boîte avec laquelle on les vise, et dès qu'on la tourne de leur côté, ils s'en vont, parfois avec une figure où se peint l'épouvante.

Les sauvages ont toujours peur de ce qu'ils ne connaissent pas, semblables en cela aux enfants. Il est évident que si, dans le cours de l'année, le photographié tombe malade, on attribuera la maladie à la boîte des Européens.

Nous remarquons que des jeunes gens ont une sorte de cabochon en argent à l'oreille gauche. On nous explique que c'est là un engagement pris de se marier à la jeune fille qui a reçu en cadeau l'autre boucle d'oreille.

Le lendemain, 30 octobre, nous retrouvons dans la steppe et cette plante épineuse que les nomades appellent *touia kouirouk* (queue de chameau) et le *yantag* sucré, vers lequel nos chameaux s'inclinent par gourmandise chaque fois qu'ils le peuvent. Puis les abords de la rivière Ghadik, qui porte ses eaux au lac de Karachar, nous sont annoncés par des tentes, des *saklis* (1), des cultures. Le Ghadik en dévalant du Tian Chan se ramifie sur une surface considérable, comme s'il prenait ses aises

---

(1) On appelle *Sakli* le carré de murs enfermant les tentes et les troupeaux pendant l'hiver; presque toujours, dans un des coins de l'enceinte, un abri, une masure est construite; elle sert d'étable et de cuisine par les grands vents et les grands froids.

dans la plaine; il embrasse des îlots très nombreux et qui disparaissent sous une végétation vivifiée par une inondation périodique. Nous allons camper dans les hautes herbes d'un îlot. Notre tente est enfouie dans un bocage touffu de saules, d'ormes, de tamarix où se mêlent des jujubiers et des réglisses. Il n'y a plus trace de sentiers sur cet archipel, l'eau les a effacés et nous réquisitionnons des Torgoutes pour nous guider droit à travers ce labyrinthe herbeux.

Nous en sortons deux heures après avoir franchi plusieurs bras assez profonds de la rivière; à l'époque des crues, ils ne sont certainement pas guéables. Au reste on nous dit qu'à la fonte des neiges le Ghadik forme un lac véritable d'où émergent les cimes des arbres. Les pâturages sont excellents et font la richesse des tribus groupées autour du roi des Torgoutes.

On nous engage vivement à aller visiter le potentat; mais en accédant aux prières des Torgoutes, nous nous écarterions de la route la plus courte vers Kourla.

Nous nous dirigeons droit sur l'oasis qui nourrit cette ville. A peine avons-nous traversé le dernier canal d'irrigation empruntant son eau au Ghadik, que le désert commence. La transition est excessivement brusque : à 100 mètres de distance la température diffère. Derrière nous, l'air est humide et relativement chaud, et voici que nous aspirons un air sec et très vif. Un sentier, creusé par des chameaux à l'époque où le sol était amolli par les pluies, serpente en s'élevant jusqu'à une encoche plus profonde, taillée au sud-sud-est dans une petite sierra déchiquetée et nue.

Au delà, c'est une sorte de vallée sans eau, sablonneuse, bordée de mamelons striés et s'effritant : ils offrent les aspects bizarres d'une ville abandonnée où se dressent encore des monuments en ruines.

Autour de notre bivouac viennent rôder des hommes à la taille élancée, à la barbe noire et touffue : ce sont les premiers barbus que nous voyons depuis que nous avons quitté la Sibérie et Kouldja. Ils engagent conversation avec nos hommes dans la langue turque, ils les saluent à la musulmane, et tout de suite l'un des badauds se détache et revient bien vite avec des melons qui rappellent ceux du Turkestan par leur forme oblongue et leur saveur délicieuse. Français, Russes, Tarantchis, Kirghiz, Ousbegs sont réjouis par cette rencontre de Sartes, de qui ils se sentent plus proches que des Mogols. Nous avons la sensation de retrouver des connaissances, et tous nous passons une soirée très gaie. Rachmed ne me cache pas son étonnement d'entendre parler sa langue, et il commence à croire que « presque partout habitent les Ousbegs, ce qui se comprend, l'émir Timour ayant conquis la terre presque entière ».

Aujourd'hui, 5 octobre, nous faisons la dernière étape qui nous sépare de Kourla. Nous traversons encore un coin de désert et, comme hier, des chaînons de lœss érodé, ayant aussi des aspects de tours, de coupoles, de mausolées. Avant d'arriver près du Kontché Darya, sur une hauteur dominant bien la plaine, se dressent les restes d'un fortin en briques sèches et posées sur paille qu'a construit Yakoub « le Bienheureux », aussi appelé « le Danseur » par les gens du Ferghanah.

Cet homme était taillé pour les grandes choses. Prjevalsky, le célèbre voyageur russe, avait été frappé de son intelligence lorsqu'il eut une entrevue avec lui à Kourla en 1877.

La fortune de Yacoub fut prodigieuse, quoique lente, puisqu'il était homme mûr lorsqu'il devint maître de la Kachgarie et du Turkestan chinois.

Durant les quelques années qu'il gouverna ce pays, il déploya une activité peu ordinaire, couvrant le pays de constructions utiles, traçant des canaux, organisant une armée à l'occidentale, car il n'avait pas hésité à recruter, par l'intermédiaire du sultan, des officiers dans tous les pays d'Europe. Il en vint de Turquie, et peu s'en fallut qu'un de nos députés actuels n'ait été autrefois à la solde de Yakoub-Beg. Dieu seul sait ce qui serait advenu si cet audacieux Ousbeg n'avait été arrêté dans sa course.

Il eût certainement rassemblé les « douze mille bons soldats » que lord Hastings en son temps croyait devoir suffire à la conquête de la Chine. — c'est à peu près avec le même chiffre que Prjevalsky offrait de réduire en servitude les orgueilleux fils du Céleste Empire, — et nous aurions vu se constituer un État turco-mogol qui se serait étendu depuis le Terek Davane, au nord du Pamir, jusqu'au golfe de Petchili. Mais Allah avait décidé que Yacoub ne dépasserait pas Kourla, et c'est là qu'il termina son intéressante destinée, dans la forteresse bâtie par lui et qui subsiste encore. Il mourut empoisonné par son premier ministre, à qui les Chinois avaient fait de belles promesses, qu'ils se gardèrent bien de tenir plus tard.

Du vivant de Yacoub, le peuple était mécontent d'avoir été arraché à la sorte de torpeur où se complaisent les gens d'Asie. Aujourd'hui ce même peuple que les Chinois administrent regrette le « bon temps » du Badoulet (Bienheureux).

On parle de lui comme d'un grand homme et les *bakchis* chantent son épopée dans les festins. Et déjà l'on nous demande un autre maître, à nous qui arrivons de l'ouest, et l'on nous dit : « Est-ce que les Russes vont bientôt nous prendre ? » Ici comme ailleurs on aime le changement.

CHAPITRE III

LE TARIM ET LE LOB NOR

Kourla est une petite ville placée dans une belle oasis. Elle est traversée par le Kontché Darya, sur lequel on a jeté un pont de bois qui relie les faubourgs de la rive gauche aux bazars et à la forteresse de la rive droite. La population est un mélange de Chinois, de Dounganes et de Tarantchis. Les musulmans formant la majorité, le chef de ville (l'*akim*) est de cette religion. C'est lui qui vient nous importuner dès notre arrivée. Il ne nous donne pas le loisir de jouir des avantages et des agréments qu'offre toujours une oasis à ceux qui ont traversé le désert. Et Kourla est charmant, avec ses jardins, ses arbres verts, sa belle rivière, ses bazars où l'on trouve melons, pommes, figues, raisins, abricots, que savourent avec délices les nomades comme nous. On ne nous laisse pas le temps de « nous revoir », comme on dit.

Nous sommes arrivés le 5 octobre dans la nuit, après avoir fait une étape d'une soixantaine de verstes. Nous nous sommes installés dans la demeure d'un musulman, sujet russe, commerçant de la ville. La chambre d'honneur a été mise à notre disposition, et bien qu'on l'ait récemment blanchie, nous nous y sentons mal à l'aise, car nous sommes déjà habitués à notre tente et notre maison de toile nous paraît préférable aux lambris les plus dorés.

Dans la journée du 6, nous recevons de nombreux visiteurs. Notre cour est envahie par les curieux. On vient voir qui nous sommes, quelle tournure est la nôtre, combien nous avons de bagages, si nous sommes bien armés, bien vêtus. Dans le nombre des badauds on nous signale des gens d'importance, des parents de l'akim : on veut se faire une opinion sur notre compte avant d'agir.

Nous apprenons que les autorités sont invitées à se réunir au *yamen* (tribunal) dans la soirée à l'effet de tenir conseil. C'est de nous qu'il s'agit, et le chef nous fait demander l'autorisation de nous rendre visite le lendemain matin.

La foule n'a pas été malveillante jusqu'à présent ; au reste, les marchands sont en liesse, car nous faisons « aller le commerce ». Ici nous sommes dans le premier bazar que nous ayons rencontré depuis Kouldja, et plus loin nous n'en trouverons pas d'autre. Aussi achetons-nous, achetons-nous. Nous nous préparons pour le Tibet. Sans perdre une minute, nous louons vingt-deux chameaux qui transporteront nos achats. Nous faisons provision de tout ce que nous ne sommes pas sûrs de rencontrer plus loin dans la petite oasis de Tcharkalik, située à la pointe ouest du Lob Nor.

En relisant la liste des achats je relève les chiffres suivants :

Réserve de pain à la graisse salée, 1.600 livres russes en petites galettes épaisses d'un doigt, larges comme le creux d'une main d'homme.

Pourquoi si petites? pourquoi du sel, de la graisse? direz-vous.

Petites, parce que la galette de cette taille est facile à placer; à la rigueur, on la met dans sa manche lorsqu'on marche : tandis qu'on grignote, on peut être contraint de prendre le fusil ou le fouet. Et puis son volume représente à peu près exactement la satisfaction d'un « accès d'appétit », et pas une miette ne se perd. Le sel facilite les digestions, la graisse est un « argument » excellent contre le froid. L'expérience nous l'a démontré.

Examinons la liste des achats pendant que les autorités de Kourla délibèrent.

Je vois encore 520 livres de la meilleure farine, qu'on tiendra en réserve, car nous n'userons de ces provisions qu'à la dernière extrémité ;

280 livres de graisse de mouton, salée et hermé-

tiquement enfermée dans des panses de mouton;

160 livres de raisin sec, petit, délicieux, sans pépins, nommé *kichmich*, qu'on mélangera au riz ou qui sera distribué plus tard lorsque le froid, les salaisons, les longues marches, l'altitude provoqueront cet état de débilité qui ressemble au scorbut;

80 livres de sel, à tout hasard, par précaution, quoique nous ayons l'assurance d'en trouver dans le désert à fleur de sol ou au bord des lacs;

80 livres d'huile de sésame pour les bouillies;

Du tabac, des sacs, des pièces de feutre, etc., enfin 6.000 livres d'orge pour nos chevaux, bien que l'interprète Abdoullah et un certain Parpa, habitant de Kourla, nous disent que l'on ne doit pas se préoccuper des chevaux.

Ce Parpa a servi autrefois les voyageurs anglais Carey et Dalgleish et nous l'engageons à notre service, dans l'espoir qu'il nous fournira d'utiles renseignements. C'est un aventurier à longue barbe noire, taciturne, à l'air tragique. Il est originaire de Ferghanah et il est venu avec Yakoub-Beg dans le Turkestan chinois. Il sait ferrer les chevaux, fabriquer les selles pour chameaux et il passe pour un homme courageux.

Je vous donne ces quelques explications, cher lecteur, dans l'espoir qu'elles vous serviront le jour où vous vous déciderez à prendre le large, à voyager, à goûter l'inconnu. — C'est un régal délicieux.

Les préparatifs s'achèvent rapidement; nous

avons traité avec un Doungane moyennant un prix très élevé, mais cet homme s'adjoindra à nous avec trois serviteurs, deux Dounganes et un musulman turc de l'oasis de Hami. On espère que les ballots seronts prêts en trois ou quatre jours; nous nous mettrons aussitôt en marche.

Dans la journée du 7, nous nous promenons dans la ville et nous constatons l'insignifiance de son commerce. Nous n'y recueillons que fort peu de sucre, une soixantaine de livres, et seulement quatre livres d'une bougie exécrable.

En rentrant à la maison, nous trouvons les serviteurs de l'akim, ils nous annoncent la venue de leur maître. Bientôt arrivent, suivis d'une escorte, quelques mandarins vêtus à la musulmane, mais coiffés à la chinoise, du chapeau à globules et portant la tresse, qui est la marque de vassalité que les Chinois exigent des musulmans, dont la tête est rasée d'habitude.

Les chefs de la ville, hommes d'âge pour la plupart, entrent dans notre chambre. On les fait asseoir sur le feutre blanc étendu à leur intention et nous attendons leurs questions sans souffler mot. Ils engagent la conversation en langue chinoise, nous demandant poliment des nouvelles de notre santé, nous félicitant d'avoir fait bon voyage, nous promettant tout leur concours. Entre temps, leurs serviteurs déposent devant nous un hommage de fruits secs, de melons, d'amandes, selon la coutume du Turkestan.

Nous les remercions avec la plus grande cordialité de leur amabilité et nous attendons. Il est facile de voir que les chefs sont embarrassés; ils échangent quelques mots, puis le plus élevé en grade prend la parole sur un ton assez solennel. Il nous expose que la coutume est de demander leurs papiers aux étrangers.

A quoi je réponds que c'est une très bonne coutume, car on ne saurait trop prendre de précautions vis-à-vis des inconnus qui s'introduisent sur le territoire d'autrui. Quant à ce qui nous concerne, il a vu par nos cartes de visite sur papier rouge et écrites en caractères chinois que l'un de nous est un prince allié aux rois de l'Occident, il doit savoir que le pacha blanc nous a facilité la traversée de ses États, et nous avons l'espoir que l'empereur de Chine ne sera pas moins aimable. Quoique nous ne comprenions pas qu'on nous demande des papiers à Kourla après qu'on nous a laissés franchir tranquillement la frontière et la province d'Ili, nous consentons cependant — pour lui faire plaisir, parce qu'il est aimable — à lui remettre la passe générale qui a été vue par le gouverneur de la province d'Ili.

Il nous demande la permission de la garder, ce que nous lui accordons d'autant plus volontiers que nous savons par Prjevalsky et d'autres qu'en Chine les papiers n'ont de valeur qu'aux endroits où ils ne sont pas nécessaires.

Après un échange de salutations respectueuses

et dignes, les chefs s'en vont. Que se passera-t-il demain? Nous prévoyons des complications, et Rachmed, que tout cela impressionne fort peu, se rend bien compte de notre situation : « C'est le commencement de nos « vieilles histoires », et les Chinois vont nous ennuyer du mieux qu'ils pourront, ce qui n'a rien d'étonnant de la part de mangeurs de cochons... »

Par « vieille histoire », notre serviteur entend les démêlés que nous avons eus fréquemment dans nos voyages chaque fois que nous prenions contact avec une peuplade ou une tribu nouvelle.

Le principal résultat de cette entrevue est de nous faire hâter nos préparatifs. Nous avons reçu les éclaireurs aujourd'hui, demain la déclaration de guerre nous sera apportée.

Le 7 au soir, avant le coucher du soleil, les chefs de Kourla arrivent en grande tenue. A peine a-t-on échangé les salutations, et les tasses de thé sont-elles servies, que l'akim prend la parole :

— Il est arrivé un courrier envoyé par notre supérieur de Karachar, qui nous charge de vous dire que vous ne pouvez continuer votre voyage avant de lui avoir rendu visite.

— Le gouverneur de Karachar est un trop petit personnage pour que nous nous détournions de notre route à son intention. S'il a besoin de nous parler, qu'il se dérange. Au reste, il a dû voir nos papiers.

— Vos papiers ne valent rien, et, pour vous

dire la vérité, voici l'ordre de vous arrêter qui est arrivé d'Ouroumtchi à Karachar.

Nous manifestons un grand étonnement et le prions de nous permettre de faire lire cet ordre par l'un des nôtres. Puis la conversation continue :

— Où donc est notre passe?

— A Karachar.

— Eh bien, nous garderons votre ordre tant que vous n'aurez pas rendu ce papier que nous vous avons confié, car vous l'avez entre les mains et vous mentez.

Je prends l'ordre, le met dans ma poche et les invite à vider les lieux.

Le petit mandarin chinois qui a apporté cet ordre blêmit autant que le lui permet la teinte jaune de sa peau et il nous supplie en passant le doigt sur sa gorge :

— Rendez-moi ce papier, ma tête tombera si je ne le rapporte pas à mon supérieur.

— Rendez notre passe!

— Nous ne l'avons pas.

— Partez d'ici. Laissez-nous prendre le repos, le soleil est couché.

Ils s'en vont confus.

Quelques minutes après revint un des chefs en tenant notre passe à la main, il nous la tend et nous la prenons en lui promettant de lui rendre son ordre, mais... demain. Notre intention est de photographier cet ordre, dont voici la traduction due à l'obligeance de M. le marquis d'Hervey de Saint-Denys :

« Moi, Han, sous-préfet, ayant le titre honorifique de Fou-tchi, faisant fonctions de préfet du cercle de Kola-Chacul (Karachar), j'ai reçu du gouverneur par intérim Wei un ordre ainsi conçu :

« Actuellement un prince du sang du royaume de France, Ken-li-ho (Henri), voyageant sans passeport chinois et de sa propre initiative, se dirige vers Lo-pou-ta-eul (Lob Nor), j'ordonne aux autorités locales de son parcours, dans quelque lieu que se trouve le prince français, de l'empêcher de continuer sa route et de l'obliger à rebrousser chemin.

« En conséquence de cet ordre, mon devoir est d'envoyer des agents aux informations, j'ordonne donc à deux agents de se rendre immédiatement à Kou-eul-li (Kourla) et d'agir de concert avec les chefs musulmans de cet endroit afin d'inspecter la contrée. Si le prince français s'y rencontre, il faut aussitôt s'opposer à sa marche en l'empêchant de pénétrer plus avant et en l'obligeant à s'en retourner.

« Les agents ne devront se rendre coupables ni de lenteur, ni de négligence, sous peine d'encourir des punitions. Ne pas désobéir. Deux fois recommandé.

« Ces instructions sont données à Tchang-youy et à A-li. Ils auront soin de s'y conformer.

« Le huitième jour de la neuvième lune de la 15ᵉ année Kouang-Sin.

« Valable jusqu'au retour pour être ensuite rendu et annulé. »

Le 8, les chefs de Kourla, l'akim en tête, reviennent nous visiter. Nous leur rendons l'ordre que nous avons photographié. Ils nous répètent que nous ne pouvons continuer notre route. Nous répondons que rien ne nous empêchera d'aller au Lob Nor, où nous devons chasser.

« Quand nous serons prêts, nous chargerons nos bêtes et nous partirons, et si l'on veut nous arrêter par la force, « il y aura du sang », et ce sang retombera sur vos têtes. Nous ne sommes pas des malfaiteurs, nous ne faisons de mal à personne, pourquoi ne jouirions-nous pas des immunités accordées au moindre marchand? On laisse circuler ici des gens de rien et l'on veut nous arrêter! Qu'on l'ose et « le sang coulera ». C'est notre dernière parole, akim, réfléchissez. »

Le vieil akim baissa le nez, et, abandonnant la langue chinoise dans son émotion, il parla le turc, sa langue maternelle.

« Je ne fais qu'exécuter les ordres donnés, dit-il, je ne vous veux aucun mal, je vois bien que vous n'êtes pas de méchantes gens. Je ne sais quelle décision prendre. En vérité, mon embarras est grand. Ma tête est en jeu. Vraiment je suis comme la noix entre deux pierres! par Allah, je suis comme la noix entre deux pierres! »

Et il pousse un soupir qui ne me semble pas de comédie.

« Aidez-moi, poursuit-il, je vais aller à Karachar voir mon supérieur. Adjoignez-moi l'un d'entre vous, il s'expliquera et tout s'arrangera avec l'aide d'Allah. Mon embarras est grand. En vérité, je suis comme la noix entre deux pierres! je suis comme la noix entre deux pierres! Donnez-moi l'un des vôtres pour aller à Karachar.

— Impossible d'accéder à ta demande, akim, les explications sont données. Nous ne devons rien à ton sous-préfet, la démarche est inutile, attendu que dans le cas où l'un des nôtres irait à Karachar et que ton supérieur persisterait à nous arrêter, nous partirions malgré tout. Si ton supérieur changeait d'avis et se rangeait à notre opinion, nous aurions perdu inutilement notre temps. Si l'on veut nous parler, qu'on vienne nous voir.

— Voyez quel embarras est le mien. On veut que je vous arrête, vous avez de bons fusils, vous êtes décidés jusqu'au sang, je ne puis vous arrêter et on me l'ordonne.

— Adieu, akim, nous avons dit notre dernière parole, nous ne demandons qu'à rester ton ami et l'ami des tiens, mais à la moindre violence le sang coulera. Réfléchis. »

Le chef et son entourage se levèrent et en nous saluant il murmure ces mots :

« Je suis comme la noix entre deux pierres! » Nous dirions : « Je suis entre le marteau et l'enclume. »

9 octobre. — Nouvelle visite de l'akim, qui nous prie, d'une mine assez hardie, d'avoir à retourner sur nos pas. Sur notre refus catégorique, il se lève sans plus insister et s'en va disant qu'il aura recours à la force, ce qui nous fait rire.

Nous hâtons les préparatifs de départ; les achats sont terminés, les selles pour les chameaux sont cousues, rien ne nous oblige à prolonger notre séjour.

A la nuit, une délégation des chefs, comprenant l'aksakal des sujets russes, vient faire une ultime démarche auprès de nous. On nous prie de considérer que des soldats sont rassemblés, qu'ils ont l'ordre de nous arrêter par tous les moyens possibles, par la force. Quelles suites déplorables aura notre entêtement! L'entretien se prolonge à la lueur des flambeaux, entretien sans fin et durant lequel nos interlocuteurs font alterner les lamentations avec les menaces, mais sans nous attendrir et sans nous épouvanter. Ils s'en vont fort tard, après avoir acquis la certitude que nous sommes décidés, mais bien décidés, à ne pas nous laisser arrêter.

Après notre souper, nous laissons les hommes dormir jusque vers minuit, et alors nous les réveillons. Ils reçoivent l'ordre de boucler toutes les charges immédiatement, et défense leur est faite de prononcer une parole. Le départ est bientôt assuré. Avant le jour on amènera les chameaux près de notre maison, et à l'aube on commencera à charger.

Nos hommes rejoignent la place où ils dorment. Ils échangent quelques mots à voix basse afin de s'assurer de ce qu'ils ont à faire. — Ils s'étendent au milieu des bagages sans se déshabiller, leurs armes à portée de la main.

Quelques heures plus tard je me lève en évitant le plus léger bruit, et je constate que les plus enragés dormeurs ont l'oreille fine cette nuit. L'un se dresse sur son séant, lentement; l'autre, très vite ; leurs camarades soulèvent la tête. On me reconnaît et la troupe recommence à dormir, mais d'un œil, j'en suis sûr.

On ne nous surprendra pas cette nuit, bien certainement.

Au reste on n'entend dans la ville aucun bruit alarmant; de temps à autre un âne brait pacifiquement et les chiens aboient d'un aboiement bon enfant et nullement féroce.

10 octobre. — Le programme élaboré hier est exécuté ponctuellement. Au jour, tous nos chameaux, tous nos chevaux sont là, ceux-ci bien ferrés, ceux-là bien sellés. La nouvelle de notre départ se répand bientôt dans toute la ville, et la caravane s'organise au milieu de l'affluence du populaire. Une multitude envahit notre cour, que nous devons déblayer *manu militari*, c'est-à-dire le bâton à la main. Des filous se sont glissés près de nos objets et ont volé ce qu'ils ont pu dissimuler. Nous évitons le renouvellement de semblables incidents en faisant le vide autour de nous. Notre attitude est en même temps un avis aux mandarins que nous sommes décidés à tout, comme la veille.

Envoyé dans le bazar à la récolte des rumeurs, notre Chinois revient en disant que des marchands émettent l'opinion que l'akim a fort bien arrangé l'affaire, car il a obtenu de nous que nous écrivions à Karachar. J'oubliais, en effet, de mentionner que nous avions promis la veille d'envoyer un mot d'explication au sous-préfet de Karachar. Cette lettre avait été traduite en turc et en chinois; nous y disions l'intention que nous avions d'aller chasser aux environs de Lob Nor, où nous séjournerions assez longtemps pour que tous les papiers désirables nous arrivent de Pékin ou d'ailleurs.

Les amis de l'akim trouvent qu'il a parfaitement mené sa barque, qu'il a fort bien parlé, qu'il a remporté une victoire diplomatique, qu'il a su dénouer habilement une complication, bref, et pour parler la langue du pays, « qu'il a eu l'adresse de conserver la face et d'ajouter une plume à son chapeau ».

D'autres sont, paraît-il, moins optimistes et affirment que les troupes sont sur pied et qu'elles nous ont dressé une embuscade près de la porte.

Mais le chargement des bêtes de somme est terminé, les cadeaux sont distribués à nos hôtes et à nos connaissances, on saute en selle, on élève les mains à la barbe et « Dieu est grand! ». En avant pour le Lob Nor.

Deux de nos hommes, montés sur les meilleurs chevaux, éclairent la route, il ne doivent pas perdre de vue le chamelier de tête, et toujours se voir l'un et l'autre. En cas d'alerte ils rebrousseront chemin au galop. Rachmed devancera tout le monde pour voir de ses yeux quand nous approcherons de la porte. Sur ce, la caravane s'ébranle et se meut lentement à travers la rue; les chameaux vont aussi serrés qu'on le peut et balançant le cou, tanguant, roulant, ils allongent méthodiquement leurs longues jambes, parfaitement indifférents aux tracasseries des Chinois, mais peut-être sensibles à la chaleur de ce superbe soleil d'automne qui nous suffirait en Europe, pendant l'été.

Nous longeons un instant les murs crénelés de l'enceinte, à laquelle s'accotent de nombreuses baraques de terre agrémentées de plantes grimpantes, puis nous disons adieu à Kourla et tirons vers le sud. La route qui sort de l'oasis est poussiéreuse; quand l'oasis cesse, elle cesse et se ramifie sous forme de sentiers qui se perdent dans le désert, à peu près comme des ruisseaux tarissant une rivière mettent fin à son cours.

Aux derniers saklis nous achetons quelques

moutons à un ami de l'aksakal des sujets russes. Bien que nous ayons l'assurance de trouver la nourriture de bêtes et gens jusqu'au Lob Nor, il est bon d'avoir avec soi un petit troupeau de moutons bien gras, par précaution. Et puis, cela nous permettra d'en acheter d'autres aux indigènes à meilleur compte pour notre consommation journalière : les indigènes, voyant que nous ne sommes pas à leur discrétion, ne majoreront pas leurs prix.

Nous campons dans les sables, à peu de distance de l'oasis, au bord d'un assez grand étang, décoré du nom de « Grand Lac ». Notre tente est posée sur une hauteur près de l'eau, au milieu des tamarix. On peut nous voir, mais nous verrons encore mieux ce qui se passera dans la plaine.

11 octobre. — Nous avons déjà chargé partie de nos chameaux lorsque nous voyons la plaine poudroyer du côté de Kourla. A la lunette nous distinguons une troupe de cavaliers se dirigeant au trot vers nous. Il est impossible de les compter. Une fois dans la steppe, on les distingue nettement sur la crête des vagues du terrain. Nous reconnaissons les chefs de Kourla en grande tenue, et accompagnés de quelques cavaliers.

Arrivés près de notre bivouac, ils descendent poliment de cheval et un de leurs serviteurs vient nous demander audience pour ses maîtres, ce qui est accordé instantanément. Les chefs s'avancent avec un certain empressement, voulant sans doute témoigner par là qu'ils sont sous le coup d'une émotion. Leurs visages sont souriants, ils nous serrent les mains longuement en penchant le corps. Tout leur être exprime la sympathie, les lignes de leurs individus sont affables.

A peine assis sur le feutre blanc étendu en leur honneur, les plus jeunes restant à genoux par déférence, ils s'empressent de nous dire qu'ils viennent en amis, qu'ils nous apportent leurs vœux de bon voyage et de bonne santé. Ils ont dû exécuter les ordres venus de Karachar, mais à contre-cœur. Ils voyaient bien que nous sommes de grands personnages et de braves gens. « Aussi, ai-je dit au chef de Karachar, poursuit l'akim, tu veux que je les arrête, mais je n'oserais porter la main sur eux. Et ils ne souffriraient pas la moindre violence. Pour ma part, je ne me charge pas de les arrêter, nous ne sommes pas en force et nous n'en avons pas le cœur. Si tu crois que ton devoir l'exige, vas-y toi-même. »

« Comme vous voyez, ajoute un vieux en posant la main sur le genou de l'akim, c'est un brave homme, il a su bien arranger vos affaires. »

Et un autre personnage insinue à l'oreille d'un de nos hommes que nous ferions bien de marquer notre reconnaissance et notre pardon par quelques petits cadeaux, du genre de ceux que nos hôtes de Kourla ont reçu hier.

Nous remercions poliment en des termes analogues : « Nous aurions été désolés de voir un conflit surgir, mais notre dignité ne nous permettait pas d'accepter les ordres de Karachar. Évidemment le mandarin de cette ville a reçu un ordre à tort, quel inconvénient y a-t-il à nous laisser chasser près du Lob Nor? Aucun, assurément. Si d'autres ordres arrivent, qu'on nous les envoie au Lob Nor et nous nous y conformerons. Nous sommes des hommes de paix », etc.

On nous présente comme guide, un homme d'une soixantaine d'années, nommé Ata Rachmed, le même qui a accompagné autrefois Prjevalsky dans son excursion au Lob Nor. Notre interprète Abdoullah le reconnaît et nous assure qu'Ata Rachmed est le meilleur des hommes. Autrefois attaché à la personne de Yakoub, il est passé au service de l'akim de Kourla.

Après avoir reçu nos petits cadeaux, les chefs se lèvent, ils nous souhaitent bonne route encore une fois, nous serrent les mains avec une véritable effusion de cœur. Ils remontent à cheval et retournent à Kourla au petit galop. Nous plions bagages à notre tour et rejoignons notre caravane, qui se dirige vers le petit village de Tchinagi, où nous camperons ce soir.

Après quinze ou seize verstes de désert nous bivouaquons près du village de Tchinagi, au bord de son canal bordé de saules. Près des cultures on trouve le sable et des touffes de roseaux.

A Tchinagi le vieil Ata Rachmed racole une vingtaine de pauvres diables auxquels nous promettons une bonne récompense. Ils nous aideront à construire nos radeaux sur le Kontché Darya.

Dans le nombre se trouve un individu ayant la large face des Kirghiz, leurs petits yeux, leur barbe rare et leur parler guttural. Questionné, il nous dit être originaire des environs de Semipalatinsk et que, venu ici au temps de Yakoub-Beg, avec un de ses frères, il a pris femme et est resté dans le pays.

« C'est comme moi, dit notre Russe Borodjine, j'ai servi à Kouldja, puis à Djarkent, où je me suis marié, et je ne suis jamais retourné dans mon pays de Tobolsk. »

Pour ces habitants de la grande plaine monotone, aux horizons infinis autant que ceux de la mer, il importe peu de vivre sur un point quelconque de l'océan qu'est cette plaine. Il leur suffit de quelques bouleaux égayant le paysage par leurs troncs de couleur claire, d'une rivière poissonneuse dont les bords couverts de roseaux abritent des oiseaux d'eau et des sangliers, avec cela quelques lambeaux de terre cultivable autour de la petite maison de terre et de bois. Cela suffit aux gens de la Sibérie pour qu'ils se croient encore dans leur pays, bien qu'ils habitent à des milliers de verstes du village où ils sont nés.

Les habitants de Tchinagi, qui ressemblent aux Sartes du Turkestan, disent être venu d'Andidjan, c'est-à-dire du Ferghanah, il y a cent ans. Ce chiffre ne précise rien, les Orientaux maniant les dates avec une négligence incroyable.

Un vieillard nous parle de Russes qu'il a vus dans le pays. En effet, nous savons qu'autrefois des vieux-croyants cherchant des terres sont descendus jusqu'au Lob Nor. Voici à peu près le récit de cette barbe blanche ; les indigènes assurent que c'est la pure vérité :

« Je n'avais pas un cheveu blanc, dit-il, quand six hommes se disant Ourousses (Russes) sont arrivés dans ce pays, armés de fusils, coiffés de hauts bonnets en peau de mouton.

« Ils ont longtemps erré dans la contrée, allant de droite et de gauche, comme des canards qui tournoient avant de s'abattre ; puis cinq d'entre eux ont construit des abris près de ce bras du Tarim que vous franchirez demain et ils se sont mis à pêcher et à chasser. Le sixième est parti sur un bon cheval, et dans la saison de l'herbe il est revenu avec d'autres cavaliers, et bientôt nous avons appris qu'une grande troupe suivait.

« Plusieurs centaines de femmes, d'enfants, de vieillards, d'hommes se sont assemblés à un endroit où vous passerez, qu'on nomme Ketmet Koul et où il y a beaucoup d'herbe et de bois. D'abord ils ont refait leurs chevaux fatigués ; ils en avaient beaucoup, mais pas de bétail ; puis ils ont pêché, chassé, et après avoir amassé des provisions de route, ils ont construit des radeaux : dessus, ils ont placé les femmes, les enfants, les vieux, qui ont descendu le fleuve. Les hommes ont suivi la rive avec les chevaux.

« Arrivés aux environs du Kara Bourane (près du Lob Nor), ils ont bâti des maisons, ils ont creusé des pirogues dans des troncs d'arbres, et l'on voyait bien qu'ils étaient accoutumés à s'en servir; ils ont pêché; ils ont chassé avec des fusils à pierre, ils tiraient très juste.

« Leurs maisons étaient de bois, ils les chauffaient au moyen de poêles, et tandis que nous grelottions, nous et les nôtres, sous la pelisse, eux, au cœur de l'hiver, dormaient dans des vêtements de toile. C'étaient de braves gens; ils parlaient bien notre langue. Ils se signaient, priaient à genoux devant des images. Nous n'avons jamais eu à nous plaindre d'eux.

« Lorsque nous leur demandions quelles raisons les avaient déterminés à quitter leur pays, ils répondaient que c'était à la suite d'une guerre.

« Pendant deux ans environ ils ont vécu près de Kara Bourane, puis les Chinois les ont obligés à partir. Ils se sont divisés en deux bandes, l'une est passée par Kourla, l'autre s'est dirigée vers Tourfane. Puis des guerres sont survenues et nous n'en avons plus entendu parler. »

Après le vieux conteur, nous entendons des chanteurs qui grattent d'une guitare à deux cordes; nous distribuons largement le thé et le riz; aussi une bonne partie du village nous entoure; nos hommes dansent au son de l'accordéon suivant la mode de leur pays, et toute la soirée se passe en réjouissances. Notre vieux chamelier lui-même, grisé par la musique, exécute une danse barbare avec ses mauvaises jambes. Seul notre Chinois n'esquisse aucun pas. Nous l'invitons à donner un échantillon de l'art chorégraphique de sa province, et il nous répond :

— Nous ne dansons pas, nous autres, nous nous amusons en restant assis sur notre séant.

— Et votre musique ?

— Oh ! notre musique ressemble beaucoup à celle que vous entendez.

Et comme preuve à l'appui de ce qu'il avance, il chante (!) ti ti ti ti ti ti… avec la prétention de moduler un air. Mais ce ti ti ti ti ti ti est si peu musical, malgré le grand sérieux du virtuose, que nous éclatons d'un rire fou. Il faut peu de chose pour distraire des voyageurs.

La soirée du 12 est employée à rassembler des arbres qu'on coupe dans la forêt et qu'on va chercher dans des cachettes sur le bord de la rivière. Ceux-ci ont djà servi à la confection de radeaux. Les indigènes les traînent avec leurs bœufs.

Le 13, on transporte les menus bagages dans des pirogues, et l'on organise au moyen de cordes une sorte de bac. Le radeau est couvert de terre afin de donner à nos chameaux l'illusion du continent. Ces animaux ne sont pas marins du tout. Il faut même, pour les décider à avancer, leur préparer un quai avec des piquets et des branchages, car la rive est escarpée.

Une première fois nous parvenons à placer deux chameaux sur le radeau ; on les tient tête baissée en tirant sur cet anneau passé dans leur nez pour suppléer à un manque d'intelligence. De la rive opposée on tire la corde ; on débarque les passagers ; ensuite on ramène le radeau à l'embarcadère au moyen d'une autre corde. Mais cette fois on a mille peines à décider un chameau à avancer : on a beau employer la douceur, la ruse, les coups, la maudite bête ne bouge pas ; on finit par la porter, mais elle glisse des pieds de derrière, qui plongent dans l'eau, tandis que le reste du corps est sur le radeau dans la posture d'un écolier paresseusement couché sur son pupitre. On redoute un naufrage et l'on crie de haler vite vers l'autre rive, où l'imbécile se tirera d'affaire, l'eau étant moins profonde. Dorénavant on ne charge qu'un chameau. Le va-et-vient continue jusqu'au dernier.

Les chevaux passent à la nage ainsi que les moutons.

Avant la nuit, le passage du Kontché Darya est terminé ; nous distribuons de nombreux pourboires aux travailleurs ; deux moutons leur sont offert en outre afin qu'ils puissent se régaler. Ils garderont bon souvenir des Français.

Les Huns et les Tatares, ayant surtout des chevaux, traversaient facilement les rivières et les fleuves en s'aidant de leurs outres. Les armées qui possédaient des éléphants pouvaient fabriquer assez vite des radeaux ; ces animaux traînaient les arbres avec leurs trompes, et probablement tiraient la corde, halant les bagages et les gens ; cela arriva sans doute lors du passage du Rhône par Annibal. Le chameau de l'Asie centrale est fait pour le désert sans eau, et il n'aime les rivières que pour y boire gloutonnement.

Nous nous dirigeons vers le Lob Nor en suivant l'itinéraire de Prjevalsky et de Carey. Parfois nous devons nous éloigner, car les inondations ont modifié l'aspect du pays. Nous nous efforçons d'éviter la construction des radeaux, et les détours ne nous coûtent point.

Cette région est très peu habitée. Le 15 octobre, après un minimum de —9 degrés, la nuit, nous partons pour Aktarma, marqué sur la carte de Prjevalsky.

C'est toujours du sable, le désert qui rappelle aux uns le Gobi de Mongolie, aux autres le Kara Koum, et à moi il rappelle le désert. Comme beaucoup de *koum*, celui-ci est semé de tamarix nombreux qui ont contribué à fixer des collines de sable. Le vent et l'arbuste sont en lutte. L'arbuste s'efforce de retenir au moyen de ses racines la nappe mobile du désert : comme avec des tentacules, il serre de petits tas de sable, il les solidifie. Autour, la poussière ondule et le vent l'agite. Il s'en sert ainsi que d'une artillerie minuscule pour assiéger la forteresse que le tamarix défend de toutes les forces de sa sève et de sa végétation. Les étangs heureusement sont fréquents : ils prêtent aux plantes leur humidité, et la lutte est moins inégale.

A l'heure de la première halte, on nous invite à nous diriger vers notre droite, vers l'ouest, et nous serpentons à travers des étangs, des flaques d'eau, qui semblent des tronçons de rivière arrêtant subitement leur marche; en effet, quand le vent ride l'eau, on dirait qu'elle coule, et quand le vent tombe, qu'elle s'arrête. Mais notre horizon, jusqu'à présent assez borné, grandit. Une plaine commence; on nous dit que nous sommes à Koultoukmit Koul. Voilà des *djiddas* verts d'une belle taille, des ajoncs balançant leurs houppes blanches, puis un subit affaissement du sol, des terres basses enfin. Des collines de sable peu élevées s'écartent pour livrer passage à une large et belle bande d'eau qui miroite gentiment au soleil. Elle s'écoule bien posément, bien unie, à peine bossuée par des dépôts de sable émergeant comme des épaves où se sont réfugiées des aigrettes blanches. C'est le Tarim, fatigué de sa longue marche; il coule seulement dans son chenal, en fleuve peu pressé de se verser dans le Lob Nor.

Plus loin, on le devine sans peine, un grand lac se formera, ou des étangs nombreux, ou un marais. Puisque cette eau ne se mêle pas à un océan, que voulez-vous qu'elle devienne? Elle s'arrêtera dans un bas-fond, elle alimentera un lac auquel elle rendra de son mieux ce que lui prendront le soleil et le vent.

Nous nous éloignons du Tarim et nous arrivons dans l'après-midi à Aktarma, indiqué dans le désert par des bouquets de peupliers.

Un troupeau de bœufs nous annonce, à notre grand regret, car ils fuient devant nous en soulevant une poussière désagréable. Ce sont des animaux de petite taille et très agiles. Des hommes labourent des carrés de terre imprégnée de sel, non loin de la vingtaine de masures qui constituent une des villes les plus considérables du Tarim. Ces masures, faites de claies en roseaux et de boue, sont abandonnées en ce moment.

Le chef d'Aktarma, entouré de son conseil, nous offre des melons peu mangeables et nous demande des nouvelles de notre santé. Ces gens sont effarouchés, défiants, en vrais sauvages qu'ils sont. Ils ont des têtes rondes, des yeux ronds, et paraissent être des métis des tribus les plus diverses. Ils n'ont de commun que la misère et la sauvagerie. On dirait des « hors la loi » venus de partout et qui se sont fixés à cette place par lassitude d'errer.

Ils prétendent être Kalmouks d'origine ; leur langue est le turc. Abdoullah, qui veut leur plaire, leur dit que lui-même est Kalmouk et que l'émir Timour était aussi Kalmouk. D'où il faut conclure, d'après le ton de notre interprète, que cette nation possédera au moins deux grands hommes, l'émir Timour, mort depuis longtemps, et Abdoullah, le plus gourmand des êtres, qui réclame des melons pour son usage personnel et qui tombera malade d'en trop manger.

Le 16 nous faisons halte. Le village reste abandonné. Peut-être la nouvelle de notre arrivée a-t-elle mis les Aktarmiens en fuite. Il paraîtrait que tous les ans, en cette saison, la population se déplace et va vivre avec les troupeaux sur les bords du Tarim et des étangs qu'il a formés. Tandis que le bétail paît la bonne herbe, hommes, femmes, enfants pêchent, chassent et font sécher le poisson pour l'hiver.

Les habitants d'Aktarma, comme tous ceux de cette région du bas Tarim, sont des cultivateurs de date récente. L'un d'eux nous donne les renseignements suivants :

« Il y a seulement une cinquantaine d'année que nous avons appris à semer le blé dans le village de Tcharkalik, situé plus loin que la Kara Bourane. Un homme venu de Khotan avait apporté cette coutume. Avant lui, nous n'avions pas de bétail, ni bœufs, ni moutons ; nous ne buvions pas de lait comme aujourd'hui.

— De quoi viviez-vous?

— De poisson principalement et de chasse. Ceux qui étaient trop faibles pour poursuivre le gibier recueillaient les jeunes pousses des roseaux et les faisaient bouillir. Les autres vivaient constamment sur l'eau, tendant des lignes, pêchant au filet, plaçant des collets où se prenaient les canards sauvages et les oiseaux d'eau. On faisait sécher le produit de la chasse comme nous le faisons encore, pour passer l'hiver et attendre le retour de la bonne saison. Plus loin dans les sables vivent des hommes qui n'ont pas de blé et qui ne savent pas labourer.

— Êtes-vous heureux?

— Oui, lorsque nous avons notre nourriture assurée.

— Y a-t-il des voleurs?

— Que nous volerait-on? répond l'interlocuteur en souriant, et qui pourrait nous voler, puisque tous nous sommes presque d'une même famille et que nous nous connaissons tous. Avez-vous vu le moulin? Quand vous passerez devant, regardez. Vous verrez les sacs de blé contre le mur. Personne ne les garde. C'est ce que nous avons de plus précieux. Ce sont des femmes qui s'occupent de la mouture. Elles remplacent le blé par de la farine dans les sacs, et n'étaient les bêtes et le mauvais temps, on pourrait les laisser à cette place pendant des mois, sans que personne les volât. »

En nous en allant le 17 à Yangi Koul, nous apercevons en effet le moulin en l'état qu'on nous a dit. Un vieil impotent surveille la mouture.

Nous arrivons à Yangi Koul à travers les roseaux et les ajoncs, par un sentier poussiéreux tracé dans un terrain mélangé de sel. Nous faisons des zigzags afin d'éviter les eaux.

Le village est posté au flanc d'une colline de

sable sur la rive opposée; le carré de ses murs de roseaux, bâti sans régularité, semble glisser le long de ses pentes vers le fleuve. Notre venue met la population sur pied. On accourt nous examiner pendant que nous prenons le thé. Les femmes ne franchissent pas le fleuve, large de plus de cent mètres, mais les hommes, les enfants se précipitent dans l'eau ! et se troussent pour arriver au môle de sable qui borde le chenal du Tarim. Les riches, qui sont chaussés, se font porter sur les épaules et prennent place dans les pirogues, qui les amènent auprès de nous. Ils arrivent avec des présents : du poisson séché, du poisson frais; un jeune garçon apporte même une oie sauvage vivante, nous la refusons et il reçoit un cadeau pour sa bonne intention; il le montre aux badauds et la glace est rompue.

Les indigènes nous approchent, et j'ai tout le loisir de les examiner. Je vois bien qu'ils sont un ramassis de toutes races. Je vois des nez, des yeux de toutes formes ainsi que dans une grande ville d'Occident.

Je reconnais de vrais Kirghiz trapus, aux yeux imperceptibles, aux pommettes saillantes, à la barbiche de trois poils; des Sartes plus sveltes, à la barbe noire et touffue ; les yeux gris ne sont pas rares. Un blond au teint coloré, aux yeux clairs, est coiffé d'un bonnet de fourrure, et nos Sibériens eux-mêmes s'étonnent de sa ressemblance avec un Russe.

Au reste, on nous dit que des Russes ont passé par ici.

On apporte d'excellents melons, du poisson bouilli. On nous a préparé ce repas à la hâte. Lorsque nous mangeons, la foule s'agenouille et nous considère avec un véritable recueillement. Des remarques sont échangées à voix basse. Ils paraissent contents de nous voir; ils sont très affables : « Ah! dit l'un d'eux, si vous aviez été Chinois, nous nous serions sauvés. »

Après quelques cadeaux, nous allons camper plus loin, sur une hauteur un peu plus sèche.

Le 18 nous traversons Ouloug Koul, où le chef, d'origine kirghiz, nous fait une belle réception dans sa maison de roseaux gâchée de terre. Il possède un ameublement : un X en bois où il pose le Coran; une natte qu'il déroule : elle sert de nappe et de table; il a des coussins faits avec un véritable pout-de-soie emprunté à la tige du *tchiga* (asclépiade); il a des sacs faits avec ce chanvre sauvage, très abondant dans cette région. Il boit son thé dans des tasses de Kachgar; enfin il a plusieurs femmes. C'est un grand personnage. Il nous offre deux moutons, que nous refusons, mais qui lui valent un cadeau. N'oublions jamais d'encourager les bonnes intentions en voyage.

La route, jusqu'au 26 octobre, ne change guère. Chaque fois que nous quittons les bords du fleuve, nous retournons au désert par des bocages où les tougraks, suant leur sève qui sert de savon aux habitants, se tordent fantastiques. Des collines de sable ondulent, poussées par le vent, mais si lentement que les indigènes ne s'aperçoivent de leur marche qu'après des années.

Le 23, nous campons au milieu des peupliers. Les miasmes d'un marais arrivent sur le vent; puis l'air vif du Tarim se répand dans tout le bois, il l'égaye; les poumons se dilatent. A travers les broussailles une lueur tremblote, la flamme de notre feu. On entend des rires d'hommes. Le vieux Kirghiz Imatch les provoque par des réflexions comiques au sujet d'un chameau. Je lui demande si la « place » est bonne. « Très bonne, répond-il, nous avons du bois et de l'eau, il manque seulement du yantag pour nos chameaux. »

Imatch aime beaucoup ses chameaux. Sa bonté s'étend sur tous les animaux; il soigne aussi volontiers les chevaux, il veille à ce que les chiens eux-mêmes ne jeûnent point. Son seul défaut est d'avoir la langue rude, et son vocabulaire d'injures est le plus riche qu'on puisse rêver.

Imatch me fait encore observer que « le *kouirouk* (queue) des moutons d'ici est moins gros que dans l'Ili, et c'est un signe de mauvais pâturage. Il est très regrettable que ces moutons donnent moins de graisse, car rien n'est meilleur que la graisse de kouirouk. »

Rien n'est meilleur en effet.

Le 27 octobre, après une étape dans le sable, nous allons camper au delà du fortin en ruines que Yakoub-Beg construisit autrefois. Les quatre murs crénelés sont encore debout et servent de refuge dans les mauvais temps.

L'endroit où nous campons s'appelle Bougou-Bachi. Bougou est le nom sous lequel les indigènes désignent les cerfs, assez nombreux dans ce pays, et Bachi, comme vous savez, veut dire « tête ». Le Tarim, faisant un brusque coude, dessine assez bien la tête du cerf surmontée de ses deux ramures.

De nombreux vols passent sur nos têtes. On reconnaît des grues, des oies, des canards tirant vers le sud-est.

Le 28 octobre nous nous dirigeons vers le sud et gaiement. Nous allons entrer dans la région du Lob.

A mesure qu'on avance, l'aspect du pays change, la végétation devient plus rare. Les arbres ont disparu, les arbustes sont clairsemés, les monticules sont plus espacés et souvent la surface nette des takirs les sépare. De tous côtés apparaissent des traces d'évaporation : les couches blanches de sel sont nombreuses ; au loin ondulent des amoncellements de sable. Le sol, fortement imprégné de sel, est grumeleux ; si l'on quitte le sentier, le pied enfonce à travers une croûte dans la poussière.

Un observateur transporté subitement à cette place pourrait se demander si cela est une mer que l'on confectionne : tous les matériaux sont là ; ou bien si cela est une mer qui disparaît et s'évapore.

« Lob », dit un des guides; « Kara Bourane », dit un autre. Nous traversons la région appelée « Tempête noire », l'extrémité ouest du Lob.

Puis voici de l'eau qui coule à travers cette eau stagnante. C'est le Tcherchène Darya; il arrive du nord des hauts plateaux, d'un autre monde. Il a moins d'ampleur que le Tarim; un pont modeste suffit à le traverser et nous allons camper dans l'île qu'il forme, parce que de l'herbe bonne pour les bêtes y pousse.

Le village de Lob est posé à quelque distance de là; ses habitants viennent nous voir : ils sont misérables, affamés, étiques; ils offrent de nous vendre du poisson fumé, des canards pris au lacet. De petits cadeaux en font vite des amis.

Ils nous apprennent que la nouvelle s'est répandue que Pevtzoff, le voyageur russe, arrivera bientôt. Les Chinois auraient fait courir le bruit que la petite vérole sévit dans la région du Tcherchène, et les habitants de Tcharkalik seraient décidés à fuir devant les Russes. Dans ce pays, la petite vérole terrifie les populations. Cette épidémie les fait se disperser, et même ils abandonnent les malades. Quelques-uns assurent que Pevtzoff ne viendra pas cette année, qu'il a construit une forteresse où il passera l'hiver avec ses soldats.

29 *octobre*. — Après avoir louvoyé lentement à travers les marais, nous revoyons de nouveau la plaine nue, le désert. Il ressemble à la surface d'une mer, à une houle fixée tout à coup par un geste

créateur; et la houle est plus faible à mesure qu'on avance vers le sud, puis elle expire là où les tamarix recommencent, grâce à ce que le sel ne stérilise plus le sol.

Ces « vaguettes » à perte de vue ne font pas un paysage très gai, sans compter que l'horizon nous entoure d'un fin rideau de brume; et nous voilà isolés du reste du monde. Le soleil paraît et néanmoins nous rentrons nos mains dans les manches, car le vent de sud-ouest s'élève en même temps et il nous glace. Nos gens sont harcelés par des mirages, et l'étape étant fort longue, ils nous proposent d'aller prendre le thé au bord de ce ruisseau qui miroite là-bas. Heureusement que nous avons une provision d'eau, car nous n'en trouverons pas une goutte avant l'oasis de Tcharkalik.

Au sud, une cime apparaît par-dessus la brume, comme une île dans le ciel; le guide nous la montre de son fouet et dit :

« Altyn Tagh! Altyn Tagh! (la Montagne d'Or! la Montagne d'Or!) »

C'est la première muraille défendant l'abord des hauts plateaux. On considère un instant le pic, puis il s'évanouit comme une vision.

Nous trottinons sur le sentier glissant, inégal, taillé pour ainsi dire dans le sol, où le pied des bêtes et des hommes a ménagé une suite de trous séparés par des rebords très solides. Les chevaux buttent contre, bronchent et quelquefois s'abattent. L'écorce du désert de sel, piétinée par les caravanes, a pris la solidité de la pierre. La plaine est tellement bossuée de mottes, que l'œil finit par y voir des décombres, des moellons, des pans de murailles. Le sel diminue et le sentier devient plus égal, moins glissant, et enfin nous entrons dans un bois de tamarix, puis les peupliers se dressent avec leurs feuilles encore vertes et nous ressentons la chaleur du printemps, en même temps que nous soulevons une poussière fine d'automne. Nous entrons dans l'oasis de Tcharkalik.

Des canaux d'irrigation barrent la route, et des champs sont cultivés. Des pêchers, des abricotiers nous réjouissent par la perspective d'en manger les fruits. Il y a même de la vigne; des haies entourent des jachères; au milieu des haies, des cabanes sont construites, et tout cela ressemble « un peu » aux jardinets des environs des grandes villes. Je pense aux « cabanons » de la banlieue de Marseille. Vous voyez que l'imagination des voyageurs est folâtre.

Nous sommes fort bien accueillis par les anciens du village de Tcharkalik. On nous apporte à profusion des melons, des pêches, des raisins, et l'on cuit à notre intention des galettes de pain frais.

Quelle hécatombe de ces bonnes choses nous sacrifions à la joie d'être arrivés au terme de la deuxième grande étape! On revoit toujours une oasis avec plaisir. L'oasis est vraiment le complément du désert : l'un fait aimer l'autre.

CHAPITRE IV

LES HAUTS PLATEAUX

La ville de Tcharkalik commence par un asile, *vetus urbes condentium consilium*. « Mot profond que la situation de toutes les vieilles villes de l'antiquité et du moyen âge commente éloquemment... » On parle de Rome; l'histoire (?) de sa fondation m'est soudainement revenue à la mémoire, et je me surprends à citer quelques lignes de Michelet.

La faute en est à ce que la géographie, les choses présentes, pour mieux dire, jettent des lueurs sur les choses passées et font entrevoir ou deviner la préhistoire.

Ce que je vois à Tcharkalik, ce que l'on me conte, pourrait fournir matière à des rapprochements bien intéressants. Peut-être pourrais-je vous donner une idée, vague sans doute, de la manière que les villes naissaient dans l'antiquité.

Je dis « naissaient dans l'antiquité », car il ne se passe ici rien de comparable à ce que j'ai vu dans les colonies russes de l'Asie, rien de comparable à ses jaillissements de villes américaines qui commencent par un hôtel éclairé à la lumière électrique et l'installation du téléphone.

En revanche, nous pourrions vous offrir le spectacle d'une agglomération de réfugiés, chasseurs, chercheurs d'or, cultivateurs de la terre; vous les montrer en lutte avec des autochtones qui leur sont intellectuellement inférieurs, puisque, avant l'arrivée des Khotanlis, les Lobis n'avaient pas encore jeté la première mue de la civilisation, puisqu'ils étaient encore chasseurs et qu'ils ignoraient ou ne pratiquaient pas le labour.

Nous pourrions vous montrer ce qu'est une question agraire à sa première phase, ce qu'est la politique intérieure la plus rudimentaire, et la politique extérieure telle qu'elle vient de naître du voisinage d'un plus fort et d'un besoin d'alliance, et tout cela, cher lecteur, sans aucun ministère.

Mais laissons cela.

Voici novembre, le 1ᵉʳ novembre, et nous n'avons pas terminé notre besogne. Ce que nous venons de faire n'a été qu'une agréable promenade semée d'inconvénients si minimes, qu'ils en étaient comme les condiments, la rendant encore plus agréable.

Nous vous avons dit que la première grande étape était Kourla; la seconde est Tcharkalik; la troisième sera Batang, si nous continuons à réaliser notre programme avec le même bonheur. Et Batang est loin, des déserts nous en séparent, l'inconnu est en travers de nous. Et après Batang, c'est le Tonkin, à l'autre bout de l'Asie, au bord de l'Océan. Heureusement qu'en voyage on n'a pas de temps à perdre et qu'en règle générale les voyageurs, rêvassant peu, ne cherchent pas à s'imaginer des raisons de ne pas agir; sans quoi, nous pourrions nous effrayer de notre entreprise, quoique nous ne puissions pas dire que notre projet soit au-dessus des forces de l'homme, car nous n'avons encore rien essayé. Les circonstances peuvent nous être plus favorables qu'à nos devanciers, et nous réussirons. Qui sait?

Il nous faut donc trouver à tout prix cette route, que nous appelons, dans nos conversations, « la route du Sud ». Nous mettons nos gens en campagne, et chacun cherche à découvrir l'homme précieux qui la connaîtra et voudra nous la montrer. Il suffit que l'un de nos gens ait questionné maladroitement, et voilà que nous ne pouvons obtenir un renseignement précis. Au reste, peu de nos serviteurs se soucient de poursuivre le voyage; les personnes aimant l'exploration ailleurs que dans leur chambre ou dans un bon campement sont plus rares qu'on ne pense. La route du Sud est notre grande préoccupation, elle le sera longtemps.

Nos trois Sibériens vont nous quitter. Ils devaient venir jusqu'au Lob Nor, et j'essaye vainement de les entraîner plus loin. Ils ne s'en soucient pas.

Le chamelier doungane veut aussi retourner sur ses pas, nous ne le retenons que par l'appât du gain.

Nous cherchons des volontaires dans les gens du pays pour remplacer ceux qui partiront. Deux se présentent, l'un connaît le chemin de Bogalik, suivi autrefois par l'Anglais Carey. Nous leur promettons de bons gages, et leur entrée dans la troupe relève un peu le moral des Dounganes.

Le chef de nos chameliers le vieil Imatch, bien que marchant difficilement, ira jusqu'au bout, jusqu'où nos Khotanlis iront.

Ce brave homme au rude parler n'a pas de crainte, son seul désir serait d'avoir de meilleures jambes. Il est affectueux, il aime ses chameaux et ne les veut pas quitter.

Il est Kirghiz d'origine, de la tribu des Kizaï, qui habitent la Sibérie et la province de Kouldja.

Souvent, le soir, autour du feu, nous faisons causer le vieil Imatch. Il aime à parler de son pays et du grand événement de sa jeunesse, qui fut l'insurrection contre les Chinois.

« Je n'ai pas oublié ces choses-là, dit-il, et aussi longtemps que je vivrai elles me resteront dans la tête. J'avais vingt ans, il y a de cela vingt-deux ans. Les Dounganes et les Tarantchis se soulevèrent les premiers. Nous autres Kizaï vivons loin des villes et nous n'avions que peu de rapports avec les Chinois : aussi, dès l'abord, nous ne voulions pas nous soulever. Mais les Dounganes nous envoyèrent des émissaires avec ce message : « Si « vous refusez de nous aider, lorsque nous en « aurons fini avec les infidèles (Chinois), nous « tournerons toutes nos forces contre vous et nous « vous anéantirons ». Alors les anciens de nos tribus tinrent conseil et ils dirent : « Nous ne « risquons rien à aider les Dounganes et les Ta-« rantchis, car il est clair, d'après ce qui se passe, « que pas un Chinois ne survivra. Il y aura beau-« coup de butin pour les braves. Nous avons une « belle occasion de nous enrichir aux dépens des « infidèles. Marchons avec l'aide d'Allah et nous « reviendrons riches, »

« Alors nous nous sommes armés de sabres et de haches, car nous avions peu de fusils, et, montés sur de bons étalons, nous avons attaqué les Chinois.

— Étaient-ils braves ?
— Plus faciles à tuer que des moutons.
— En as-tu tué aussi ?
— Oui, j'en ai tué le plus que j'ai pu. À chaque pas nous rencontrions des fuyards, nous leur prenions leurs chevaux, leurs vêtements s'ils en valaient la peine. Parfois on laissait la vie aux jeunes, mais ceux qui les rencontraient plus loin la leur enlevaient.

— Vraiment, les Chinois n'étaient pas braves ?
— Braves comme... dit Imatch en crachant

après s'être servi d'une comparaison malpropre. Seuls les Solons ont montré un peu plus de cœur. Quel Kirghiz pourra oublier Baïan-taï. On avait cerné cette ville, et nous avons tout tué, à l'exception des enfants et des femmes. Nous nous les sommes partagés et nous avons été punis de notre faiblesse, car ces femmes ont gâté le sang de notre race. »

Imatch conte ces exploits d'une voix rauque, avec les gestes de frapper de grands coups de taille. Aussi lui donnons-nous un grand sabre russe de cavalerie avec lequel il se propose de pourfendre les ennemis.

Nous recrutons deux indigènes; je crois que nous aurons lieu de nous en louer plus tard.

L'aîné s'appelle Timour. Il a été pâtre, il est chercheur d'or et chasseur lorsqu'il a des loisirs. Il est marié et il cultive un coin de terre. Il a souvent erré dans l'Altyn Tagh, le Tchimène Tagh, et les hauts plateaux ne l'effrayent point. Il exécute les ordres sans broncher, il travaille vite, on le dit infatigable marcheur, il sait soigner les chevaux et les chameaux. Il rit volontiers, il est d'humeur égale, et, qualité précieuse, il est content de son sort à Tcharkalik. Un tout petit morceau de sucre en fait le plus heureux des hommes. Tout ce que nous faisons l'intéresse : il regarde les armes avec plaisir, les oiseaux préparés avec attention, il les reconnaît, dit leur nom. C'est un curieux. Le soir on l'entend chanter, raconter des légendes; quand Rachmed ou un autre débite une histoire, il en suit toutes les péripéties avec soin, riant, s'exclamant; bref, c'est un poète, un aventurier, un amoureux du nouveau.

Lorsqu'on lui demande s'il fera froid dans les montagnes du Sud : « Oui », répond-il, et il cache ses mains dans les manches de son vêtement, et les réchauffe sous ses aisselles, puis il agite les bras en disant : « Ce n'est rien », et il rit. Avec cela il n'est pas trop grand, pas trop gros, et très alerte, il danse légèrement. Bien plus, il sait les prières, on le tient pour un mollah, et il possède des paroles contre les maladies. Un homme complet, comme vous voyez.

L'autre, plus jeune, âgé d'une vingtaine d'années, a nom Iça. Il est très vigoureux. Il dépouille un mouton avec la plus grande dextérité et sait parfaitement cuire le riz. Avouons qu'il mange l'un et l'autre avec une non moins grande dextérité. Tout ce qui a trait à la cuisine l'intéresse : fendre le bois, allumer le feu, l'entretenir, aller quérir de l'eau, nettoyer la marmite, ce sont là nobles besognes dont il s'acquitte à souhait. Il se souvient le lendemain de ce qu'on lui a dit la veille. Il a un rire éclatant, mais tellement naturel qu'on l'entend avec plaisir. D'habitude il est assez sombre. Il aurait le défaut de fumer le hachich, mais en petite quantité. Ceux qu'il a servis sont contents de lui. Une nuit, je l'ai vu se coucher sur une simple natte posée près du feu, sans autre vêtement qu'un kalat déchiré. Il a dormi fort bien à cette place, quoique le feu se fût éteint et que le minimum de la nuit fût de — 19 degrés. Le lendemain il s'est levé très gai et sans le moindre rhume de cerveau. Vous comprenez que nous ayons arrêté là l'examen qu'on lui faisait subir à son insu, et que nous lui ayons pardonné d'avoir fui la maison paternelle, après avoir cassé les deux bras à sa belle-mère.

En effet, Iça avait reçu une femme de la main de son père. L'union était, paraît-il, heureuse. Mais la seconde femme du père d'Iça avait pris en haine son beau-fils et sa bru, et, raconte-t-il, il n'y avait pas d'avanies, de méchancetés qu'elle ne fît subir à la jeune femme en l'absence des hommes.

Iça résolut de se venger. Un jour que la marâtre était seule à la maison, il la roua irrespectueusement de coups de bâton, si bien qu'il la laissa pour morte dans la cour et les deux bras cassés.

Il renvoya sans tarder sa propre femme à sa famille, il réunit ce qu'il put du butin, et, ayant conté l'accident à quelques amis, il monta à cheval et se sauva de Kiria. Après des aventures diverses il vint échouer à Tcharkalik, qui paraît être un lieu de rendez-vous pour les originaires de la province de Khotan pressés d'un subit besoin de prendre l'air.

Nous renouvelons les provisions, nous en achetons encore que nous comptons faire transporter par les indigènes jusqu'à ce qu'elles soient épuisées. Car, je le répète, c'est le point important pour nous, il nous faut assurer la subsistance des hommes et des bêtes.

Le jour de la fête de la naissance de Mahomet, les autorités en corps viennent nous rendre visite et nous offrent des présents. Ils veulent que nous participions à leurs réjouissances, car nous sommes loin de notre patrie, de nos foyers, et il serait malséant à eux de ne pas nous inviter. Je les remercie, je leur répète que nous n'avons pas de mauvaises intentions au fond du cœur, et je leur affirme que toujours nos actes seront conformes à nos paroles. Ils nous croient : « Vous êtes des hommes vrais, nous le voyons bien », disent-ils. Ils demandent l'autorisation de prendre nos serviteurs à leurs tables. Tout cela est accordé, bien entendu, et toute la journée on fête Mahomet par des repas, par des chants, par des danses, par des luttes, où Rachmed, qui est très adroit, obtient un grand succès. Deux moutons offerts par nous sont cuits dans la marmite immense de la mosquée. Cette marmite finit mal, car, l'ayant employée pour raffiner du sel cristallisé, nous la faisons éclater : accident de très mauvais augure qu'un cadeau fait supporter sans murmure.

Le 7 novembre une épouvantable tempête de nord-est hurle toute la nuit et nous oblige à construire un abri pour notre cuisine. La température s'abaisse subitement, et le matin les indigènes nous arrivent déguisés en gens du Nord. Tous sont vêtus de peaux de moutons ou de fourrures de bêtes sauvages, telles que les renards, les loups. Notre troupe profite de cette bonne occasion pour essayer ses costumes d'hiver, et c'est une véritable mascarade.

Une nouvelle intéressante est que quatre Kalmouks sont arrivés à Abdallah. Ils formeraient l'avant-garde du khan des Kalmouks qui revient de Lhaça, où il est allé en pèlerinage. Il ne tarderait pas à arriver, en assez piteux état. Sa caravane a été décimée; deux cents chameaux et vingt hommes sont morts. Le retour s'est effectué surtout avec des *koutasses* (des yaks) et en passant par le Tsaïdam. Car d'après le messager, vingt ans auparavant, le khan des Kalmouks ayant essayé de se rendre à la « Ville des Esprits » par la route du Kizil Sou aurait dû rebrousser chemin, parce que les montagnes sont infranchissables.

L'aksakal des Khotanlis m'ayant apporté de la graisse de marmotte afin de me guérir d'une attaque de rhumatismes, je le questionne au sujet de la route du Kizil Sou, et sans se prononcer franchement il me donne à entendre que l'on ne doit pas attacher grande importance aux paroles de ce Lobi. « Quant aux difficultés de la route, ajoute-t-il, elles sont réelles. Une fois, nous sommes allés du côté de Bogalik avec cent cinquante ânes afin de rapporter de l'or et des peaux, car la chasse est bonne,

et nous avons perdu du monde et beaucoup d'ânes.
— Pour quelles raisons ?
— Par le froid et surtout par les odeurs mauvaises qui s'échappent du sol (1). Elles vous tuent en vous empoisonnant. Les ânes y résistent moins que les hommes. »

Après la tempête, l'atmosphère est moins empoussiérée; le ciel brumeux devient clair; pas un souffle n'agite l'air, mais il gèle plus fort que ne le voudraient les indigènes. Sous la tente le minimum a été de — 12 degrés. Cet abaissement considérable de la température a jeté l'alarme parmi la population. Tous ont quitté leurs maisons : tous ceux qui peuvent porter un fagot sur le dos se sont égaillés dans la brousse. Et c'est un va-et-vient continuel de femmes, de vieillards et surtout d'enfants chargés. Pas une fillette qui ne soit courbée par un poids plus lourd que son corps; l'hiver est là, le grand *aryk* est gelé, les champs en jachère où l'eau s'était répandue sont blancs de gelée.

Il nous tarde aussi de partir.

Le 9 novembre le minimum est de — 19 degrés avec une petite brise nord-ouest rafraîchissante, le maximum est encore de + 20 degrés, mais au soleil, où l'on se trouve fort bien. Les indigènes ont dirigé l'eau de l'aryk vers les citernes, ils font leurs provisions d'eau pour l'hiver. Depuis une semaine tous les moulins tournaient en prévision

(1) Mal de montagne.

de cette sécheresse, chacun faisait sa provision de farine.

Un artiste qui me paraît remarquable s'accompagne d'une guitare à deux cordes et nous chante près du feu une chanson pleine de philosophie. Elle marque cependant la cadence aux danseurs et aux danseuses. Tandis que les femmes marchent à petits pas, yeux baissés, et qu'elles cherchent des attitudes gracieuses du torse, et se balancent ou tournent les bras étendus, le chanteur hurle à tue-tête : « Le monde n'est qu'une tromperie, l'homme passe son temps à désirer, il attend toute sa vie la réalisation de vœux qu'il lui est aussi difficile d'obtenir que de saisir la lune elle-même, laquelle il revoit cependant chaque mois ».

Vous voyez que les moralistes ne manquent pas à Tcharkalik, au seuil du Gobi. Le chanteur passe pour être l'auteur de ces couplets, et nous lui proposons de nous accompagner ainsi que sa guitare, faite de deux planches de peuplier bien lisse. Un moraliste fera bien dans notre troupe, surtout celui-ci. Il a couru le monde, il a vu Yarkand et je ne sais combien d'années cherché l'or en tous endroits. Il ne paraît pas avoir fait fortune et ses déboires lui auront inspiré cette chanson résignée. Il passe pour un brave homme, et à propos de la fête de Mahomet il a encore remporté le prix de la lutte aux jeux Olympiques.

Quoique Khotanli, il est l'ami intime d'un certain Abdoullah Ousta, maître dans l'art de travailler le fer, qui est de Lob. Autrefois Tokta — c'est le nom du chanteur — a rendu un service considérable au vieil Abdoullah. Celui-ci se serait égaré en poursuivant des chameaux sauvages, il n'aurait pu rejoindre ses compagnons, et Toka serait survenu fort à propos pour secourir le chasseur, fatigué et mourant de faim. Depuis ce jour une amitié solide lie ces deux hommes.

Nous avons commandé du fer, des clous, des piquets à Abdoullah Ousta et nous espérons l'enrôler. D'après Tokta, personne ne connaît mieux la montagne que le vieux maître, qui est encore très vigoureux, quoique sa barbe soit grisonnante.

S'il consent à partir avec nous, sa décision en entraînera beaucoup d'autres.

Voilà de bonnes paroles; on nous fait bonne figure, on promet tout, mais attendons la fin.

Tokta, avant de nous quitter, assure qu'on nous aidera si les barbes blanches des Lobis ne s'y opposent pas. Les Khotanlis nous seraient acquis.

Rachmed prétend qu'on doit croire Tokta :

« J'en suis sûr, dit-il, il nous accompagnera, car il est Saïa.

— Qu'est cela, « Saïa » ?

— Un homme comme nous, qui ne peut rester en place, par la faute de sa mère.

— Explique-toi.

— Oui, voilà ce qui m'est arrivé, ce qui a dû arriver à Tokta. Nos mères étant grosses de nous ont voyagé à dos de chameau dans le désert, elles ont promené un regard tout autour d'elles en cherchant à voir au delà de l'horizon et elles ont fait de nous des « Saïa », des coureurs de grands chemins, voulant toujours voir au delà de l'horizon. Et voilà pourquoi nous allons encore marcher vers le sud, et Allah seul peut dire quand et où nous nous arrêterons. Et nous ferons bien de partir, car la route me paraît longue et ces maudits chameaux ne vont guère vite : qu'Allah nous aide ! »

Là-dessus Rachmed me reproche de l'avoir pris à mon service alors qu'il avait à peine de la barbe, de lui avoir fait pousser plus de cheveux blancs qu'il n'en a de noirs, et, par de trop longues absences, fait « rater » plusieurs mariages avantageux. Puis, comme il est mobile, il passe à un autre ordre d'idées, fait une farce à son voisin et l'accable de ces injures que les Ousbegs profèrent sans méchanceté.

Rachmed a raison : il est temps de partir, mais tout n'est pas encore prêt; il faut que le Doungane se décide à nous accompagner, et alors on partagera les charges, on les préparera selon la force des bêtes. Au moins quarante ânes et dix hommes nous sont nécessaires pour soulager un peu nos bêtes et les nourrir aussi bien que les hommes durant un mois. Les Khontalis nous ont presque promis la moitié; mais les Lobis fourniront-ils l'autre moitié ? Se mettre en marche en étant bien prêt à tout événement est chose difficile. Nous nous en apercevons une fois de plus, et Rachmed ne laisse pas de manifester confidentiellement quelques craintes au sujet du Doungane et des Lobis.

Nous organisons le retour de nos trois Sibériens. Ils retourneront à Kouldja avec nos collections, nos lettres, et le consul russe les expédiera à Paris par la Russie. Nous leurs donnons des chameaux pour transporter les ballots à Kourla, où ils achèteront un *arba*, car leur intention est de revenir par la route impériale d'Ouroumtsi en contournant les Monts Célestes. On les munit de provisions et de munitions. Nous aurions bien voulu en garder au moins un avec nous; mais l'un, Borodine, était marié; l'autre, Maltzeff, avait fait cette route afin de rassembler une petite somme destinée à célébrer ses noces : une fiancée l'attendait à la maison. Quant à notre préparateur, Kouznetzoff, que nous avions engagé à Tioumen, il ne nous aurait pas été aussi utile que n'importe lequel des deux autres, étant plus jeune et impropre aux durs travaux. Mais, comme préparateur naturaliste, il a toujours fait preuve de la plus grande conscience et de beaucoup de bonne volonté. Tout ce qu'il fait est bien fait; il a du soin, de l'ordre, de la patience. Nous ne saurions trop le louer et le remercier. Il est prêt pour prendre part à une exploration quelconque.

Nous prions la municipalité de nous fournir, à un prix qu'on débattra, des hommes et des ânes qui porteront une partie de nos provisions jusqu'aux environs du Kizil Sou en suivant la route de

Bogalik. Cette demande est faite le 12; on nous apportera la réponse le lendemain après avoir tenu conseil.

Le 13 novembre, dans la matinée, nous voyons une troupe s'approcher de notre camp. Presque tout le village est là. Khotanlis et Lobis sont présents. Ils s'arrêtent au bord de l'aire qui figure notre domaine momentané, et un grand gaillard à barbiche menue que nous n'avons pas encore vu prend la parole et s'explique avec Rachmed qui reçoit. Les Dounganes s'efforcent de comprendre. L'orateur, nous dit-on, est le chef le plus considérable des Lobis. En peu de mots, il expose que « l'on ne nous donnera ni hommes, ni ânes, parce que le froid est trop rigoureux dans la montagne; que la parcourir en cette saison, c'est y chercher la mort », etc.

Rachmed insiste doucement; il rappelle « le bien que nous avons fait au pays, l'argent que nous lui laissons, les prix élevés que nous avons payé chaque chose dans le but d'aider aux pauvres vendeurs. Et les promesses qu'on nous faisait hier encore. Comment advient-il que l'on ne veuille plus les tenir? Avons-nous dit que nous ne payerions pas les services qu'on nous offrait? L'accord semblait régner entre nous : d'où vient ce changement? » etc.

Entre temps nous apprenons que des ordres secrets seraient venus de Kourla. Les chefs lobis auraient reçu défense de nous aider, et, comme ils ont demandé l'aide des Chinois contre les Khotanlis, ils seraient décidés à obéir et à obstructionner...

Le chef lobi devient arrogant et il s'écrie : « Par Jupiter! si tu veux des ânes, tu les payeras deux fois leur valeur, et moi je ne t'en vendrai point. Quant à des hommes pour vous servir, il n'en sortira pas un du pays. Nous ne vous devons rien, nous ne vous payons pas l'impôt, nous le payons aux Chinois. Non, nous ne vous devons rien. Vous ne nous faites pas peur, nous avons le nombre; nous sommes des braves, vous ne nous faites pas peur... »

Comme il disait ces mots, Rachmed, qui voyait, qui sentait la nécessité d'agir, emploie des arguments *ad hominem*, et il rosse ce grand orateur. Les siens veulent le défendre, nous les repoussons en les menaçant de nos armes et nous gardons à notre disposition le chef des rebelles. Nous annonçons que nous ne le lâcherons que contre les dix-huit ânes et les cinq hommes qui constituent le contingent que les Lobis doivent fournir.

Les Khotanlis interviennent alors, ils servent de médiateurs entre les deux partis, implorent pour le chef, de qui la tête est très basse, et nous demandent de la patience; ils promettent de tout arranger.

On entend des clameurs de femmes sur les toits et dans la brousse, les chiens aboient, les ânes braient; c'est un bruit d'émeute.

Cependant le chef en notre pouvoir est consolé

avec une tasse de thé et du sucre. Timour l'engage à revenir à de bons sentiments, attendu qu'il a tout à gagner à nous obéir et que nous ne lui rendrons certainement pas la liberté avant que nous soyons assurés de son concours.

Le chef fait demander l'un des siens et lui donne des ordres « Qu'on leur donne ce qu'ils réclament ». Ce messager retourne à l'assemblée, tenue à distance, devant le palais d'un chef ayant une femme de Lob, quoiqu'il soit originaire de Khotan. Et immédiatement des ambassadeurs viennent nous trouver. Ils demandent la libération du roi. Mais nous refusons, il nous faut des garanties. Ils s'éloignent, tiennent de nouveau conseil et reviennent en chœur. Les barbes blanches jurent qu'on nous donnera autant d'ânes, de guides, de chasseurs que nous désirons. Mais ils ne dépasseront pas le pays des Kalmouks du Tsaïdam.

« Nous ne pouvons pas vous montrer les ânes, disent-ils, le temps de les rassembler nous ayant manqué, mais voici les cinq Lobis qui vous accompagneront. » On les fait sortir de la foule, on les met sur une ligne et l'on nous prie de les examiner. Et ce sont des affirmations par la barbe, par Jupiter : tous les dieux sont invoqués. La foule approuve, gesticule, élève la voix, et tout autour de nous ce ne sont que gens souriant, agitant les bras avec des gestes suppliants, montrant des dents affables, et renforçant à propos par des exclamations les raisons de celui qui parle.

« Laissez aller le chef, disent-ils : c'est un bravo homme, il n'a pas de mauvaises intentions. »

Le grand chef, rendu à la liberté, ne tarde pas à venir nous faire ses adieux, et, le nez, légèrement enflé, il renouvelle les promesses déjà faites, et jure qu'il a donné des ordres et qu'ils seront exécutés. Après de longues politesses, il monte à cheval et part.

Le 16 novembre au soir, les charges sont préparées, nous sommes parés, comme disent les marins. Nous emportons même sept cents petites bottes de foin afin de soutenir les forces de nos chevaux, condamnés à mourir les premiers.

Nous avons tenu compte des probabilités, des certitudes de mort, dans nos calculs, pour établir le nombre des rations à emporter; il est proportionné au nombre des bêtes de somme dont nous disposons pour le transport, mais les charges « doivent » diminuer en même temps que les bêtes mourront, de telle façon que les survivantes n'aient pas une surcharge au moment où leurs forces seront moindres. L'expérience nous permet de fixer à peu près à l'avance ce qu'il faut pour nourrir les quatorze hommes de notre armée régulière durant cinq et, à la rigueur, six mois.

La vue de ces sacs pleins, de ces coffres bourrés inspire confiance à Rachmed. « Qu'Allah nous aide, dit-il, et tout ira bien. »

Pourtant nous n'irions pas bien loin, au dire des indigènes, car des chameaux ne pourraient passer par l'Altyn Tagh en suivant la route de l'Anglais Carey. Et selon le « Petit Homme », Prjevalski aurait été du même avis. Il nous tarde d'aller voir les obstacles, aussi le départ est fixé irrévocablement au 17 novembre. En avant!

Le 17 novembre, le chargement des bêtes s'opère avec un brouhaha de parlement le jour d'une interpellation. Toute la population est présente. Il y a les femmes, les amis, les enfants, les parents des partants et les curieux : c'est dire qu'il ne manque personne. Les hommes, au premier rang, regardent, bavardent ; les femmes plus loin jacassent ; quelques fillettes hardies se glissent parmi les petits garçons. Ce monde n'est pas attiré que par le spectacle du départ. Il est là aussi pour la même raison que la nuée de moineaux qui s'est assemblée sur les saules près du camp. Les moineaux pépient gaiement parce qu'ils savent que dans un instant ils s'abattront sur le camp abandonné et picoreront les grains d'orge qu'ils voient bien. Les badauds en feront autant, et, s'ils n'étaient contenus par la crainte, ils se précipiteraient sur les boîtes vides, ils s'arracheraient les chiffons de toile ; déjà ils se disputent des riens qu'ils ont pu ramasser. Un enfant a pu saisir une boîte à conserves ; il veut la porter à la maison, et il fuit à toutes jambes, poursuivi par ses camarades.

Enfin la caravane est prête et nous partons. Le soleil luit. Les chefs, à cheval, nous accompagnent. Ils iront avec nous jusqu'au camp, à quelques kilomètres de Tcharkalik, la première étape étant toujours très courte. Celle-ci finit au seuil du désert, de l'autre côté de la petite rivière qui fait l'oasis et où nous boirons encore une fois de bonne eau. Une bonne eau est pour nous autres la plus délicieuse des boissons. En avons-nous bu de l'eau saumâtre!

Quarante minutes de cheval suffisent pour sortir de l'oasis et arriver au désert qui guette le voyageur. En quittant la selle pour nous installer sur le feutre où les chefs nous ont offert le « coup de l'étrier », nous jetons un regard au Gobi : il nous sourit avec des mirages de beaux lacs. Nous savons à quoi nous en tenir, nous savons ce que valent de telles promesses. Au sud-est on devine les montagnes dans la brume. Elles nous attendent.

Avant le coucher du soleil, les anciens nous font leurs adieux. Le chef rossé est du nombre, et il n'est pas le moins cordial; nous lui faisons un beau cadeau. Les autres reçoivent aussi des souvenirs.

« Qu'Allah vous accorde un bon voyage! disent-ils; qu'il fasse que votre santé soit toujours bonne et que vous rentriez sains et saufs auprès des vôtres qui habitent si loin de nous!

« Nous sommes pauvres et nous n'avons pu vous être aussi agréables que notre cœur le souhaitait. Veuillez nous pardonner. Qu'Allah vous protège! Qu'Allah vous protège! »

Nous leur serrons les mains, nous les remercions. Nous regrettons qu'il y ait eu un petit malentendu; ils n'avaient jamais vu de gens de notre race et ils étaient défiants. Nous espérons qu'il recevront désormais les nôtres à cœur ouvert, qu'ils ne garderont pas de nous un mauvais souvenir, et qu'ils nous considéreront comme des amis.

« Oui, nous sommes amis, nous sommes amis, répètent-ils en nous serrant les mains. Qu'Allah vous protège! »

Après quoi ils échangent des recommandations avec les chasseurs et les chercheurs d'or, qui sont décidés à nous suivre. « Veille sur mon père; aie soin de mon bétail; fais prendre patience à ma femme; donne-lui du blé à crédit, je te payerai au retour. Porte-toi bien! Qu'Allah vous protège! » etc. Puis ils s'embrassent, ceux du même sang sur la bouche; les autres pressent la main de leurs aînés qui leur déposent un baiser sur le front. Une barbe blanche récite ensuite une *fatiha* à haute voix, et, la prière terminée, tous portent les mains à la barbe en criant : « Allah est grand! Allah est grand! »; alors les uns s'en vont, les autres restent et vaquent immédiatement à leurs occupations.

La femme de Timour, petite brune alerte, est restée près de son mari. Elle coud des sacs agilement, tandis que son petit garçon, de quatre ans environ, tout de peau de mouton habillé, figure sale, nez épaté, et roulant les petits yeux noirs et vifs de son père, s'amuse à frapper contre les coffres en chantant : « Il n'y a de Dieu qu'Allah!.» Puis, le soleil se couchant, nos trois Russes se décident à quitter leurs compagnons de route. Après échange d'embrassades et de souhaits, ils retournent à notre camp du matin, où ils ont laissé leurs bagages à l'abandon.

Nous espérons que les lettres qu'ils emportent seront en Europe dans trois mois environ. On s'endort après avoir bavardé de l'avenir. Tous nous sommes tombés d'accord que jusqu'à ce jour nous avons pleinement réussi dans tout ce que nous avons entrepris.

18 *novembre*. — Le minimum de la nuit n'a été que de — 9 degrés, mais ces neuf degrés suffisent pour geler la rivière et nous allons lui emprunter sa glace. Aujourd'hui nous ne trouverons pas d'eau potable au camp du soir, nous emportons des sacs de glaçons. Dorénavant nous n'aurons pas d'autre boisson.

Nous sommes dans le désert pétré et nu. A notre droite, une masse sombre se dessine mal sous la gaze d'un léger brouillard, et le vieil Abdoullah dit : « C'est l'Altyn Tagh », les montagnes d'Or qui ne se sont pas encore montrées depuis que nous sommes auprès d'elles. Elles semblent hautes, mais on ne distingue aucun détail; aucune cime n'est visible. « De l'autre côté, ajoute Abdoullah Ousta, commence le pays des vents de glace.

Vous aurez froid, très froid dans ce pays-là. »

Notre troupe est silencieuse. Nos hommes ne bavardent pas gaiement comme d'habitude; chacun fouette machinalement son cheval, le regard fixe. Les lendemains de séparation sont toujours semblables, surtout s'ils coïncident avec un départ vers l'inconnu : on n'est pas encore en selle, ni au physique ni au moral, d'où des rêveries.

Nous nous rapprochons des tertres de sables semés à notre gauche, l'avant-garde du Gobi ; c'est là que nous camperons, paraît-il. La steppe est aride et nous la quittons.

Soudain voilà nos ânes, nos moutons, — car nous emmenons un troupeau de moutons, vivres qui se transportent eux-mêmes, — ils sont chassés par de souples marcheurs vêtus de bure blanche, et au soleil ce spectacle est un joli Guillaumet. Nous passons du sable à des takirs de fine argile, puis nous retournons au sable, et péniblement nous gravissons et descendons les monticules formés par des émiettements de la montagne et des balayures de la plaine.

Abdoullah Ousta s'arrête, descend de cheval et dit : « Je vais chercher par ici ». Dans le fond des vasques de sable apparaissent à la surface comme des moisissures. C'est du sel qui indique le voisinage de l'humidité, et, plus loin, le vieux guide tend le doigt vers un petit trou : « On creusera là ». En effet le niveau de l'eau est à une faible profondeur. Les ânes déchargés, les âniers saisissent leurs pioches, et une fontaine est créée; un trou se remplit d'eau salpêtrée. On donne à boire aux bêtes, on les rationne.

Nous préparons un peu de thé, que nous buvons en attendant la glace chargée sur les chameaux. Il n'est pas très bon, mais nous refaisons l'apprentissage du désert. Je l'ai souvent observé : chaque fois qu'on reprend le large, il y a des malades dans la caravane. Aujourd'hui quatre ou cinq déclarent être brisés, et cependant l'étape a été courte, et on l'a faite par un temps superbe. C'est ce qu'on pourrait appeler le mal de mer du désert, comparable au malaise qu'éprouvent certains marins pendant les premiers jours de traversée.

Cette place s'appelle Yandachkak; on y trouve beaucoup de *ioulgoun* (tamarix); aussi notre campement bien illuminé me rappelle certain campement de l'Oust-Ourt où le *saksaoul* abondait.

Un chant s'élève. C'est Tokta notre poète, qui gratte son allah-rabôb. Sa voix est très pure. Le chant est d'une grande tristesse; il est charmant dans ce paysage, il semble inspiré par le sable, par le trou où l'on puise une eau salée, par la stérilité de la terre. C'est d'un homme qui s'avoue vaincu par la nature; c'est une vraie plainte de captif se demandant s'il pourra s'échapper de la solitude menaçante où il est pris. Les Israélites devaient chanter leurs psaumes sur un air semblable lorsqu'ils se reposaient de leurs travaux d'esclaves, le soir, sur les quais de Babylone, où bien lorsqu'ils s'exposaient à la brise, accroupis sur le toit des maisons à Samarcande, du temps de Salmanazar.

19 *novembre*. — Au réveil, la première nouvelle est que les chameaux manquent. Les hommes partent dans toutes les directions. Habitués à boire copieusement chaque jour, ils sont sans doute retournés à la rivière près de laquelle nous campions la veille.

Le sable, retenu par des tamarix, forme un petit pic; je grimpe en haut afin de voir si nos chameaux sont retrouvés. Je ne tarde pas à voir dans le désert des cavaliers qui les ramènent. Sauf eux, rien. A ma droite, des vagues de sable, des touffes de ioulgoun; à ma gauche, les montagnes jaillissent de la brume; au-dessous de moi s'étend la plaine nue, pierreuse. Deux fois mon œil circule autour de l'horizon sans voir trace de vie. Il y a vraiment de quoi s'étonner des feux du camp, du bruit des voix, du gargarisme des chameaux. Pourquoi des êtres ici? On ne peut que passer en de tels endroits, et la seule habitation qui convienne, le seul abri qu'il faut dresser est une légère tente de toile. On l'abat, et l'on se sauve plus loin.

Ayant marché pendant six heures presque droit sur l'est, nous nous arrêtons dans une vallée où bruit le Djahan Saï, qui porte aussi le nom de Kountchi Kan, un grand chef de Lob. Il serait venu autrefois du Tsaïdam avec des troupeaux.

Ayant découvert cette rivière en chassant, il la trouva belle et vint en habiter les bords avec sa famille. « Cela est arrivé il y a des années, des années », dit Abdoullah Ousta.

Nous allons camper à Tchoukour Saï. En chemin nous rencontrons des saksaouls; nos hommes s'empressent d'en emporter quelques fagots.

Ils savent que nul bois dans ces régions ne produit plus de chaleur que le saksaoul. Ces arbustes avaient leurs graines, mais mauvaises, malheureusement. Ils sont en état de décrépitude et disparaissent, ne pouvant plus se propager.

Notre camp est dans le désert, au delà du Tchoukour Saï, gorge profonde où l'on ne trouve plus une goutte d'eau. Demain nous séjournerons à cette place. Nous envoyons les bêtes paître dans la montagne près de l'eau; des chasseurs les accompagnent avec des vivres; ils ne reviendront que le lendemain soir. Il est indispensable d'entreprendre le passage du Koum Davane et du Tach Davane avec des bêtes bien portantes.

La journée du 21 novembre est consacrée au repos; la nuit n'a pas été froide, — 2 degrés avec une très légère brise nord-ouest. Dans la journée + 10 degrés, température très agréable, due à un air moins sec.

Superbe journée, employée à des réparations, à des nettoyages divers. Tout le monde est gai, sauf le chamelier doungane, qui a posé son bivouac à distance du nôtre. Il boude.

Son serviteur Niaz nous annonce que l'humeur du maître est plus insupportable que jamais. Le Doungane se plaint d'avoir été trompé, et il répète sans cesse : « On m'a donné de belles paroles, où allons-nous ? Je le vois clairement, la route est mauvaise. Qui pourrait dire où nous allons ? Est-ce là un chemin de marchands ? Ah oui ! on m'a mis dans un sac ! »

« Oui, dit Niaz, je ne puis plus vivre à ses côtés. Il va comme un chien à qui l'on a mis la corde au cou, mais c'est un chien méchant, il me montre sans cesse les dents. » Aussi ce pauvre garçon se plaît-il auprès du feu de nos hommes, où il est toujours accueilli par une tasse de thé.

Demain la journée sera fatigante. Une gorge étroite nous attend où les chameaux ne pourront peut-être pas passer.

Le 22 novembre, à trois quarts d'heure du camp, après une petite passe, la première mais non pas la dernière après Tcharkalik, nous descendons de plus de cent mètres dans un cañon. Il est dirigé vers le sud et aboutit au pied du Koum Davane, la Passe de Sable.

Les traces de bêtes fauves sont nombreuses; loups, renards, gazelles, errent dans ces solitudes. Une troupe de beaux animaux aux cornes recourbées nous regardent du haut des crêtes, lorsque nous descendons de cheval. Ils se proposaient sans doute d'aller boire à la source, dont les abords sont piétinés et où les traces fraîches sont nombreuses.

Notre vue leur donne à réfléchir, ils vont d'un pas lent. Henri d'Orléans les tire et voilà une superbe dégringolade de toute la bande : elle fuit hardiment vers le côté opposé de la gorge et en gravit les pentes avec une vélocité prodigieuse. Notre tireur les poursuit si loin que, la nuit venue, il manque à l'appel. On court à sa recherche, car on craint un accident et finalement on le retrouve non loin du camp, arrêté sur une plate-forme de rochers où il a glissé. Il lui est impossible d'en descendre, impossible de retourner en arrière.

Avec des cordes on le tire d'affaire et il rentre au camp, très content d'avoir vu des *koukou-iamane* (*Pseudo ovis* Burhell), mais regrettant bien de n'avoir pu retrouver la bête qu'il avait blessée.

Voilà comment nous faisons connaissance avec la faune particulière au Tibet. C'est le commencement des chasses, des gens perdus et retrouvés, mais c'est une occasion de constater que le voyage lie vite les hommes, car des gens qui partagent depuis peu notre fortune ont montré véritablement beaucoup de bonne volonté ; il n'a pas été nécessaire de leur ordonner de parcourir la montagne après une journée de fatigue. Ils étaient inquiets et ils sont partis tout de suite à la recherche de Henri d'Orléans. En quelques jours ils sont devenus « nôtres ».

C'est une joie pour moi de voir ces aventuriers assis sur le feutre, buvant le thé, dans l'attitude d'hommes après un acte d'énergie. Les cous nerveux laissent un peu pencher la tête, les poitrines nues se montrent par la pelisse entr'ouverte, les torses solides sont posés noblement sur les reins, les mains rudes tiennent les genoux. La sueur sèche sur les fronts, les figures sont joyeuses. C'est le commencement de la route, ils ne sont pas encore fatigués.

Je les remercie de ce qu'ils ont fait pour un de leurs maîtres, et ils ne se répandent pas en protestations. Cela est de bon augure, leur silence marquant qu'ils n'ont pas de pensées à déguiser.

Près de notre camp se voient les traces d'hommes et d'ânes. Nous questionnons à ce sujet Abdoullah Ousta.

« Un parti de quatorze hommes, dit-il, est allé à la chasse du côté de Bokalik depuis un mois environ. Dans le nombre se trouve deux de mes fils.

— Le Kizil Sou est-il de ce côté?
— Oui.
— Y es-tu allé?
— Non. »

Décidément, lorsqu'on parle du Kizil Sou, on ne peut obtenir aucun renseignement. Je remarque une gêne chez Abdoullah Ousta; quant à ceux qui l'entourent, ils ne disent mot et l'on doit croire qu'ils pourraient nous instruire.

« Personne n'est-il allé au Kizil Sou? on dit cependant que l'on y trouve beaucoup d'or. Abdoullah Ousta, ne connais-tu personne qui ait vécu dans ces parages?

— Il n'y a pas un seul d'entre nous qui soit allé au Kisil Sou. Mais je peux avouer qu'un Lobi y est en ce moment. Il est parti du Lob au commencement de l'année dernière. Nous n'en avons pas de nouvelles.

— Qu'est-il allé faire au Kizil Sou?

— Chercher de l'or, quoiqu'il ait emporté ses armes pour chasser, mais il ne chassera que pour se nourrir, le pays étant inhabité.

— Est-il seul?

— Oui, seul; il n'a même pas un âne. C'est un pauvre homme que ses créanciers poursuivaient. N'ayant pas le moyen de les payer, il avait dû leur donner en gage son fils unique. Ce fils travaille pour le compte du principal créancier, qui est son maître. Le père a conçu le projet de le libérer et a demandé la permission de partir. Il a fabriqué de la poudre, et quémandé un peu de plomb, il a pris une pelisse, ses outils de travail, et s'est enfoncé dans la région où l'on trouve de l'or. Il a dit qu'on ne devait pas se préoccuper de lui, qu'il ne voulait pas revenir avant d'avoir rassemblé une somme qui suffirait à payer ses dettes et le mettrait à l'abri des créanciers jusqu'à la fin de sa vie. Il est parti au commencement de l'année dernière et nous n'en avons pas eu de nouvelles. »

Cette histoire qu'on croirait empruntée à une Bible, est-elle véridique? ou bien Abdoullah Ousta l'a-t-il inventée pour la circonstance afin de nous montrer qu'il a le désir de nous renseigner, puisqu'il dit tout ce qu'il sait, sans toutefois rien préciser ? Nous ne savons en vérité, car lire dans le cœur d'un Oriental en défiance est très difficile. Peut-être que ces gens n'en savent pas plus long. Notre devoir est de chercher nous-mêmes, et nous ouvrirons l'œil.

Chercher est la plus agréable des occupations, en voyage.

CHAPITRE V

LA RECHERCHE D'UNE ROUTE

23 novembre. — De Boulak Bachi, c'est-à-dire de « la Tête de la Source », nous nous dirigeons vers la première passe dont on nous a menacés. Après une demi-heure de marche au flanc de la gorge, nous descendons dans le lit à sec d'un torrent et nous faisons halte au pied d'une montagne de sable. C'est le Koum Davane qu'il faudra escalader. Il est vierge du moindre sentier, et c'est à nous qu'échoit l'honneur d'en tracer un à notre goût dans la poussière. Il est inutile de songer à remonter le cours du torrent avec des chameaux et de suivre les ânes qu'on hisse après les avoir déchargés comme s'ils étaient eux-mêmes des bagages. Le sentier escarpé est interrompu par un véritable escalier qu'aucun animal domestique ne saurait enjamber, sans l'aide des hommes. Force nous est d'attaquer le Koum Davane.

Le sable est excessivement fin et il n'offre pas sur la pente assez de résistance pour que les chameaux trouvent un point d'appui et posent avec sûreté les larges tampons de leurs pieds malhabiles. Il leur arrive souvent de tomber sur les genoux, et comme cette position est celle du repos, ils s'y complaisent, laissant marcher ceux qui vont devant et arrêtant les autres. Nos hommes se donnent une grande peine pour les relever et ils n'y réussissent pas toujours. Ils les font avancer par tous les moyens possibles; l'animal se traîne sur les genoux jusqu'au point où le sable est plus solide, grâce à une touffe de tamarix, et alors il se redresse d'un énergique coup de reins provoqué par le bâton et des aménités.

Des chameaux ont contemplé d'en bas les désagréments éprouvés par leurs camarades de l'avant-garde, et à peine ont-ils mis le pied sur le sentier qu'ils se refusent à aller plus loin. On les sépare et un à un on les oblige à l'escalade. Sur chaque plate-forme ou semblant de plate-forme on fait halte et l'on prend du repos. Puis chacun tire l'anneau de la bête en l'excitant par un cri de sa façon et s'égosille pour lui donner du courage. Jamais les échos de la montagne n'ont répercuté autant de jurons, d'exclamations, d'épithètes malsonnantes. Avouons toutefois que le mot *our!* est prononcé plus que les autres, parce qu'il veut dire « tape! tape! »

Les ânes lourdement chargés et les moutons ferment la marche, le nez bas et l'oreille pendant tristement.

Le 25 et le 26 novembre sont consacrés au Tach Davane (Passe des Pierres); notre troupe est harassée. Plusieurs ont saigné du nez, bien que nous n'ayons pas atteint la hauteur du Mont-Blanc. La pente est si raide, qu'on a dû par places hisser les chameaux et depuis le bas porter les bagages à dos d'hommes. Nous sommes campés au milieu d'une étroite vallée pierreuse, aride, sans eau, sans la moindre broussaille. Notre provision de glace diminue et les bêtes n'ont pas bu depuis deux jours.

Aussi les nouveaux venus dans cette montagne désolée se laissent-ils aller au découragement ; on entend des réflexions de dépités. Le Doungane en particulier est dans un état d'exaspération très grande. « Si plus loin, dit-il, la route n'est pas meilleure, que deviendrons-nous? Et nous avons peu d'espoir que cela change, car du haut de cette passe maudite nous avons vu devant nous des montagnes entassées que dépassent des pics blancs de neige. Où allons-nous ? »

Et le petit Abdoullah s'approche du chamelier, dans l'espoir de manger des pâtes à la chinoise. A peine a-t-il salué poliment que le grincheux chamelier, lui lançant une bordée d'injures et de malédictions, le chasse avec des airs de menace, montrant le poing fermé, crachant de mépris et lui criant avec des sanglots de colère :

« Maudit chien, tu m'as trompé. Tu viens contempler ton œuvre. Hein! hein! tu viens voir si je vais bientôt mourir. Va-t'en! »

Le petit Abdoullah bat en retraite, traînant la jambe, baissant la tête, car il est sans force, et, j'en suis sûr, il est profondément désolé de ne pouvoir manger de la pâte à la chinoise. Coupée fine, cuite à l'eau et à la graisse, assaisonnée de sel et de poivre, elle constitue en effet un aliment assez agréable à défaut d'autre chose.

La nuit du 27 est particulièrement mauvaise. Rachmed, parti à la chasse des mégaloperdrix, ne rentre qu'à une heure avancée. L'inquiétude passée, le mal de montagne tient longtemps les hommes éveillés. On les entend s'agiter, se dresser sur le séant, car ils sont oppressés; quelques-uns vomissent, et, sans interruption, ce sont des gémissements, des plaintes en turc et en chinois; la passe est accablée d'injures.

Heureusement qu'Abdoullah Ousta promet pour le prochain camp une rivière, des broussailles et même un peu d'herbe. La place sera bonne pour un séjour, on y reposera, et, la force revenue, le courage renaîtra parce qu'il n'est que « la conscience des forces qu'on a ». Le découragement vient précisément de la conscience qu'on n'a pas de forces.

Le 27 novembre, nous partons par un vent de nord-ouest qui rend peu supportables 13 degrés de froid; dans la nuit le minimum a été de — 17 degrés.

Plus d'un dans notre bande souffle sur ses doigts en maniant les cordes ou simplement une boussole ou un appareil photographique. Mais nous descendons et le mal de montagne diminue, les têtes sont plus solides sur les épaules, les bourdonnements dans les oreilles moins bruyants. Quelques centaines de mètres en s'éloignant du ciel pour lequel l'enveloppe de l'homme n'est point faite suffisent à remettre à peu près ceux qui souffrent. Et lorsque nous sommes abrités du vent entre les parois des ravins, on éprouve une sensation de bien-être.

En cinq heures de marche, nous arrivons par la petite passe de l'Obo (Ilé Davane), sur les bords du Djahan Saï. Ses bords ont une collerette de glace, mais au milieu l'eau coule rapide, claire et potable.

La journée du 27 est consacrée au repos. Dès le matin on nous annonce qu'on a relevé des traces de yàks sauvages. Cela décide les chasseurs à partir. La veille, ils sont allés poser des pièges dans l'espoir de prendre des loups. Avant de se mettre en route pour la chasse, Abdoullah Ousta et les siens essayent leurs fusils. Ils mesurent avec soin la charge de poudre, enfoncent la petite balle, et ayant disposé un but à quatre-vingt pas environ, ils plantent leurs fourches, visent lentement et descendent la mèche avec mille précautions.

Ayant repris confiance dans leur arme en s'en

servant plusieurs fois de suite, ils ramassent des poignées de sable et les lancent en l'air à diverses reprises. Ils considèrent attentivement la direction que prend la poussière afin de connaître celle du vent et ils se mettent en marche immédiatement, après avoir marmotté une prière et invoqué Allah. Ils vont en présentant le flanc au vent jusqu'à ce qu'ils aient trouvé des traces, et contre lui dès qu'ils les suivent.

Ils reviennent le soir sans avoir pu tirer des koukou-iamanes qu'ils ont vus et ils attribuent la défiance extrême de ces bêtes à ce qu'elles nous auront aperçus la veille.

Dans les pièges il n'y avait pas la moindre prise pour les dédommager : les loups cependant s'étaient approchés fort près de l'appât, mais ils ne s'étaient pas laissés séduire. Cela prouve une fois de plus qu'en voyage on ne doit pas compter sur le produit de la chasse pour nourrir une caravane, à moins de faire passer la chasse avant l'exploration. Et nous nous applaudissons d'avoir emmené un petit troupeau de moutons afin de manger un peu de viande fraîche. On prend le plus gras des vingt-quatre survivants, et Iça le dépouille en un instant.

Cependant, on raccommode les selles, les vêtements, on nettoie les armes ; et Rachmed fabrique une baguette de fusil avec une branche empruntée aux broussailles d'à côté. Parpa recoud ses bottes de peau de chameau sauvage avec des tendons d'antilope; il les assouplit en les trempant dans sa tasse de thé. Les chevaux et les chameaux errent. Nos chiens se disputent et s'arrachent les boyaux du mouton. Pour le dépecer, deux hommes le supportent à l'aide d'un bâton passé sous le tendon et appuyé sur leurs épaules.

On prépare un somptueux festin. On lave du riz pour le *palao* qui suivra le *kaverdak* qu'on mangera d'abord : ce plat consistera en bas morceaux que nous ferons sauter dans la graisse de mouton. On ne laisse pas le kaverdak chanter longtemps dans la marmite et on le dévore à peine cuit. Le petit Abdoullah, qui ne peut attendre le palao, obtient, au moyen de supplications, une épaule pas complètement désossée; il la calcine à la flamme et la déchiquette avec les dents et les doigts en se plaignant : « Voilà le Tibet qui commence, voilà sa cuisine! » et il pousse un soupir. On éclaire la marmite avec une branche qu'on arrose de graisse pour la transformer en torche. C'est là une prodigalité que l'on ne se permettra pas dans un mois, soyez-en sûr. On ne fera pas flamber la précieuse graisse de mouton lorsque la crainte de manquer de vivres hantera les cervelles. Aux fumeurs on passe du feu avec un tison qu'on éteint chaque fois en le piquant dans le sable par économie.

Personne qui ne fasse honneur au banquet en plein air. Les mâchoires fonctionnent avec énergie. Rachmed, montrant les rangs des dévorants, dit : « Nous ne manquons pas de guerriers pour livrer des batailles de ce genre! » Le feu éclaire les figures tannées et les dents blanches des mangeurs agenouillés. Ils puisent avec la main dans les écuelles et happent les poignées de riz qu'ils se jettent dans la bouche. Tous sont enveloppés dans leurs pelisses bouffantes et forment un groupe de masses informes. Ils avalent jusqu'à réplétion parfaite.

Les restes, qui sont considérables, sont portés aux Lobis par le plus jeune. Seuls les chefs de ces gens avaient pris part au repas. L'arrivée de la marmite à moitié pleine jette la joie sur la figure de ces sauvages. C'est pour tout le monde une bien belle soirée qui fait oublier les fatigues et les ennuis des jours précédents. Nous avons même de la musique, car Tokta a emporté son instrument, son *Allah-rabâb*, comme il le nomme.

Il nous chante toujours à peu près les mêmes airs que nous avons déjà entendus. Ils sont diablement mélancoliques. Ici on les écoute avec plaisir. Je le répète, ils sont de circonstance.

Le Doungane, que la possibilité d'abreuver ses chameaux a rendu aimable, tient à son tour table ouverte. Il offre à qui en veut des pâtes à la chinoise. Malgré un repas copieux à peine achevé, nous en voyons qui acceptent l'invitation que Niaz a transmise. Si l'on ne connaissait les estomacs des hommes qui vivent au grand air, on aurait des craintes pour la santé des redîneurs. Ils reviennent à nos feux sans être incommodés de ce deuxième repas. Puis on se couche. On s'endort en songeant que les passes de l'Altyn Tagh sont derrière nous. C'est le tour du Tchimène Tagh. La plupart des hommes dorment sans se déshabiller, se contentant de tirer les bras hors des larges manches de leurs pelisses. Les Lobis se déshabillent et dorment complètement nus dans le tas de leurs vêtements où ils s'enfouissent. Auparavant ils les chauffent à la flamme pour les sécher et chasser la vermine. Ils ne s'abritent pas du vent derrière leurs ballots, mais derrière le feu, de sorte que le vent souffle sur eux la chaleur du foyer. Leur procédé est le meilleur lorsqu'on n'a pas d'autre abri que les belles étoiles.

Le 3 décembre, nous sommes à Ouzoun Tchor (la Grande Saline). Nous y sommes arrivés en passant par Pachalik, Kara Choto et Mandaïlik. Ces noms ne signifient pas que nous avons rencontré des habitations ou des hommes. Nous avons chevauché dans le désert ondulé, sous un ciel généralement empoussiéré par le vent du nord-ouest. Nous avons suivi à peu près la route de Carey, mais sans trouver d'eau, là où en mai il avait vu des ruisseaux couler. Nous avons dû emporter de la glace dans des sacs.

Un homme nous annonce qu'il a vu des empreintes de chameaux, empreintes de date déjà reculée. Le Doungane les examine et ne voit rien qui lui indique que ce soit une bête sauvage. Il conduit des chameaux depuis qu'il peut marcher, il les connaît bien, et, après avoir examiné du crottin déjà vieux, tombé près de ces empreintes, il conclut que dans tout ce qu'il a examiné, rien ne diffère des animaux domestiques.

Peut-être une caravane a-t-elle envoyé des hommes chercher du sel? d'où ces traces au bord de la saline. Ou bien des chameaux sauvages sont-ils venus prendre une sorte d'apéritif? On fait des suppositions. La curiosité est excitée. On espère du nouveau.

Peut-être ces traces marquent-elles le voisinage de la route du Sud; on ne veut pas croire à pareil bonheur.

Les chasseurs s'en vont dans toutes les directions. Quant à moi, je m'en vais du côté de ces traces. Je grimpe sur les collines, j'erre, l'œil à mes pieds. Au sud de notre camp est posée la plus nue, la plus striée, la plus ridée, la plus caduque des montagnes. Elle s'use, elle est usée. Au bas de ses contreforts, le sel met comme une moisissure. En gravissant ses pentes, le pied enfonce dans la poussière. On casse ses débris plus facilement que le sucre. M'arrêtant à la pointe d'un piton afin de considérer le paysage, je m'assieds, et ce qui me semblait un rocher a la fragilité incroyable d'une momie, se réduit en poudre au moindre contact.

Dans la grande vasque à l'est, s'étale la large plaque vert jaune de l'Ouzoun Tchor; elle est marbrée de bandes de sel. Tout à fait au bas, entre levant et midi, le miroir d'un petit lac s'arrondit;

les collines y plongent leurs silhouettes. Auprès, on distingue des koulanes broutant, regardant, puis disparaissant au grand galop de la peur.

Au delà de la vasque enfermant la saline, une steppe s'élève insensiblement jusqu'à d'autres montagnes perdant leurs sommets dans le brouillard. Cette chaîne s'abaisse vers le nord et semble se rattacher à d'autres montagnes déchiquetées. Celles-ci ferment l'horizon et laissent passer au couchant des cimes blanches.

Derrière nous — nous voulons dire là où nous avons passé hier, — les broussailles mettent comme des taches de gale sur la steppe grise dont la courbe, plus loin, se dessine mal dans une buée vibrant à l'ardeur du soleil.

Puis des mirages trompent l'œil et se rient de la raison. Le petit lac prend les apparences d'une mer dont l'eau monte comme par l'effet d'un déluge subit et touche un continent lointain qui a l'aspect de la Corse...

Des coups de fusil me font retourner au camp. Près de la montagne on voit les restes d'un koulane dévoré par les loups.

Dans la broussaille je trouve des vestiges d'hommes. On a gîté là. La place est fort bien choisie. On a dormi à cette place plusieurs fois, on a allumé du feu, mangé du koulane, dont il reste des fragments de côtes, des mèches de poil aux branches. Un marcheur a abandonné un bas de cuir fait de peau d'yak. La dernière troupe qui s'est abritée ici était assez nombreuse, car elle possédait plusieurs ânes, ainsi que le prouvent de petits tas correspondant à autant d'animaux.

En rentrant au camp, j'apprends que Henri d'Orléans a tué un beau koulane mâle, le premier jusqu'à présent. Deux hommes sont partis, ils le dépouilleront à la hâte avant la gelée et rapporteront sa peau ainsi qu'un peu de viande.

Ce 4 décembre, nous constatons que le minimum de la nuit a été — 29 degrés. Heureusement la brise de nord-ouest est excessivement légère. Avant de commencer les préparatifs de départ, nous attendons que le soleil ait dégourdi les hommes et dégelé les cordes. Nous buvons le thé, lorsque Timour pousse une exclamation. Tous les hommes se dressent et regardent précipitamment dans la direction des broussailles où hier j'ai trouvé un gîte. Avec ma lorgnette je distingue assez nettement deux ou trois ânes et quelques hommes armés de fusils. Ils disparaissent. Un mince filet de fumée s'élance et nous comprenons sans peine que ces voyageurs sont arrivés à la moitié de leur étape et qu'ils vont préparer leur nourriture.

Nous leur envoyons immédiatement Abdoullah Ousta qui suppose que ce sont des Lobis. Rachmed reçoit l'ordre de rejoindre le vieux afin de l'empêcher de prévenir les nouveaux venus contre nous. Car nous comptons cette fois obtenir quelques renseignements. Mais le vieil Abdoullah devine sans doute notre pensée, car il presse le pas et nous doutons que Rachmed arrive à propos.

Bientôt quatre hommes se dirigent vers notre camp. Deux anciens viennent nous offrir des présents. Ils déposent devant nous trois peaux de renard, une peau de loup. Ils ne laissent pas d'être intimidés par notre présence. Nos gens les entourent, leur serrent les mains : « Salamat ! Salamat ! Soyez bienvenus ! Soyez bienvenus ! » On les invite à s'asseoir près du feu. Ils n'osent croiser les jambes, ils sont mal à l'aise et se tiennent accroupis un genou à terre. Ils roulent des yeux effarés.

On les traite avec bienveillance, on leur donne de la viande cuite, du thé, du pain, du sucre. Ils mettent de côté la viande cuite, boivent le thé avec avidité, touchent à peine le sucre, et l'ayant passé sur leur langue ils le serrent dans leur main ; quant au pain, ils le rompent avec soin, ils le mangent avec religion comme un mets qui honorerait leur corps. Leurs figures se détendent enfin, elles expriment le bonheur. L'un d'eux, à barbe plus fournie qui nous l'a fait baptiser Tzigane, se penche vers son voisin et tout doucement chuchote quelques mots en souriant. Ils échangent un regard difficile à traduire et où il y a de l'étonnement, l'étonnement d'être aussi bien traités.

Nous profitons de leurs bonnes dispositions pour les questionner :

« Avez-vous vu le fils de votre ami Abdoullah Ousta ?

— Oui, répond le moins barbu ; il n'a pas trouvé beaucoup d'or et il chasse. Il est en bonne santé.

— Avez-vous fait bonne chasse ?

— Nous avons tué six koulanes et pris au piège trois renards et un loup.

— En combien de temps ?

— En un mois. Aussi nous sommes à court de vivres, et depuis deux semaines nous nous nourrissons de viande que nous faisons dégeler.

— N'avez-vous que de la viande ?

— Un peu de blé grillé et du sel autant que nous voulons. Nous le prenons sur les bords de l'Ouzoun Tchor.

— Avez-vous vu des Kalmouks ?

— Non, nous n'avons rencontré que des gens de Tcharkalik.

— Avez-vous vu des traces de chameaux sauvages ?

— Non, quoique nous sachions qu'ils errent quelquefois dans cette région.

— Connaissez-vous les chemins ?

— Abdoullah Ousta les connaît mieux que nous, c'est une barbe blanche.

— Alors vous n'avez pas vu de Kalmouks ?

— Non, pas un seul. Ils vivent au delà du Tchimène Tagh, qui est la frontière que nous nous sommes donnée d'un commun accord. Nous ne chassons pas au delà. »

Il est impossible de tirer un renseignement. Nous finissons par croire qu'ils n'ont rien à cacher. Nous les remercions et nos hommes les chargent de commissions pour Tcharkalik.

Ce matin, nos gens ont reçu chacun un morceau de sucre, ils l'adressent, Tokta à son petit garçon, Timour à sa femme, avec la recommandation qu'elle prenne patience et n'abandonne pas le foyer; Iça, au fils de son maître l'aksakal.

Ainsi que je l'ai déjà dit, Iça avait la mauvaise habitude de fumer le hachich; aussi Rachmed l'appelait Bangi, c'est-à-dire fumeur de hachich. Iça, très vexé de cette appellation, se plaignait à moi, mais je le raisonnais et il convenait avec bonne foi qu'il méritait ce nom : « Ne fume plus, lui dis-je, on te traitera alors en bon musulman et de plus je te ferai un présent ». Et un beau matin, Iça a brisé sa pipe à hachich. Il lui restait un peu de *bang* dans son sac; il profite du passage des chasseurs pour l'envoyer à ses amis et il leur fait dire :

« Vous feriez bien de ne plus fumer le bang, mais si cela vous plaît, fumez celui-ci qu'Iça vous envoie et adressez des prières à Allah; demandez-lui que notre voyage réussisse. »

Là-dessus les chasseurs s'éloignent après un « Allah est grand ! » dit en commun.

Il faut partir et l'on plie les tentes lestement. En cinq quarts d'heure nous arrivons à la corne de l'Ouzoun Tchor, qui n'est pas gelée et où nous enfonçons dans une épaisse couche de sel. On contourne l'extrémité du lac en suivant près de la montagne une sente assez étroite, menant au défilé qu'on appelle le « Cou de l'Ouzoun Tchor » (Ouzoun Chornin Boïni). Nous revoyons les traces de chameaux. Personne ne voit une différence avec les animaux domestiques. Peut-être sont-ce des chameaux sauvages? Le Doungane constate que ceux-ci ont été nourris comme les siens, c'est tout ce qu'il peut affirmer. Nous discutons à ce sujet et je me dis que les arguments des uns valent les arguments des autres.

Nous chevauchons tranquillement et soudain tous nous nous interpellons, on se rassemble, on crie « regarde, regarde », « des chameaux! » dit celui-ci; « non, des yaks! » dit celui-là.

Une chose certaine est qu'à sept ou huit kilomètres monte lentement vers l'est la file d'une caravane. Je puis distinguer à la lorgnette que ce sont des bêtes chargées conduites par des cavaliers. Nous concluons de l'allure régulière et du bel ordre de marche que c'est une caravane de chameaux.

Immédiatement nous ordonnons à Abdoullah et Akhan, notre Chinois, de joindre à tout prix ces voyageurs, que nous supposons être des pèlerins de la suite du khan des Torgoutes qui a passé récemment par le Lob Nor. Ils les questionneront et examineront l'état des bêtes. Tandis qu'ils poursuivent avec ardeur les pèlerins, nous continuons gaîment notre route et les langues vont leur train. Personne qui ne voie l'avenir en beau.

Puis nous entrons dans le défilé de l'Ouzoun Tchor. Il se rétrécit à mesure qu'on s'élève. La caravane vient de le traverser. Ses chameaux ont laissé sur la terre molle de belles empreintes. Et cela prouve qu'on peut voyager plus loin avec des chameaux. Mais de quel côté se dirigent les traces?

Nous retrouvons aussi celles des chasseurs lobis, il est probable qu'ils n'ont pas vu les pèlerins.

A examiner le terrain, nous perdons un peu de temps et cela permet à nos Lobis de nous devancer et d'arriver à la sortie du défilé. Ils n'ont pas repris la route des pèlerins, dont les traces suivent un sentier facile à travers les collines à droite du défilé.

Notre premier mouvement est de faire rétrograder l'avant-garde et de prendre cette nouvelle route. Mais Abdoullah Ousta nous en détourne.

« La route est très mauvaise, je vous assure, très mauvaise. »

Nous ne le croyons pas, mais nous suivons son conseil en pensant qu'il est bon d'attendre le retour des deux hommes envoyés aux renseignements, et qu'il ne nous sera pas difficile de retrouver cette piste.

Le défilé aboutit à une passe d'où nous descendons par un plateau que l'on nomme Tchimène :

c'est le commencement de la chaîne de même nom que nous devinons au sud dans la brume.

Nous trottons sur un plateau dénudé, mais sans pierres; la route est excellente. Puis nous descendons vers la plaine de Tchimène en longeant des contreforts. Tout à coup deux cavaliers, montés sur des chameaux, sortent d'un pli de terrain, à portée de lorgnette. On distingue leur fusil en bandoulière et je ne sais quoi battant les flancs de leur monture. Il est visible que ces gens nous ont aperçus et qu'ils sont effrayés, car ils s'éloignent au petit trop, allure dangereuse pour les bêtes sur les hauts plateaux. Nous supposons que ces deux voyageurs rejoignent la caravane que nous avons aperçue, et Dedeken, qui parle un peu le mogol, se met à leur poursuite de toute la vitesse de son cheval. Il les atteint, les questionne et revient vite nous conter ce qu'il a appris. Ce sont deux Torgoutes appartenant à la caravane que nous avons aperçue. La viande manquait; ils se sont détachés de la troupe, ils ont chassé et ont tué un yak. Ils l'ont dépecé et ils emportent les meilleurs morceaux pour leurs frères. C'étaient ces quartiers de viande que je voyais ballotter suspendus à l'arçon des selles. Ils viennent du Tibet, de Lhaça, où ils ont été prier le grand lama. Ils ont demandé à Dedeken où nous allions, et il a prudemment répondu que nous voulions chasser du côté de l'est, du côté du Se-tchouen.

A la direction qu'Abdoullah Ousta nous fait

prendre vers l'est, il est clair qu'il veut nous mener à Tchong-iar et de là au Tsaïdam. Demain nous modifierons l'itinéraire.

Nous campons sur une sorte de terrasse au milieu de quelques bouquets de broussailles. La nuit étant obscure et nos chameaux n'étant pas encore arrivés, nous allumons un buisson, la flamme s'élance et comme un phare montre le port.

Abdoullah et notre Chinois arrivent les derniers. Nous les pressons de questions. Ils racontent ce qu'ils ont vu. Ils ont compté vingt et un chameaux portant des coffres protégés par des peaux de bêtes. Ils ont reconnu que ces chameaux étaient de race kalmouk, qu'ils avaient fait une longue route : ils étaient maigres, les harnais étaient usés et l'enveloppe des charges gardait les traces des intempéries. Mais les pieds des bêtes n'étaient ni gercés, ni écorchés outre mesure, et à cela on voyait que la route ne devait pas être cailloutouse.

Le seul cavalier de la caravane était un homme voilé, un lama à moustache grise, qui daigna leur parler du haut de son chameau, sans vouloir leur donner de renseignements. Il leur affirma qu'il revenait du Tsaïdam, d'un endroit appelé Timourlik, et qu'il se dirigeait sur Abdallah. Il ne leur avoua pas qu'il venait du Tibet, et à brûle-pourpoint il leur posa cette question :

« Êtes-vous au service des Russes ?

— Non, répondirent-ils.

— Nous savons que des Russes veulent pénétrer

dans Lhaça, mais ils n'ont pas reçu la permission. Si vous êtes ces Russes, ne l'oubliez pas !

— Nous sommes au service de Français qui ne se soucient pas d'aller au Tibet.

— Que viennent-ils faire par ici ?

— Chasser. »

Sur cette réponse, le lama a rabattu son voile et gardé le silence. Ses serviteurs l'ont donné pour un « Bouddha vivant ».

Nous convoquons les chasseurs de Lob et de Tcharkalik et nous leur demandons s'ils connaissent le chemin suivi par cette caravane. Après avoir beaucoup insisté, nous obtenons cet aveu du vieil Abdoullah Ousta :

« Il y a vingt-cinq ans, j'ai entendu dire que des Kalmouks étaient revenus du Tibet par une route plus directe que celle du Tsaïdam et plus facile. C'est tout ce que je sais. »

Là-dessus le vieux chasseur nous demande pour lui et les siens l'autorisation de nous quitter. « Le froid est de plus en plus insupportable, nos foyers sont plus loin chaque jour et nos vivres diminuent. » Je lui promets une réponse pour le lendemain matin.

Et la nuit même, Rachmed leur annonce que nous les renverrons dès que nous aurons retrouvé les traces de la caravane, et qu'ils seront richement récompensés, car nous sommes contents d'eux. De la sorte, ils nous aideront à trouver la bonne piste.

Ils répondent qu'ils sont heureux de nous avoir rencontrés et leur vieux chef jure que tous nous serviront fidèlement jusqu'au dernier moment. Pendant longtemps ils parlent à voix basse près de leurs feux. Leurs protestations ne m'empêchent pas de croire qu'ils nous quitteront à la première occasion, mais nous pourrons nous passer d'eux.

Cette journée du 4 décembre comptera dans notre voyage. Quelle admirable coïncidence! Juste au moment décisif, juste à l'endroit où la route bifurque, nous rencontrons providentiellement des pèlerins qui reviennent de Lhaça. C'est trop de bonheur! L'occasion est trop belle! Nous profiterons d'une aussi précieuse indication. Demain nous rechercherons la piste des deux chasseurs de yaks et nous verrons où elle conduit.

Le 5 décembre, nous nous dirigeons sur le sud-ouest, laissant le Tsaïdam à notre gauche. A l'est, dans la grande plaine, une fumée attire notre attention. Tout d'abord on croit à un campement, mais cette prétendue fumée se déroule en volutes ainsi que celle qui s'échappe de la locomotive d'un train, et nous concluons qu'un troupeau de bêtes sauvages galope sur la « terre molle ». Nous sommes dans une sorte de « crau » poussiéreuse. Après cinq heures de marche, nous nous arrêtons dans le lit d'un torrent où l'eau a apporté des racines et des branches, qu'on ramasse avec le plus grand soin. Elles serviront à faire fondre la glace que nous avons emportée, car, depuis le 20 novembre, nous n'avons plus d'eau et nous ne savons quand nous en aurons.

L'herbe manque aussi, et, le 6 décembre, nous partons vers le sud-ouest, ayant hâte d'arriver au pied des collines vers lesquelles se dirigent les traces des chasseurs pèlerins.

Nous demandons à Abdoullah Ousta s'il connaît le prochain campement. Il avoue le connaître par ouï-dire et qu'il est bon. Il l'appelle Bag Tokaï, c'est-à-dire le « Jardin des Broussailles ».

Arrivés près de Bag Tokaï, nous trouvons que la dénomination de « jardin » n'est pas trop pompeuse. Nous sommes près d'une rivière d'eau douce, que nous annoncent quelques lamelles de glace brillant dans le lit desséché d'un de ses affluents. La rivière, en arrivant dans les bas-fonds de la plaine, a déposé de grands étangs, gelés bien entendu, et elle a formé une infinité de bras. Au bord du chenal, on voit l'eau couler.

Le soir nous tenons conseil. Nous questionnons nos chasseurs et nos âniers, nous leur prouvons qu'ils connaissaient déjà cette place. Le vieil Abdoullah nie avoir jamais mis le pied à Bag Tokaï ; mais, poussé à bout, et peut-être par suite d'une entente avec Timour, il nous dit que celui-ci peut nous renseigner et qu'il en sait plus long que lui. Le vieux chasseur n'a pas voulu se dédire parce qu'il craint d'être puni de son mensonge ; et, dans le but de nous adoucir, il aura chargé

Timour de nous renseigner. Et le brave garçon prend la parole :

« Parpa peut vous dire comme moi que nous sommes ici sur le chemin de la passe d'Ambane Achkane. Parpa est venu à Bag Tokai avec deux Européens (Carey et Dalgleish). Je crois qu'il y a une route vers le Tibet, au delà de la passe que je viens de citer. Voici comment j'ai découvert cela il y a eu onze ans cette année... »

Rachmed verse une tasse de thé à Timour et lui donne un morceau de sucre. Vous pouvez vous imaginer si nous écoutons avec attention.

« C'était l'année que Badoulet (Yakoub-Beg) fut empoisonné par ces maudits Chinois. J'étais dans cette région avec quelques hardis compagnons. Nous allions à Bogalik chercher de l'or, lorsque nous avons croisé une caravane revenant de Lhaça, une caravane de Kalmouks qui accompagnait la mère du khan actuel. Il y avait des chameaux et des yaks. Ayant refait leur chemin jusqu'à l'Ambane Achkane Davane, nous avons constaté de nos yeux que leurs traces se dirigeaient vers le sud. Voilà comment nous avons vu cette route, que les Kalmouks tiennent secrète. Ils ne parlent que de celle du Tsaïdam. »

Je ne me permets pas le moindre reproche à l'égard de Timour, car ma joie est trop grande.

« Est-ce que la route va vers le sud, une fois l'Ambane Achkane Davane franchi ? Réponds nettement, Timour.

— Oui, elle va au sud, droit au sud. Du moins les traces se perdaient dans cette direction. »

Décidément nous tenons cette route du Sud tant cherchée. Il ne s'agit plus que de ne pas la perdre.

Notre projet primitif était d'aller au Tonkin par Batang, en traversant le Tsaïdam, si nous ne pouvions trouver la route qu'on nous avait dit partir du Kizil Sou. Et voilà que les circonstances nous dispensent de chercher le Kizil Sou. Une caravane est allée et revenue par le même chemin, ainsi que le prouvent indiscutablement des traces anciennes et des traces fraîches; elle transportait ses bagages sur des chameaux, que des passes difficiles eussent certainement arrêtés. Nos chameaux pourront bien faire la route que les leurs ont faite.

Prenons-la à rebours, et avec de l'attention nous avons quelques chances de retrouver la piste qui doit aboutir aux environs de Lhaça. Nous irons dans cette direction aussi loin que nous pourrons. Nous avons des bêtes de somme en assez bon état, des vivres pour quatre ou cinq mois encore, des munitions, des hommes assez bien portants, et il n'y a pas une imprudence extrême à tenter l'aventure. Si les circonstances nous favorisent, nous avons des chances de réussite, et pourquoi ne continuerions-nous pas ce que nous avons si bien commencé? Telles sont à peu près les idées qui me traversent rapidement la tête et me font dire tout de suite à mes compagnons que nous allons piquer droit sur le sud, de manière à arriver au Namtso, au « Lac du Ciel », près de Lhaça. Nous ferons certainement des découvertes intéressantes, et, une fois là, nous songerons à Batang et au Tonkin. C'est bien un petit crochet en perspective, mais on ne saurait jamais trop allonger la route en pays inconnu.

Mon compagnon Henri d'Orléans sait ou devine que je pense au Tibet depuis quelques jours. Nous ne nous sommes rien dit encore de précis à ce sujet, mais je sens que nous serons d'accord sans peine. Et quand je lui dis : « Nous allons faire la route des Kalmouks en approchant de Lhaça le plus possible », il s'enthousiasme : « Vous verrez, nous réussirons; j'en suis sûr, marchons. Vous pouvez compter sur moi. Quel beau projet! Je savais bien que vous vouliez aller au Tibet. »

Puis je passe à Dedeken, qui vient le fusil sur l'épaule. Il était parti à la chasse des koulanes; le matin, il en avait blessé un. Je ne lui avais jamais parlé de mes projets de derrière la tête, et il est surpris, car nous ne nous rapprocherons pas de la côte, où il pensait aller tout d'abord. Il fait quelques objections :

« Nous sommes sans papiers. Que ferons-nous? Comment nous tirer d'entre les mains des Tibétains, que les Chinois conseillent?

— Une fois là, nous verrons ce qu'il y a à faire. Mais nous ne sommes pas encore avec les Tibétains. »

Il réfléchit un instant, puis : « J'irai où vous voudrez, dit-il, marchons ! »

J'appelle Rachmed, il s'approche de notre tente, où nous nous réjouissons tous les trois en buvant le thé, et, s'étant agenouillé, suivant son habitude, près de l'entrée :

« Quoi ? fit-il.

— Nous allons vers le sud, dis-je, nous suivrons les traces des Kalmouks aussi longtemps qu'un œil pourra les distinguer, et si nous les perdons par notre faute, nous porterons, le restant de notre vie, chacun un bonnet avec des oreilles d'âne ? Que penses-tu de mon idée ?

— Maître, répond-il, vous n'êtes content que lorsque vous cherchez des routes nouvelles. Nous passons notre vie dans les mauvaises places. Vous m'aviez parlé de la Chine au départ, et je savais bien que vous songiez au Tibet. Maintenant nous n'avons plus qu'à regarder autour de nous et à marcher en ménageant nos bêtes. Nous nous tirerons d'affaire. »

Nous mettons dans la confidence le petit Abdoullah, que cette nouvelle n'égaye point, mais il n'ose faire la moindre objection. Quant au brave Toundja, aussi surnommé Akoun, Akhan, le Chinois de Dedeken, il fait remarquer malicieusement qu'il connaît les points cardinaux et que ce n'est pas du tout vers Ouroumtchi, ni même vers Sinin-fou que nous allons marcher, comme on le lui avait promis d'abord, mais qu'il suivra son maître. Je recommande à nos trois fidèles serviteurs de ne pas ébruiter la conversation et de tâcher de persuader aux quatre Dounganes et aux gens de Tcharkalik que nous voulons chasser dans la direction du sud, avec la ferme intention, une fois la chasse terminée, de nous rabattre sur l'est, c'est-à-dire sur Bogalik, le pays de l'or.

Avant le coucher, la bande d'Abdoullah Ousta vient nous signifier qu'elle ne peut aller plus loin, que deux fois déjà ils ont voulu retourner sur leurs pas et que nous les avons retenus. Maintenant ils veulent nous quitter, car ils ne connaissent pas la route d'Ambane Achkane Davane. Il leur est répondu que Parpa, l'homme de Carey et de Dalgleish, et Timour, le chercheur d'or, nous serviront de guides pour y aller, et qu'eux-mêmes sont assez fins limiers pour revenir sur leur propre passée. Puis on leur promet une belle récompense s'ils consentent à transporter nos bagages jusqu'au delà de la passe. On les assure de tout ce qui est l'opposé d'une récompense dans le cas où ils refuseront, et ils consentent à nous accompagner jusque-là. Mais je dois prendre l'engagement solennel de ne pas les entraîner plus loin.

Ils retournent auprès de leurs feux, et, à la façon dont ils bavardent, on peut juger qu'ils sont contents et que nous leur avons inspiré confiance.

CHAPITRE VI

LA RECHERCHE D'UNE ROUTE
(SUITE.)

Le 8 décembre, nous allons par le désert à Moula Kourghane, nom d'une porte que traverse la rivière. Au delà de cette porte, les montagnes s'écartent un peu, et au sud-est on voit un îlot, formé de deux hauteurs que rejoint une crête ensellée, d'où l'appellation de Moula Kourghane, que nos gens traduisent par « la Selle de Chameau abandonnée ».

Le 9 décembre, nous campons sur le versant nord de la passe, où l'on arrive par une montée facile. Le vent de sud-ouest nous incommode.

Non loin de notre camp, on trouve un sentier allant vers l'ouest qui serait le chemin des chercheurs d'or. En dix ou douze jours on pourrait aller à Tcherchène. A mi-chemin, la route aurait un embranchement vers Kia.

Cette route est bien connue des Khotanlis. Timour l'a suivie autrefois; elle est bonne; elle ondule sur des collines de terre molle. « Elle est assez fréquentée (?), nous conte le brave Timour, parce que dans le pays de Khotan la coutume est de payer l'impôt en or. Les Chinois laissent aux montagnards de l'extrême frontière la jouissance des mines d'or qu'ils savent exister aux environs de Bogalik, mais ils exigent un impôt payable en poudre ou en pépites. On le verse au Trésor, soit tous les mois, soit une fois l'an. C'est pour cela que régulièrement des gens des districts de Kia et de Tcherchène vont chercher de l'or. » Il nous avoue, étant de belle humeur, qu'autrefois il a vécu durant quelques jours au delà de la passe, mais sans pénétrer dans les montagnes du sud.

Comme nous lui exprimons nos craintes au sujet de la route, qui pourrait n'être pas toujours aussi bonne pour le pied des chameaux, il répond que, selon lui, il n'y a rien à redouter et que toute cette région se ressemble.

Les traces des Kalmouks sont très visibles dans une ravine, mais elles apparaissent à peine sur la terre gelée. Il nous faudra tenir les yeux grands ouverts si nous ne voulons pas perdre leur piste. Nous remarquons que plusieurs fois leurs caravanes se sont divisées, nous ne savons pour quelles raisons. Peut-être cela tient-il tout simplement à l'initiative des guides.

Nous n'avons pas encore vu de yaks sauvages et

quand on vient nous annoncer que, non loin du camp, trois ou quatre de ces bêtes paissent sans s'émouvoir, les chasseurs partent en allongeant le pas. Et toute cette expédition se termine par des fous rires lorsque l'on constate que ce sont des yaks domestiques, ayant l'anneau au nez, que des Kalmouks ont abandonnés. Ils ont campé sur une terrasse au-dessus de l'endroit où nous sommes, et du nombre des feux et des tas de crottin on conclut que la caravane que nous avons rencontrée n'était qu'une fraction d'une bande considérable de pèlerins.

Le mal de montagne flotte toujours dans l'air, plusieurs de nos hommes s'en plaignent. Cette recrudescence des maux de tête et des bourdonnements d'oreille peut s'attribuer au vent de sud-ouest qui a soufflé dans la journée. Rien n'est plus fatigant que le vent debout lorsqu'on est contraint d'entr'ouvrir la bouche en gravissant les pentes.

Le vieil Abdoullah a tué un superbe koulane d'une seule balle de son fusil au calibre minuscule, il a rapporté la peau et quelques quartiers de viande; il est fatigué, la tête lui fait mal. Pour se soulager, il se fait pratiquer une incision à la naissance des cheveux, juste au milieu du front; son compagnon le saigne avec la pointe d'un couteau, le sang coule et le vieil homme déclare qu'il a la tête libre. Il pratique la même opération sur son camarade. Tel est le remède que les chasseurs de Lob emploient contre le mal des montagnes.

Il y a quelques jours, le vieil Abdoullah avait une douleur à la paume de la main, il s'est guéri en écrasant dessus un œil de mouton mêlé de graisse et en bandant ce cataplasme pendant deux ou trois jours. Beaucoup de nos hommes ont été atteint de furoncles, produits par l'action du froid sur les écorchures qu'ils se faisaient en maniant les cordes. L'un s'est guéri avec un emplâtre fait de la peau d'une scolopendre. Ici on emprunte fréquemment aux animaux certaines parties de leur corps afin d'en user comme de médicaments. Cela n'a rien d'étonnant dans un pays où les simples manquent et où les animaux abondent. Il est évident que la médecine n'échappe pas à l'influence du milieu.

Puisque me voilà dans les raisonnements et que, posant demain le pied sur une terre vierge de toute exploration, bientôt ce ne sera plus l'heure de raisonner, il faut que je vous fasse voir ce que peut la logique dans la cervelle étroite d'un Chinois

Imaginez-vous qu'à Tcharkalik, Akoun, le serviteur de Dedeken, était tombé malade juste le jour où il s'était coiffé, pour la première fois, d'un superbe bonnet de route confectionné avec la peau d'un renard et sur mesure. Il avait été pris de violents maux de tête et une « inflammation des glandes lymphatiques sous-cutanées du cou » avait commencé. Notre homme n'avait pas remarqué que le jour où il avait orné son chef du beau bonnet dont il était d'abord très fier, une tempête formidable venant du Lob Nor s'était déchaînée et qu'il avait éprouvé un refroidissement. Mais, partant de ce fait que son bonnet, qui lui tenait chaud, l'avait rendu malade, il avait conclu que le froid lui ferait du bien et il avait voyagé par le plus mauvais temps avec une simple calotte. Il advint, comme vous le pensez bien, que le mal empira, que l'inflammation gagna la région de l'oreille, la joue, et que les souffrances du pauvre diable augmentèrent. Dès que je m'aperçus de l'état où il s'était mis, je l'engageai une première fois à se couvrir, et, ayant constaté qu'il ne m'obéissait pas, car l'entêtement et l'orgueil d'un Chinois sont incommensurables, je lui signifiai qu'il serait roué de coups s'il ne se soignait pas, et je le confiai à Rachmed, que je rendis responsable de sa guérison. Rachmed lui enfonça jusqu'au nez le fameux bonnet, qui avait été relégué au fond d'un sac. Il lui appliqua à diverses reprises sur son bubon un cataplasme composé de bandes de graisse de mouton passées à la poêle et recouvertes d'oignon haché retiré à temps de la marmite. En cinq ou six jours l'enflure diminua, le Chinois commença à manger, son mal de tête disparut et il fut rétabli malgré les étapes, le froid et le vent. Làdessus il mit en Rachmed toute sa confiance et il promit de m'obéir sans broncher.

Tandis que je vous initie aux mystères de la médecine des hauts plateaux, et que je vous donne par-dessus le marché, nos secrets de guérir, nous franchissons l'Amban Achikane Davane sans trop de peine. La montée n'est pas trop raide. Un *obo* nous indique le point où elle finit.

Au delà de l'obo, notre vue se promène sur un grand vide fermé par des montagnes se perdant dans la brume. La descente est facile. A nos pieds, dans la plaine, le mirage fait émerger des îles ayant le profil de stalactites.

Le versant sud de la passe est plus pittoresque que le versant nord. Celui-ci a l'uniformité de la steppe, tandis qu'ici la montagne est déchirée par des torrents. Ils ont creusé des ravins, les ont semés de grosses pierres, et se réunissant dans la passe, ils ont formé des deltas et élargi la route que nous suivons. La chaîne serpente dans le sens de la vallée en hérissant ses crêtes de roches aiguës, et ses flancs sont bigarrés de stries noirâtres et régulières ; des porphyres tranchent sur le fond sombre des grès.

Tout en bas, une coulée de sable est notre chemin. Nous oublions un instant le paysage pour rechercher les traces des Mogols, que le vent et les tempêtes ont effacées ; mais nous relevons les yeux pour regarder les formes bizarres de la montagne à l'endroit où elle se relie à la plaine par une pente douce. Des grès se décomposant dessinent des figures, des images d'êtres qui semblent nous regarder comme des monstres de l'art chinois, à la bouche béante, à la large face de magots.

Nous posons notre camp au bord d'une rivière et sur les traces mêmes des Mogols. Nous les avons retrouvées dans la plaine de sel. L'herbe est rare, les broussailles manquent totalement, le vent souffle du lac et l'on serait mieux ailleurs. Mais les traces des Mogols sont très visibles, elles vont droit au sud et nous ne pensons pas à autre chose.

Avant de sortir de la passe, Timour nous a montré, s'en allant vers l'est, le sentier de Bogalik.

Nous nous endormons par un glacial vent d'ouest, mais en faisant de beaux rêves.

Le 12 décembre, le métier de chercheur de piste commence.

Combien de temps nous livrerons-nous à cet exercice? nous n'en savons rien. Pour mon compte, je crains que plus loin nous n'éprouvions de grandes difficultés, car le vent au delà de l'Altyn Tagh souffle fréquemment, et maintenant que les monts Colombo (ainsi les a baptisés Prjevalsky) sont franchis, nous voyons bien à l'aspect du sol, à la poussière qui obscurcit sans cesse l'horizon, que le vent sera notre fidèle compagnon de route. Je veux dire qu'il ne négligera rien pour nous la faire perdre. En effet, les traces sont déjà effacées sur les surfaces non abritées, que le maudit vent balaye sans cesse.

14 décembre. — La nuit a été claire, sans vent,

avec un minimum de — 25 degrés. Dès le matin, le ciel s'est couvert. Nous louvoyons pour éviter des ravins et nous campons de l'autre côté du plateau, à la source d'une rivière consistant en un étang de glace. Nous posons notre tente là où les Kalmouks pèlerins l'ont posée ; nous faisons du feu avec l'argol de leurs yaks.

La rivière descend entre des collines vers l'ouest. Le plateau que nous laissons derrière nous a ses rebords rayés, creusés par les eaux lors de la fonte des neiges. Et il a des renflements tombant vers la vallée où nous sommes, ainsi que des culées de brise-lames.

Autour de nous, c'est de l'herbe d'antan qui semble verte et délicieuse et que nos bêtes grignotent faute de mieux. Le sel marque le séjour de l'eau dans la saison humide.

Au haut des chaînons, des formes de bêtes sauvages se meuvent à une distance telle que nous ne pouvons les désigner par leur nom.

Nos hommes dressent pour la première fois leur tente : grâce à un soubassement formé par la rangée des coffres et des ballots, elle prend des proportions inattendues. Chacun y choisit sa place de suite, selon son mérite, ses besoins, ses occupations : chacun la gardera jusqu'à la fin du voyage.

Nous constatons encore aujourd'hui que les pèlerins ont laissé des traces diverses de leur passage. Ils ne vont pas en une seule caravane et ne se réunissent qu'en de certains points, comme cela leur est arrivé près de la passe d'Ambane Achkane et aujourd'hui près de cette rivière.

Cette conduite prête à des suppositions. Les uns prétendent, et c'est possible, que les pèlerins, ne voulant pas dévoiler le secret de cette route, marchent à dessein par pelotons afin de ne pas tracer de sentier durable et qui puisse servir à d'autres. C'est une coutume qu'ont les contrebandiers et les pirates de frontière en maints pays.

Les autres pensent qu'ils vont par *aouls*, par tribus, attendu qu'ils ont de bons guides, nulle crainte de s'égarer, et qu'en voyageant par groupes et à leur fantaisie ils peuvent nourrir plus facilement leurs bêtes.

A propos de ces pèlerins, il me revient à l'esprit qu'autrefois les navigateurs tenaient secrètes les routes qui menaient au « pays vert », au « pays des épices », afin de conserver le monopole d'un commerce ou de pêches qui les enrichissaient rapidement.

De notre camp nous voyons s'élever, le long du chaînon barrant la route au sud, le sentier qu'ont suivi les pèlerins. La curiosité et l'inquiétude me font gravir la pente afin de découvrir ce qui nous attend demain. Une fois en haut de la crête, je revois les deux grands pics blancs, où l'on arrive par un tapis vert, taché de plaques de glace dans les bas-fonds, avec des collines de tous côtés ; — c'est là un spectacle que nous aurons souvent, — et le chemin des Mogols semble aller sur le sud-ouest chercher, à droite des cimes blanches, une route facile.

Au-dessous de moi, hors de portée, des animaux remuent. Je ne tarde pas à distinguer un troupeau de koulanes. Je les approche sans qu'ils me voient. Six cents mètres à peine m'en séparent lorsque trois mâles regardent de mon côté. Le reste du troupeau broute sur une ligne, la tête vers le sol. Les mâles sont inquiets, immobiles, ils tournent la tête vers leur harde, puis vers l'ennemi. Mon immobilité les rassure et ils broutent. Chaque fois que les mâles se préoccupent de moi, je m'arrête, et grâce à cette manœuvre je les approche toujours. Mais à trois cent cinquante mètres l'alarme est donnée, le repas est interrompu, le bataillon se forme, et, commandé par ses chefs, il avance vers moi ; comme à un signal il s'arrête, fait front, et tous les poitrails blancs sont autant de cibles. Les queues s'agitent. Je m'éloigne. Ils se forment en peloton, et courant en demi-cercle ils avancent vers moi.

Que pensent-ils? ont-ils reconnu un homme? Les queues s'agitent, les oreilles pointent. Ils sont hésitants. Au lieu de fuir de toute la vitesse de leurs jambes fines et nerveuses, ils restent plantés sur leurs pieds comme des chevaux de bois dont un mécanisme remue les extrémités. On dirait qu'ils réfléchissent. « Que faut-il faire ? » dit tout leur être. Ont-ils donc un souvenir vague d'avoir vécu avec l'homme et en d'assez bons termes pour qu'il n'y ait pas inconvénient à renouveler connaissance? Peut-être qu'ils se remettent cet animal-là? Il est probable qu'ils n'ont pas reconnu un homme, car ils savent bien qu'il est leur pire ennemi...

Un coup de carabine coupe court à leurs réflexions et ils détalent en soulevant de la poussière. Un blessé suit, mais, ses forces le trahissant, il se couche, se relève, repart, et comme le salut général passe avant celui d'un particulier, il ne tarde pas à se laisser distancer et le troupeau disparaît sans plus s'occuper de lui.

Rentré au camp, j'apprends que Niaz est malade; que presque tous les hommes se plaignent de maux de tête. Au-dessus de nous viennent croasser des corbeaux à cri métallique; ils ont fait la conduite aux pèlerins, se nourrissant de leurs morts. Nous n'avons rien à leur offrir, et ils vont se poster à distance sur une colline; ils croassent par moquerie ou par politesse et s'envolent vers l'ouest.

Le 15 décembre, nous franchissons le chaînon et nous marchons vers les pics en cherchant les pentes douces, en évitant les bas-fonds et les ravins. Dès que nous le pouvons, nous nous dirigeons vers le sud. Toutes choses prennent ici un aspect uniforme, et nous ne nous apercevons que nous sommes sur une sorte de terrasse, immense terre-plein au-dessus de la plaine, que lorsque nous arrivons à son rebord.

Au moment de descendre, nous nous exclamons à la vue d'une véritable nuée d'orongos. Ils paissent dans le lit d'un torrent étamé par places de couches de sel qui semblent des flaques d'eau ou des lingots de glaces. Nous n'avons jamais vu ces antilopes, et nous nous empressons d'aller en tuer, car nous n'en possédons pas encore de peaux.

Jamais on n'a vu d'animaux plus gracieux dans leur allure, portant mieux la tête, réunissant à un pareil degré l'élégance et la force. Nous admirons leur large mufle noir, leur poitrine large et de couleur sombre, leur pelage gris blanc, la fureur avec laquelle les mâles se défient en renâclant, et se précipitent l'un sur l'autre en se menaçant de leurs cornes droites et aiguës.

Les femelles rassemblent les petits, les chassent vers les hauteurs, et les faons, de leurs petites jambes, galopent avec un entrain superbe. Les mâles, tantôt sur les flancs, tantôt derrière, tantôt retournant sur leurs pas chercher une femelle capricieuse, bondissent tête basse et avec une légèreté que nous envions. D'autant mieux que nous nous traînons péniblement et que nous ne pouvons parcourir vingt mètres au petit trot sans être contraints de nous asseoir : nous sommes hors d'haleine, notre cœur bat à sortir de la poitrine, et nous sommes incapables du moindre mouvement. Il est vrai que nous ne sommes pas nés sur les plateaux du Tibet.

Ces antilopes font preuve d'un certain courage :

Henri d'Orléans, ayant abattu un mâle, a été chargé et a dû achever son blessé à coups de revolver. Rachmed pareillement était à cheval près d'un mâle que j'avais traversé d'une balle, et le vaillant animal allait percer le ventre du cheval quand je l'ai mis hors de combat.

Dedeken tue également une de ces bêtes, et le résultat de ce massacre, qui entraîne le transport des victimes, est que nous sommes retardés dans notre marche, que nous ne pouvons atteindre un étang de glace, enfin que nous nous couchons sans boire. Nous baptisons cette plaine du nom des antilopes qui y fourmillent. Ceux qui passeront après nous dans la « Plaine des Orongos » s'étonneront peut-être de ne pas rencontrer de ces jolis animaux et ils nous taxeront d'exagération. Eh bien, ils auront tort.

Le 16 décembre, toute la troupe est sur pied de bonne heure. On atteint aussi vite qu'on le peut la rivière gelée qu'alimente la chaîne neigeuse courant vers l'est. On s'abrite du vent de nord-ouest au bas d'une terrasse, et la journée est consacrée à boire, à manger. On distribue des desserts, et, le soleil nous réchauffant un peu dans l'après-midi, la bonne humeur reparaît, l'entrain revient; sauf Niaz, les malades se sentent mieux. Parpa, qui geignait constamment, a l'œil plus gai, et Rachmed m'explique que « Parpa n'était pas malade dans le corps, mais dans la tête, et qu'aujourd'hui sa cervelle va mieux ». J'entends faire des plans très hardis par mes compagnons, et à moi-même ces plans semblent d'une exécution facile.

En attendant, il est ordonné qu'on ne partira plus sans emporter « deux ou trois jours de glace » et « autant de jours d'argol ». Vous ne vous doutez pas, lecteur, combien il faut insister auprès d'hommes fatigués pour obtenir qu'ils prennent ces précautions enfantines contre le froid et la soif.

Le 17 décembre, nous contournons le chaînon qui nous abritait, et, laissant à notre gauche, à l'est, les monts neigeux, nous arrivons par une petite passe au camp des Kalmouks : il a été aligné le long de la berge d'un torrent desséché. Cinq cadavres de chameaux nous indiquent la route à suivre.

18 *décembre*. — Toute la nuit, l'insupportable vent du nord-ouest a hurlé, avec un minimum de — 23 degrés. Les hommes sont tous malades, les oreilles leur bourdonnent, et quelques-uns se plaignent de n'avoir plus la tête solide. Nous faisons les préparatifs de départ par — 19 degrés et du vent.

Le maniement des cordes n'est pas agréable pour nos hommes, je vous l'assure.

Le vent tombe, le ciel se couvre à la nuit, avec — 16 degrés, nous trouvons la température si délicieuse qu'au moment de prendre les notes, nous donnons un nom de roman à ce camp. C'est le camp de la Miséricorde.

Et pour justifier tout à fait ce nom, il nous arrive qu'au réveil on nous annonce la bonne nouvelle que presque tous les hommes sont souffrants, surtout Imatch le bancal. Ils attribuent ce malaise à un vent chaud qui aurait soufflé au milieu de la nuit. Quant à Niaz, il est très bas, il ne peut se tenir debout, et les hommes prétendent que ce vent chaud a dû lui causer un grand mal. Pourtant le minimum de la nuit a été de — 28 degrés. Il est vrai que le ciel est couvert et que nous allons avoir de la neige. Elle tombe en effet, mais granuleuse, fine et pendant quelques minutes seulement. Puis le soleil resplendit. Un superbe temps pour nous mettre en marche, mais... mais nous n'avons plus de chevaux. On les a laissés en liberté avant l'aube, afin de leur permettre de brouter quelques tiges de racines. Les pauvres bêtes, n'ayant pas bu depuis plusieurs jours, se sont mises en quête d'une source. Et comme vous imaginez bien, elles sont allées loin; aussi Timour, parti depuis longtemps à leur recherche, n'est pas encore revenu. Il ne nous reste qu'à attendre.

Nous attendons toute la journée. La nuit arrive. Timour n'est pas revenu. On l'a cherché de tous côtés et nul ne l'a vu. Rachmed a fait un grand tour et il a vu les traces des Kalmouks allant droit au sud à travers le sable, et il pense que nous ferons bien d'emporter beaucoup de glace. Dès que l'obscurité a commencé, nous avons hissé une lanterne au haut d'une perche fixée sur un mamelon. Ce sera un phare pour l'homme perdu. On tire de temps à autre des coups de revolver ou de fusil. La troupe entière est obsédée par l'idée que Timour appelle; à chaque instant, un homme se lève, écoute, croit entendre un cri et décharge son arme. Toute la nuit, c'est une fusillade.

Vers cinq heures du matin il tombe un centimètre environ de neige, toujours fine et granuleuse comme du grésil. Et la température s'élève un peu, le ciel reste couvert, puis un vent sud-ouest s'élève et le soleil apparaît. Le minimum de la nuit a été de — 32 degrés et nous plaignons le pauvre Timour. Il n'est pas revenu.

Parpa part avec un chameau, emportant une pelisse, de la nourriture et de l'eau (de la glace, bien entendu), et se dirige vers la gauche. Rachmed cherchera vers la droite à pied. Il prend son bâton, son revolver et du pain; il ira aussi longtemps qu'il pourra. Il est sombre, à la pensée que les chevaux seraient perdus, ce qui serait un désastre, il le comprend bien. Et puis Timour est son ami. Nous le voyons partir de cette allure rapide que lui seul peut se permettre, car il a passé une partie de sa vie sur les hautes montagnes. Nous attendons tous, très ennuyés.

Vers midi, Timour arrive sur le chameau de Parpa, celui-ci vient plus lentement avec les chevaux. Nous accueillons le revenant avec joie, il a des larmes aux yeux en nous revoyant; il est bleu de froid, fatigué. On le bourre de thé, de sucre, et il nous raconte son aventure :

« J'ai trouvé la piste des chevaux à deux heures du camp. Tout d'abord ils sont allés un peu à l'aventure, errant de droite et de gauche, puis l'un d'eux a pris la tête et les a conduits fort loin. Ce n'est qu'à l'heure où on va chercher le bétail en hiver (vers trois heures) que j'ai aperçu le premier cheval. J'ai monté dessus pour atteindre les autres; puis, voyant qu'il était fatigué, je l'ai entraîné et j'ai continué à pied. Je les ai pris les uns après les autres en commençant par les fatigués qui marchaient les derniers; au fur et à mesure, je les entravais avec leur licol. Puis, les ayant tous retrouvés, car je les comptais, je suis revenu sur mes pas, je les ai rassemblés, et alors la nuit est tombée. J'ai marché en les chassant devant moi; mais, malgré les étoiles brillantes, je n'ai pu retrouver le camp. J'ai crié, et l'on ne m'a pas répondu. J'ai attaché les chevaux les uns aux autres et j'ai dormi contre l'un d'eux qui s'était étendu. Il m'a réchauffé un peu. Mais il a fait très froid. J'ai mal à la tête. »

Tout le monde est dans la joie, car Timour est aimé; jamais une besogne ne l'effraye et c'est un de nos meilleurs chercheurs de piste. On est sûr que là où il est passé, son œil n'a rien laissé échapper. En voyage, on s'attache vite aux braves gens, et de même on déteste rapidement les égoïstes et les paresseux.

Timour retrouvé, les chevaux ramenés, on se met immédiatement en mesure d'abreuver les chevaux.

On tente d'abord d'atteindre l'eau en creusant la glace d'un petit lac voisin de notre camp, mais c'est du temps perdu : on taille, on pioche, mais d'eau on n'en voit point. On rassemble alors des racines, de l'argol; on passe la journée à fondre la glace, et l'on distribue aux chevaux de faibles rations d'eau. Cette opération prend l'après-midi et une partie de la soirée. A l'avenir, chaque fois que nous arriverons à un camp, on tailladera à coups de hache la surface des étangs ou des lacs et l'on fera manger des croquettes de glace aux malheureux chevaux.

Dans l'après-midi on voit des lagopèdes tirer vers l'est, des alouettes ; des rats sortent de terre, dégourdis par le soleil. En allant chercher Rachmed — car c'est lui qu'on cherche maintenant, — je grimpe au sommet d'un monticule de sable dont la croupe lisse est marquée de rugosités et percée de pointes d'arêtes par des lamelles schisteuses. Cette belle suite de mamelons semblent des *barkhanes* (1) arrêtés.

Ici tout se dessèche. Nos ongles cassent aux doigts et aux orteils au moindre choc. Le bois se rompt comme verre. La barbe ne pousse plus; elle se décolore, elle est faible comme les autres objets.

(1) Nom turc des collines de sable mouvant.

Les mains se gercent, la peau se fendille. Les lèvres enflent.

Personne n'échappe au mal de montagne.

Il est difficile de rien faire à jeun; immédiatement vous avez froid aux pieds et mal à la tête. Mangez et vous êtes mieux. Vous croyez le mal passé, la faiblesse vous porte à vous étendre sur votre grabat, vous vous enveloppez soigneusement de couvertures, le froid revient aux pieds et le mal de tête recommence. Vous vous mettez sur le séant et vous êtes un peu mieux; vous sortez malgré le mauvais temps, vous marchez sans hâte, et froid aux pieds et mal de tête disparaissent assez vite.

Plusieurs fois j'ai essayé ce « traitement » sur moi-même et sur nos gens : il a toujours réussi. Aujourd'hui Imatch gémit avec un horrible mal de tête, je lui ordonne de prendre une bonne tasse de thé bien sucrée où il trempe un peu de pain, dur comme pierre, puis je l'oblige à se lever, à aller chercher les moutons. Il se déplace avec effort; lorsqu'il revient, il va mieux.

Iça souffre, je l'envoie à différentes reprises chercher des racines de tiskène (sorte de broussaille), et il s'en trouve bien.

Parpa est affaissé, il a des bourdonnements d'oreilles, des oppressions, des vomissements, je lui dis de préparer à manger pour ceux qui abreuvent les chevaux, et dès qu'il a pris un peu d'exercice, il est mieux.

Je remarque que les jours de halte nous avons

plus de malades que d'habitude. Je croyais d'abord que cela tenait à ce que les jours de repos suivaient ordinairement les jours de grandes fatigues ; puis j'ai constaté que cela venait de ce que nos hommes se laissaient aller, restaient immobiles et ne facilitaient pas la circulation du sang par l'exercice.

Ces renseignements, que je crois utiles, vous sont donnés pendant que l'on hisse de nouveau la lanterne allumée au haut de notre mât. Rachmed en effet n'est pas rentré encore. Quelques-uns d'entre nous l'ont cherché, mais vainement. Il leur était du reste défendu d'aller loin, dans la crainte qu'ils ne se perdissent à leur tour, et l'un devant chercher l'autre, nous aurions passé notre temps à un jeu de cache-cache. Bien que nous connaissions l'habileté de Rachmed, que nous soyons sûr qu'il ne s'est pas égaré, nous sommes inquiets pour lui. Il a dû aller très loin et la nuit l'aura surpris. On tire des coups de fusil par intervalles et l'on pousse de longs cris. Le froid est excessivement vif. Il y a des rafales de sud-ouest. Le pauvre garçon n'a pris qu'une légère pelisse, afin d'être à l'aise pour marcher, et le thermomètre marque à huit heures du soir — 30 degrés. Le minimum de la nuit est de — 33 degrés et avec de la brise. Ah ! la maudite brise qui glace le sang dans les veines !

Vous vous étonnez peut-être que nos gens se perdent aussi souvent. Ce n'est pas la première fois et ce ne sera pas la dernière, car rien n'est plus aisé, même pour le compagnon le plus prudent et le plus expérimenté.

Vous ne sauriez croire combien il est difficile de se retrouver sur ces plateaux où l'homme oublie toute notion de perspective.

Ici nous avons perdu en quelques semaines ce sens des distances que nous avions acquis par l'expérience de toute la vie. Ce qu'on aperçoit se ressemble tellement : une colline est semblable à une autre; suivant l'heure de la journée, un étang gelé étincelle ou disparaît, on ne sait s'il est grand ou petit; un oisillon battant de l'aile sur une motte nous fait croire à un fauve couché qui se remue; un corbeau s'enlevant avec une proie dans la brume du matin semble un condor gigantesque emportant un agneau dans ses serres; et au coucher du soleil ce même corbeau se pouillant au sommet d'une roche prend les proportions d'un ours, d'un yak.

Toute la nuit j'entends les gémissements du chamelier Niaz, qui est très malade. Il est certainement perdu. Il délire; il croit voir deux enfants lui tenir la tête. Il se plaint d'avoir une intolérable douleur à la cervelle et il ne lui reste pas de force: on n'a pu le faire boire ni manger. Sa langue enfle, sa face, ses lèvres sont tuméfiées et bleuâtres. Nous ne pouvons rien pour le soulager. Il faudrait le transporter à une moindre altitude, et nous serons peut-être obligés de monter plus haut demain.

14.

Ce matin 21 décembre, Rachmed n'est pas encore là, nous attendons son retour. Dedeken à cheval et Timour à chameau vont au-devant de lui, mais en suivant la piste des Kalmouks. Ils ne tardent pas à revenir. A onze heures Rachmed est en vue. Il est à pied et relativement alerte. Lorsqu'on l'a rencontré, il a enfourché le chameau, puis, sentant le froid le gagner, il a préféré marcher.

Toute la troupe l'entoure, l'accueille par de bonnes paroles, et Rachmed de suite se met à boire et à manger, ce qui est un beau spectacle. Puis on le questionne.

Il est allé très loin, en décrivant un grand demi-cercle autour des traces. Ne voyant rien, il a marché si longtemps que la nuit l'a surpris; mais, grâce à un firmament superbe, il a retrouvé la piste des Mogols. Il s'est alors reposé auprès d'un feu d'argol qu'il a allumé. « Puis, dit-il, je suis revenu du côté du camp. Le froid était si vif que je n'osais plus m'arrêter, de peur de m'endormir sans me réveiller. Et alors je me suis réchauffé à ma façon.

— Comment as-tu fait?

— J'ai déroulé les bandes de laine qui m'enveloppaient les pieds et les jambes, j'en ai enlevé la moitié et l'ai placée contre ma poitrine, sous mes vêtements. Et lorsque je m'arrêtais pour me reposer, j'enlevais les bandes qui m'entouraient les pieds et les remplaçais par celles qui étaient devenues chaudes au contact de mon corps. De la sorte je pouvais m'arrêter un instant sans avoir les pieds gelés. Aussitôt que le froid devenait gênant, je partais. J'ai marché toute la nuit. »

Rachmed, en effet, n'avait pas de grosse pelisse, et nous sommes heureux de le revoir en bonne santé. Après quelques instants de repos, nous le voyons travailler comme d'habitude. Il nous propose même de lever le camp, parce que plus loin nous trouverons un peu d'herbe, mais il est tard, on séjournera encore aujourd'hui, et demain on continuera.

Nous éprouvons un véritable soulagement à nous savoir tous réunis. Quel ennui lorsqu'il manque quelqu'un ! Que de fois on pose cette question :

« Est-ce que tous sont là ? »

Et quelle angoisse lorsque la nuit arrive et que l'absent n'est pas là ! Nous sommes tellement isolés dans ce désert immense que le plus mauvais de nos hommes nous est excessivement précieux. Peut-être est-ce en raison de la rareté de cet animal, et parce que sa valeur dépend, comme le reste, de l'offre et de la demande? Non, ce n'est pas pour des raisons économiques que nous sommes plongés dans l'inquiétude aussi longtemps que l'un des nôtres manque. C'est que nous l'aimons. C'est qu'il appartient à notre troupe, à notre bande.

Et lorsque Rachmed conclut, à propos de sa marche de près de trente heures, que c'est surtout la nuit qui a été mauvaise, je lui réponds qu'elle n'a pas été bonne non plus pour ceux qui soupiraient après son retour et pour moi en particulier.

22 décembre. — Dans la nuit, des rafales de sud-ouest avec un minimum de — 30 degrés. Un cheval est mort : c'est le premier de la série ; elle sera complète, bien entendu.

Soudain à droite, à l'ouest, là où la chaîne que nous avons devant nous paraît s'unir à celle que nous venons de quitter, se dresse comme le sosie du Stromboli tel que je l'aperçus pour la première fois, en cinglant vers la Sicile. C'est une véritable évocation. Baissant les yeux, je vois que le lit des ravins que nous traversons est noirâtre et semé de laves, et nous campons dans la « Plaine des Laves ». Juste à l'ouest, le volcan laisse tomber son long manteau à traîne. Nous le baptisons instantanément du nom de Reclus, le plus grand des géographes français, à qui cette découverte fera plaisir. A l'est, au milieu de pics blancs, domine un géant de plus de 7.000 mètres, que nous appelons du nom de Ferrier, encore un Français, un voyageur presque inconnu de ses compatriotes, qui fit, en son temps, une superbe chevauchée à travers l'Afghanistan.

On se couche sans pouvoir faire de feu, ni boire de thé par conséquent. Les racines que nous avons ramassées sont trop imprégnées de sel pour qu'on puisse en tirer une flamme. Niaz est agonisant.

Le 23 décembre, le Doungane est d'une humeur sombre. Ce matin il frappait son fils et voulait le tuer. Rachmed a dû intervenir. Quant à Niaz, il a perdu connaissance; on le transporte ficelé sur un chameau, pour qu'il ne tombe pas.

Étant entré le dernier au camp, j'apprends que le Doungane, à l'arrivée, n'a même pas fait agenouiller le chameau portant le malade, et que, détachant les cordes, il a laissé tomber Niaz brutalement sur le sol. Ce manque de cœur caractérise la race chinoise, c'est chose à laquelle ni nous ni nos musulmans ne pouvons nous accoutumer. Il fait bon ne pas assister à de pareilles scènes lorsqu'on a le revolver à sa ceinture.

Notre camp est installé au milieu de la passe, à 5.300 mètres environ. Il fait très froid. Le vent a amassé un peu de neige dans les crevasses. On la ramasse soigneusement. On en fait de l'eau pour les hommes, et l'on tasse le reste dans nos pirogues, qui serviront d'auges à nos chevaux. Ceux-ci avalent la neige avec une véritable satisfaction; nous l'avons mélangée d'orge.

Niaz est à la dernière extrémité. Sa figure est presque méconnaissable. Il ne peut ouvrir les yeux.

Vers six heures Timour vient me dire qu'il croit bien que le malade est mort. « Il a poussé un gros soupir en rendant l'âme », dit-il.

Rachmed arrive à son tour. Niaz respire encore, mais n'en vaut pas mieux; il trépassera cette nuit.

24 *décembre*. — Au petit jour sévit encore la tempête qui a éclaté pendant la nuit. Rachmed arrive comme d'habitude au rapport. Il entr'ouvre la toile

de la tente. Sa figure est triste, il a des larmes dans les yeux.

« Niaz a fini, dit-il ; nous n'avons pas d'eau ni de bois pour fondre la glace et nous ne pouvons laver le corps selon le rite ni le vêtir de vêtements propres.

— Peu importe. Allah pardonnera, car vous ne pouvez faire mieux.

— Nous l'envelopperons dans le feutre blanc que je lui avais prêté pour se couvrir, et l'on priera. Mais je ne crois pas que nous puissions lui creuser une tombe. La montagne est trop dure.

— Ensevelissez-le le plus convenablement que vous pourrez.

— Je le ferai moi-même avec l'aide de Timour, qui sait les prières, et de Parpa, qui a mangé chez la sœur de Niaz.

— C'est bien, nous vous aiderons aussi. »

Le cadavre du bon serviteur gît enveloppé dans sa pelisse près de la tente de son mauvais maître. On le couvre du feutre blanc. Le corps n'est pas lourd, il est raide de gelée. La neige fine tourbillonne autour de nous, le vent est glacial.

Nos trois hommes prennent des pioches, et, après avoir donné quelques coups, ils me regardent en disant :

« On ne peut pas entamer le sol. C'est bien malheureux. »

Ils prennent les haches, et, ayant écarté les pierres, ils frappent la terre de toute leur force, car les musulmans ne sont pas comme les bouddhistes, qui exposent les morts, et ils voudraient à tout prix mettre Niaz à l'abri des fauves.

Mais l'effort qu'ils font les essouffle rapidement ; ils s'accroupissent pour reprendre haleine, et alors les larmes coulent de leurs yeux, elles s'arrêtent dans leurs barbes, les constellent de glaçons. Ils ne tardent pas à être épuisés, car la tempête les époumone, et c'est à peine s'ils ont creusé une de ces cuvettes que les bêtes pratiquent avec leurs pieds et où elles dorment. Le pauvre Niaz n'aura qu'un gîte.

Puis Rachmed songe que la face du mort doit être tournée vers la ville sainte de la Mecque ; il craint donc que tout ce travail n'ait été inutile et il questionne Parpa. Mais Timour a pensé à la *kiblat* et, montrant le sud-ouest, il dit :

« C'est là. Nous pourrons bien le placer. »

Et Rachmed me demande si « l'aiguille (de la boussole) dit la même chose ».

Je réponds oui. Alors ils prennent avec précaution le cadavre, le couchent comme une mère ferait de son enfant endormi, lui posant la tête bien couverte sur une pierre plate, pour l'élever, dans la pensée qu'il dormira plus à l'aise le tranquille sommeil. Ils le bordent comme s'il était dans un lit, et en le maniant, ils s'étonnent que la maladie ait fait une chose si légère d'un corps robuste. Puis, lorsqu'il est bien couché, ils ramènent sur lui les pierres et les débris au moyen de leurs pioches et ils ne s'arrêtent que lorsqu'on n'aperçoit plus rien du feutre servant de cercueil.

Alors chacun de nous, afin de parachever l'œuvre, va chercher des plaques de schistes dans le pan de sa pelisse et les dépose dessus. Timour plante toutes droites des lamelles aiguës à la place où est la tête.

Enfin, il faut bien dire adieu à ce brave compagnon. Dedeken le premier récite les prières. Timour prie à son tour et tous sanglotent. Il ne peut terminer son oraison qu'à grand'peine et c'est dans un râle de douleur qu'il affirme la grandeur d'Allah !

« Allah est grand ! Dieu est grand ! » répètent les survivants.

Voilà comment nous envoyons dans l'éternité, chacun à notre façon et en le pleurant sincèrement, ce pauvre Niaz qui était brave et bon.

Puis on charge les chameaux au milieu des tourbillons de neige. Lorsque tout est prêt, le Doungane, qui a traité son serviteur plus mal qu'un chameau, vient se prosterner et hurler cérémonieusement, ainsi qu'il convient à un représentant du peuple le mieux élevé de l'Asie ; j'entends désigner les Chinois.

Les journées se succèdent monotones. Le 25, la neige tombe. Toujours des petits lacs, du sel, des collines sablonneuses. Une passe succède à une autre passe. Lorsque le ciel est clair, on voit à l'infini des montagnes, des montagnes entremêlées de pics, de glace et de neige. Des yaks morts ayant appartenu aux Kalmouks jalonnent la route. La neige tombe presque chaque jour, mais en petite quantité; le vent soufle du sud-ouest et nous perdons toute piste. Le 29 décembre, le vent est d'ouest et nous ne sommes pas mieux, car nous allons droit au sud à travers une plaine nue. Nous campons au milieu des laves, au pied d'un volcan auquel nous donnons le nom de Ruysbroek ou Rubruquis, en mémoire du grand voyageur flamand, le compatriote de Dedeken.

A l'ouest du camp, Henri d'Orléans et Timour voient des crottes de chameaux : la route est retrouvée. Elle va au sud. Mais maintenant la marche est très pénible. Outre la vingtaine de kilomètres en montagne que nous faisons chaque jour, nous devons « éclairer » la route pour le lendemain. Dès que la tente a été dressée, et parfois pendant qu'on la dresse, nous allons à la découverte. Un morceau de pain qu'on grignote en marchant ou quelques abricots séchés donnent du jarret. Au reste, la curiosité nous pousse. Nous voulons savoir ce qu'il y a plus loin. On va, on grimpe une colline, dans l'espoir de découvrir un vaste horizon; une autre colline plus haute arrête la vue; on continue, on sera à la cime, et la vue qu'on aura payera de la peine. On fait un dernier effort, on tombe plutôt qu'on ne s'assied sur le sol et l'on constate que cette fois une véritable montagne barre l'horizon, et alors on revient au camp. Suivant qu'on s'est plus ou moins laissé entraîner, on a marché trois, quatre et même six heures et l'on arrive à la nuit; tout le monde est inquiet, on appelle, on tire des coups de revolver pour les retardataires.

Le 29 décembre, après une nuit étoilée et calme et un minimum de — 29°,5, nous partons par un vent d'ouest encore plus insupportable qu'hier. On peut à peine ouvrir un œil, celui qui n'est pas du côté du vent. Nos chevaux sont dans le même cas que nous, et leur œil droit, toujours fermé, est orné d'une grosse larme de glace. Les traces de l'année précédente sont très apparentes dans la plaine. La « Passe Rouge », à laquelle nous donnons ce nom à cause de la couleur du sol, nous mène au camp des pèlerins, posé dans un bas-fond derrière un autre volcan. Il y en a ici une série. Le vent ne cesse qu'à sept heures du soir. Nous remarquons que ce vent d'ouest commence à souffler généralement vers dix heures du matin. Il exténue les hommes et les bêtes. Les moutons eux-mêmes peuvent à peine se traîner. Dans la journée un chameau et un âne sont morts.

La nuit du 29 ayant été calme, les hommes déclarent se trouver mieux.

Le matin du 30, le temps est superbe. Au nord-ouest, un volcan se dessine nettement, dans une bonne pose, bien éclairé, au souhait d'un photographe. Il laisse pendre une belle chape bien plissée, surmontée d'un col d'hermine blanche, que la neige a laissé là. Le soleil luit et jette sur ce jour une lueur de pittoresque à laquelle notre œil n'est plus habitué. Je me surprends à examiner l' « effet » des chameaux descendant la berge et se détachant en vigueur. Et j'observe Imatch à cheval vêtu d'une pelisse à tons jaunes ; il chasse ses bêtes du bras et de la voix, avec le va-et-vient d'un chien de berger, derrière leur bande qui oscille sur le dos. Les bosses en effet sont bien amaigries et elles témoignent de la faiblesse de leurs propriétaires.

Pendant quatre heures nous trouvons des laves. Les plus grosses sont les plus éloignées du volcan, auprès duquel sont accumulées les poussières et les miettes.

Tout d'abord notre route est agréable. Elle suit un étroit ravin bien abrité où il fait chaud. Mais cela ne peut pas durer. Nous arrivons dans une steppe et nous sommes accueillis par un vent d'ouest glacial. Avant que l'ouragan soit à son paroxysme de fureur, j'ai le temps d'apercevoir à l'ouest une grande chaîne avec des pics blancs, à 50 ou 60 verstes de la route, autant que je puis apprécier cette distance avec des yeux malades.

Par instants nous ne voyons plus devant nous ; à dix pas on ne distingue rien. Je fais serrer les chameaux ; Henri d'Orléans prend leur tête, et, boussole à la main, les conduit au sud. Rachmed et moi tâchons de retrouver les traces. Les autres s'abritent du mieux qu'ils peuvent derrière les chameaux.

Quel curieux pays ! quel étonnant spectacle que

ces monts de sable se glissant sur la glace! Et quel maudit vent d'ouest!

Le soir, nous retrouvons le camp des pèlerins dans un havre, où nous nous réfugions avec plaisir. Nous nous couchons avec la tempête, et nous nous réveillons avec elle. Le minimum de la nuit a été de —29 degrés avec une tempête d'ouest. A sept heures le thermomètre marque encore —20 degrés, et nous sommes à plus de 5.000 mètres. Nous voudrions bien descendre un peu; tous, hommes et bêtes, ont besoin d'une altitude moindre. Les chevaux sont très malades. Les chameaux valent un peu mieux. Le mal de montagne affaiblit notre monde, et le vieil Imatch a un pied qui enfle : le vent l'a rendu très faible, quand cessera-t-il de souffrir?

C'est aujourd'hui le 31 décembre, le jour de la Saint-Sylvestre. Quelles seront nos étrennes? nous n'osons penser à demain. Marchons. Toujours des collines de sable, puis un lac, que nous contournons. La tempête ne se lasse point de nous harceler.

Nous voici près du lac. Est-ce bien un lac? Des nuages de sable le rasent constamment avec une rapidité extrême. La glace a conservé, malgré tout, une certaine transparence. Du moins c'est ce que juge le seul œil que je puisse risquer, œil malade du reste, qui ne lance pas de regards pénétrants, mais des demi-regards. Et cet œil me donne une illusion singulière. Il me semble que je chevauche au bord du vide; ce lac m'apparaît non comme une faille à mes pieds, mais comme un trou dans le ciel, dans l'espace, montrant une profondeur vertigineuse que traverse une tempête déchaînée.

Nos chameaux ne vont plus à la file. L'un ne veut pas suivre l'autre. Le vent les aveugle, les étourdit, les glace, et ils cherchent à s'abriter. Chacun d'eux s'efforce de se cacher derrière les flancs de son camarade qui le précède; ils vont en ligne brisée, et, l'un entraînant l'autre, ils font dévier le guide de la ligne droite. Henri d'Orléans va devant, boussole à la main, et il doit se retourner fréquemment pour remettre dans le droit chemin la caravane s'en allant à la dérive.

C'est ainsi que nous arrivons au camp des pèlerins, où nous trouvons une grande quantité d'argol et de la glace à discrétion. Cela en fait un campement supportable.

On célèbre la nouvelle année en sacrifiant un mouton qui a perdu une bonne partie de sa graisse. On le dévore avec plaisir. Imatch, de qui le pied enfle dans des proportions inquiétantes, se plaint de maux de tête, de bourdonnements d'oreilles. Nous craignons qu'il n'ait le pied gelé. On soulage un peu le pauvre homme avec le cataplasme que nous a préparé le mouton. Dans la panse fumante de l'animal en enferme le pied malade, et Imatch nous dit qu'il souffre beaucoup moins.

Iça prépare à notre intention et à la sienne un plat délicat et savoureux. Il fait cuire sur le feu d'argol (fiente de bœuf) les boyaux du mouton, à peu près nettoyés. Leur aspect n'est pas engageant, mais mes compagnons, que j'excite à vaincre cette répugnance, s'étonnent ensuite de l'excellence d'un mets qui ne paye pas de mine.

Là-dessus on fabrique un *tchouzma* au sucre, un tchouzma assez considérable pour que la troupe entière puisse s'en lécher les doigts ; ceci n'est pas une métaphore familière. Cet ingrédient consiste en farine mêlée à de la graisse de mouton qu'on cuit en bouillie en l'additionnant d'un peu d'eau. Quelques morceaux de sucre écrasés en poudre en font un dessert. Puis nous buvons plusieurs tasses de thé de couleur sombre, obtenu à grand'peine à cause du maudit vent qui s'entête, pour ainsi dire, à refroidir notre feu. Il faut des heures pour fondre la glace et bouillir le thé ; il n'est jamais fait, pas plus que la viande n'est jamais cuite, car l'ébullition de l'eau se produit à un degré trop peu élevé par le fait de l'altitude.

Après ces tasses de thé et les notes prises, nous exprimons l'espoir que le paysage changera, que la tempête, qui en est à son troisième jour, finira, et nous envoyons du fond du cœur et du fond du Tibet nos meilleurs souhaits à nos parents, à nos nos amis de France et d'ailleurs. Enfin, ayant consolidé les quelques piquets de la tente que l'on a pu enfoncer dans le sol, nous nous couchons rapidement, et la tempête en fureur agite la toile de notre maison en la faisant claqueter ainsi qu'une voile au mât d'un navire. Et cela fait dire à Henri d'Orléans que si l'on n'est pas très bien ici, l'on ne serait pas mieux en mer par un aussi épouvantable temps. Consolation qui en vaut une autre. Voilà notre fin d'année, cher lecteur.

CHAPITRE VII

LES LACS LES PLUS ÉLEVÉS DU MONDE

Le 1ᵉʳ janvier, après avoir échangé des souhaits de bonne année et de bonne santé, nous constatons avec joie que ce n'est plus un ouragan qui souffle de l'ouest, mais un simple vent. Ce vent que nous trouvions insupportable quatre ou cinq jours auparavant nous paraît aujourd'hui une brise, un petit vent enfin.

Le ciel est relativement clair, et ce premier jour de l'année nous semble bien la commencer.

Nous voyons enfin où nous sommes. Au nord-nord-ouest, le volcan Ruysbroek se détache avec une netteté admirable : on dirait qu'il nous a suivis et qu'il s'est rapproché de nous. Des pics blancs se montrent de tous côtés et nous n'avons pas quitté le désert. Quant aux traces des pèlerins, nous n'en voyons plus l'ombre, et, en attendant qu'elles soient retrouvées, nous piquons au sud.

Dès l'arrivée, notre troupe se disperse, en quête de la piste que nous avons perdue. A la nuit, tout le monde n'est pas là; on n'a rien trouvé, et le Petit Homme manque à l'appel. Ceci nous inquiète relativement peu, sachant que notre interprète n'est pas susceptible de la moindre imprudence. Néanmoins nous serions plus tranquilles s'il était là. Nous allumons des feux, nous poussons des cris, déchargeons les armes; nous cherchons, mais vainement. Et nous craignons bien que nos étrennes pour 1890 ne consistent dans la perte d'un homme et de la route.

Le 2 janvier nous séjournons. Tandis qu'on cherchera l'homme perdu, on se reposera un peu et l'on fera fondre de la glace pour abreuver les bêtes. Rachmed et Timour s'inquiètent d'Abdoullah. Ils reviennent après quelques heures d'absence. Timour n'a rien vu, mais Rachmed ramène le cheval du Petit Homme, sans selle et sans feutre, et nous ne tardons pas à voir l'égaré qui se traîne; on lui envoie un cheval et il arrive en assez piteux état. Ses premières paroles sont pour réclamer à boire et à manger.

Hier il s'est perdu dans la tempête; son cheval, à bout de forces, est tombé; il l'a traîné le plus longtemps qu'il a pu, puis, étant lui-même hors d'état d'avancer et ignorant la bonne direction, il a dessellé la bête et lui a pris son feutre pour se couvrir pendant la nuit. Il a allumé du feu avec le manche de son fouet, et, l'argol étant abondant, il aurait passé une assez bonne nuit, entre deux feux, si « son ventre n'avait été réellement trop vide ». Ce matin il a cherché nos traces et les a suivies jusqu'au camp.

Là-dessus il mange, et il boit avec un appétit formidable, extraordinaire de la part d'un être aussi exigu.

Après l'accalmie relative de la nuit et de la matinée, le vent d'ouest reprend vers neuf heures. Heureusement nous ne sommes pas sur un terrain trop meuble et nous échappons à la poussière. En effet, devant nous, la vallée disparaît littéralement; elle est effacée par un ouragan qui chasse sans interruption des nuages faits de terre, de sable, de tout ce que le vent peut emporter.

Ces nuages semblent couler; ils ondulent en une énorme bande grise entre les collines, d'où nous les voyons, et les montagnes lointaines qui dominent cette furie, impassibles, la tête dans un ciel calme et pur.

Ayant quitté le sommet de la colline d'où j'observe ce phénomène, je descends du côté du fleuve de poussière afin de découvrir, moi aussi, quelques traces. Mais je ne vois rien qu'un sentier piétiné par des orongos qui vont régulièrement lécher la glace d'un étang pour étancher leur soif; puis la déchaussière d'un loup. Il ne tarde pas à se montrer : haut sur pattes, immobile, il paraît guetter une proie. Il fond au grand galop sur une bande d'orongos que je n'avais pas vue. Il est peu probable qu'il atteigne ces jolies bêtes : elles ont vite pris une grande avance sur lui. Il s'arrête désappointé. Une balle coupe court à ses réflexions. Et il détale à son tour.

Quelques alouettes volettent. Des aigles noirs, des faucons à ventre blanc planent : ils chassent. Au-dessous de moi, de petits rongeurs ont leur maison au flanc d'un coteau. Ils ont creusé leur cave sous un gros lichen qui forme auvent ou tonnelle : la porte n'est pas ouverte du côté du vent. Le propriétaire s'ennuie en son trou ; il passe la tête, et, défiant, il inspecte les alentours. Rien n'est suspect. Il s'enhardit, court quatre pas, s'arrête ; il se dresse, se pose sur son séant, regarde, et de toute sa vitesse se précipite sur une racine, agrippe une bouchée de neige ou un brin de n'importe quoi et fuit vers son trou. Il se place sur le seuil, grignote et recommence jusqu'à ce que son déjeuner soit terminé. C'est un monsieur vêtu d'une fourrure gris clair, à grosse tête, forte mâchoire, le tronc très long, la jambe courte ; l'estomac lui descend plus bas que les genoux. Il considère les choses de ce monde avec un petit œil entendu ; il est gras, il rumine, il digère lentement et somnole ensuite. Il ne doit pas se soucier des tempêtes de la vie.

Par ce maudit ouragan, on voudrait être à la place de cet animal bien posé, bien rangé et l'on somnolerait, comme lui, aussi longtemps que durerait le froid, au fond d'un trou capitonné et chaud. Mais on doit étouffer là-dedans... Et puis, nous avons la peau tannée par les intempéries, et ce même vent qui nous cingle la face rend les horizons plus clairs, il nous découvre les lointains immenses que l'imagination seule atteint.

Nous vivons au grand air, nous respirons même parfois trop, mais nous ne sommes pas étouffés faute d'espace, nous ne nous enterrons pas vivants.

. . . .

A la nuit, Rachmed revient du sud sans avoir revu le moindre indice du passage des pèlerins. Dedeken n'a rien vu non plus. Henri d'Orléans pas davantage; il arrive harassé, en portant sur son dos deux têtes d'orongos qu'il a tués.

Timour est absent; on commence à s'inquiéter à son sujet. On pousse de longs cris, il les entendra, car il a marché vers l'est, et le vent souffle d'ouest, avec une grande violence. Nous nous demandons comment il pourra revenir contre le maudit vent. Tous les vingt pas, on doit reprendre haleine.

Soudain Iça nous annonce en souriant que Timour approche. Il a répondu à un de ses appels.

Et en effet, le brave Timour ne tarde pas à apparaître. Il est exténué, essoufflé; sa barbe n'est qu'un glaçon. Il peut à peine se tenir et tombe, plutôt qu'il ne s'agenouille, à la porte de notre tente.

Il s'exprime difficilement; sa respiration est entrecoupée, mais sa figure et radieuse, et tandis qu'il plonge la main sous sa pelisse :

« Iz kop, dit-il, Iz... kop..., kop; youl bar... ouzoun (Beaucoup de traces, beaucoup de traces; il y a un chemin, un grand). »

Et il dépose à nos pieds, fièrement, trois crottes de chameau : tel Hercule remettant à Eurysthée les pommes d'or qu'il avait prises dans le jardin des Hespérides où les gardait un dragon. Ce dragon n'était pas plus gênant que notre vent d'ouest.

Cette nouvelle met la troupe de bonne humeur. On considère la précieuse trouvaille. On discute comme feraient des archéologues à propos d'une monnaie inconnue. Et nous tombons d'accord que « celles-ci » ressemblent à celles des jours précédents. Le calibre est le même, la matière est la même, et elles sont de l'année. Notre science des traces et des pistes est poussée déjà à un tel point que nous pourrions l'exprimer en formules. C'est une véritable science, acquise grâce à d'incessantes observations, à des comparaisons, à des expériences, à des erreurs, à des contre-épreuves, comme toute autre science.

Le 3 janvier, nous appuyons vers l'est, afin de rejoindre le chemin des pèlerins. Des yaks sauvages, énormes, nous regardent passer. Sans la désobéissance d'un de nos chiens, nous aurions pu abattre au moins un de ces monstres de chair, mais ils sont mis en déroute avant que nous ayons pu les tirer.

Un chameau, qui semblait bien portant, meurt subitement en montant une colline. Nous allons par monts et par vaux dans une région toujours mamelonnée, ravinée, semée de laves, et le soir nous sommes tapis au fond d'un cirque, au milieu de grès et de marnes en décomposition.

Le ciel est clair, le vent d'ouest est presque tombé complètement, nous aurons une bonne gelée. La lune est éclatante.

Le 5 janvier, la matinée est superbe. La nuit a été froide : — 35 degrés, tel est le minimum.

Je n'ose plus décrire notre route. Elle est toujours la même, faite de montées et de descentes. Sa monotonie doit être insupportable à quelques-uns de nos hommes. Une chose fait toujours partie de la route, c'est le vent d'ouest. Après les nuits calmes, il souffle régulièrement vers dix heures du matin. Aujourd'hui il est glacial comme d'habitude. Nous traversons un plateau, avec des creux et des reliefs, bien entendu, où se voient quelques touffes d'herbe, du sable, des laves et de nombreuses traces de yaks, de koulanes et d'orongos; ils sont, avec quelques rongeurs, des alouettes rares et de plus rares corbeaux, les seuls habitants de ces régions.

Au bout du plateau, après une montée, nous apercevons au sud, par-dessus des chaînons noirâtres mais peu élevés, une bande de pics de glace alignés. Ils font partie d'une chaîne très grande, déchiquetée et toute blanche où de longues nappes de neige se déploient d'une cime à l'autre. Cela inquiète quelques-uns d'entre nous. « Comment franchir ces neiges et ces glaces ? se demandent-ils. Où sommes-nous ? Plus nous avançons, plus le froid est intense et plus les montagnes sont hautes. Une chaîne après une autre chaîne nous barre la route. C'est à désespérer d'en sortir ! »

Il y aurait vraiment de quoi dépiter des gens pressés. Je console facilement mon monde; il suffit, pour rassurer les inexpérimentés, de leur faire voir l'horizon derrière nous, et combien leur paraissent infranchissables les montagnes que nous avons traversées.

Et puis, nous aurons du bon thé ce soir, du thé d'une belle couleur, car voici un étang gelé d'une limpidité de cristal. Sa glace est nette, composée exclusivement d'eau, pas mélangée de terre, de sable, d'impuretés. On vide les sacs où est notre provision, et l'on remplace par cette excellente glace la mauvaise qu'on emportait.

Arrivés en vue d'un beau lac qui a la forme d'un binocle, nous posons notre camp dans un bas-fond parqueté d'une plaque de glace. Notre arrivée met en fuite une douzaine d'orongos occupés à lécher sa surface. Par le soleil, l'étang avait le poli d'un miroir où les jolies bêtes semblaient prendre plaisir à considérer leurs élégantes silhouettes.

Les rebords du lac du Binocle sont couverts de blocs de lave. Le niveau de l'eau a été plus élevé. Il a baissé peu à peu; on voit sur les berges six cercles enveloppant le lac et indiquant les étiages successifs. Nous n'en sommes pas sûrs, mais nous croyons que dans ce lac jaillissent des sources chaudes, à peu près au centre.

La nuit est superbe, si belle que je me promène assez longtemps autour du petit étang. Il étincelle autant que la lune, et il a de plus qu'elle un halo blanc de sel sur sa rive. Cet étang semble un véritable bain de mercure. Notre tente est au fond d'une cuvette parfaite ayant son bord ébréché, une encoche par où nous sommes descendus. Dans le haut, les laves ont l'apparence d'un troupeau couché, ou d'oiseaux noirs nous regardant, tels des rapaces attendant des cadavres. Le calme est parfait.

Sur les pentes se tiennent entremêlés nos chevaux, le feutre blanc sur la croupe; les uns debout, les autres, à bout de forces, sur le flanc. Les moutons se serrent frileusement l'un contre l'autre, en rond, à dix pas des tentes. Dans la nôtre, l'imperceptible lueur de la lanterne indique un preneur de notes. Dans celle des hommes, une étincelle indique le feu. Le Doungane et ses serviteurs sont couchés. Les chameaux, accroupis autour des tentes, espèrent qu'on leur donnera encore les boules de pâte que nous leur avons jetées dans la gorge aujourd'hui, afin de les soutenir. Ils rêvent de ces friandises en ruminant, en grinçant des dents, et ils sont bien sages. Les chiens, dispersés à leur place favorite, rongent des os.

Un chameau que la soif brûle se relève. Il s'approche de la glace, baisse la tête; il veut boire, allonge son grand cou, mais bientôt le recourbe. Il est étonné, désolé que ce ne soit pas de l'eau. Et, la tête levée, un peu en arrière, dans cette attitude qui est celle des bossus et qu'on prête aux statues des orateurs, il réfléchit, et, finissant par en prendre son parti, il va rejoindre lentement ses camarades.

Il s'allonge auprès d'eux, calant sa carène de vaisseau du désert au moyen de ses appareils de locomotion soigneusement repliés.

On entend les accès de toux, les soupirs, les pelisses remuées des hommes, et les chameaux exhalant l'air en longues expirations. C'est tout. Le calme est parfait, absolu. On a envie de prêter l'oreille, dans l'espoir de saisir les bruits du firmament, comme si l'on allait entendre les mondes rouler là-haut. C'est le bourdonnement des hautes altitudes, propres aux camps de 5.000 mètres, que l'on a dans les oreilles.

Grâce à la sécheresse de l'air, la lumière tombe à flots dans la vasque où nous sommes, et mon ombre se promène sur le sol, opaque, bien dessinée : c'est une ombre d'Italie. Ici toutefois l'oranger ne fleurit pas, mais l'argol, fabriqué par les yaks, et dont les larges galettes pourront avec raison figurer dans les armoiries du Tibet lorsqu'on l'anoblira.

Mais il est temps de rentrer se coucher, voilà

assez de paysage. Le thermomètre marque —34 degrés de froid, et je l'annonce à mes deux compagnons, qui ont disparu sous leurs peaux de mouton. Henri d'Orléans rappelle à Dedeken que nous avons vu des traces de loup : « Beau temps pour l'affût, insinue-t-il.

— Ce n'est certainement pas moi qui irai, dit Dedeken.

— Ni moi non plus, répond Henri d'Orléans, mais vous qui êtes levé... me dit-il.

— Ni moi non plus ! ni moi non plus ! »

Je l'engage vivement à se dévouer. Nous n'avons pas de peau de loup dans nos collections, la science l'exige, etc., et nous rions.

Le 6 janvier, notre thermomètre marque —40 degrés, température à laquelle le mercure gèle. Toujours une brise ouest.

Au nord-ouest, la bouche d'un cratère qui aura vomi les laves qui nous entourent. On charge dès que le soleil se montre et l'on part vers le sud.

Nous continuons en marchant à vue de pays, comme on dit. J'ai oublié de dire que nous ne cherchons plus les traces des pèlerins. Cela donne trop de peine pour de maigres résultats. Il se peut d'ailleurs que la route des pèlerins appuie trop à l'est, et, à aucun prix, nous ne voulons aboutir sur la grande route du Koukou Nor. suivie d'abord par les Pères Huc et Gabet, et ensuite par Prjevalsky. Nous nous dirigeons à peu près sur le lac de Tengri Nor, avec la préoccupation de nous tenir plutôt à sa droite qu'à sa gauche lorsqu'on regarde le sud. Nous allons devant en éclaireurs, et la caravane nous suit. Dorénavant mes compagnons et moi surtout ne chasserons qu'autant que le nécessitent les collections et la subsistance de la troupe. La route sera notre principal but. Nous n'avons pas de guide ni de piste; nous nous en passerons. Nous créerons une route comme font tous ceux qui se lancent dans l'inconnu.

Le soir du 6 janvier, nous campons à cinq cents pas d'un beau lac, que nous appelons « Lac des Cônes » à cause de la forme des montagnes qui l'avoisinent. Nous pilons et taillons la surface d'un petit étang pour nos bêtes. Elles s'ensanglantaient en la léchant et la mordant. Les chevaux sont restés trois heures à croquer les glaçons.

Le 7 janvier, nous traversons le Lac des Cônes sur la glace, en quarante minutes. Son extrémité sud-ouest ne nous paraît pas gelée. Il est large de trois verstes environ, long d'une vingtaine. A sa surface nous voyons des herbes et le cadavre d'un cormoran pris dans la glace. Après une passe assez montueuses, nous redescendons dans un vallon bien désert où nous faisons un sort à quelques lièvres petits mais excellents. Depuis quelques jours, les grosses bêtes ont disparu, et pourtant il y a un peu de neige, de l'herbe, mauvaise il est vrai, mais de l'herbe. Peut-être que la constance des vents ou l'altitude les a écartées. Un vent de tempête et 5.000 à 5.500 mètres ne constituent pas un habitat agréable.

La journée du 7 janvier est gaie, même pour les plus sombres de nos gens, pour le Doungane lui-même. Nous avons trouvé du bois taillé de main d'homme, des arçons de selle pour yak, en bois de genévrier. Les commentaires vont leur train. « Les hommes sont dans le voisinage. Ce sont des chasseurs venus du sud, puisqu'ils avaient des yaks. Ils doivent habiter à une quinzaine de jours et avoir l'habitude de faire paître leurs bêtes ici, puisqu'ils ont abandonné ces bois de selle. Dans ce vallon, les argols sont plus petits que ceux des yaks sauvages, il y en a beaucoup. Peut-être allons-nous trouver une route aux environs », etc. Ainsi devisent nos gens et ils sont joyeux.

Puis arrive le Doungane souriant, bien qu'il ait abandonné encore un chameau aujourd'hui.

« J'ai vu des argols retournés, dit-il. Des hommes sont venus ici : ils doivent y revenir, car j'ai vu des argols retournés et c'est pour les faire sécher. »

Il invite le Petit Homme à venir, ainsi que ses amis, « manger des pâtes ». Et comptant sur ses doigts les jours qui séparent de la nouvelle année chinoise, il se réjouit :

« Encore treize jours, dit-il. Heu! heu! treize jours, c'est un temps bien court, mais j'ai vu des argols retournés. Les hommes ne sont pas loin et je célébrerai le premier jour de l'année, sinon dans une ville, du moins dans un endroit abrité, dans une maison.

Le Doungane ne serait pas fâché de vivre ailleurs que sous une tente de toile, où il est enfumé chaque jour par le feu d'argol, ainsi qu'un renard qu'on veut faire déguerpir de sa tanière.

Le 9 janvier, nous contournons le lac auquel nous donnons le nom de Montcalm, vers le sud-est. Les grosses bêtes errent en grand nombre : des yaks, des koulanes, des arkars et même des chamois tels que dans l'Himalaya sont en vue. Nous redonnons courage à la troupe en lui signalant la présence de bêtes qui vivent près des Indes.

Au delà d'une petite passe nous trouvons des sources chaudes mais salées et une large rivière gelée qui, grâce à la brume, semble s'écouler vers le sud-est à travers une immense plaine.

Serait-ce déjà de l'eau coulant vers la Chine? Et la question des sources de son grand Fleuve Bleu fait l'objet de nos conversations. Nous ne savons pas si nous les avons trouvées; en tous cas nous pouvons affirmer, ou peu s'en faut, que c'est par ici qu'il faudra les venir chercher. L'idée que cette glace alimente des fleuves qui se versent dans l'Océan Pacifique ne laisse pas de nous rapprocher du monde. En effet, si nos suppositions sont fondées, il n'y aurait qu'à descendre cette rivière pour arriver sûrement à la côte. C'est chose facile, comme vous voyez.

Le 10 janvier, nous nous arrêtons pour « raccommoder » les pieds des chameaux et ferrer nos chevaux. Le minimum d'hier avait été de — 32°,5, celui de cette nuit de — 26 degrés seulement, et ce matin à huit heures le thermomètre remonte encore à — 17 degrés. Nous trouvons la température délicieuse.

Dans l'après-midi, Henri d'Orléans vient chercher un chameau pour rapporter la peau d'un yak auquel il a logé huit balles dans le corps. Nous prenons les instruments pour le dépouiller et nous trouvons l'animal à une verste du camp. Il nous paraît être un des doyens des yaks du Tibet. Son mufle grisonne, ses dents sont usées et sa peau est déjà à moitié tannée par les années. Il nous donne beaucoup de mal à le préparer. Sa dépouille est d'un poids tel qu'un chameau peut à peine la porter.

Ceux qui la verront montée aux galeries du Muséum ne sauront jamais les tracas que nous a valu son transport.

Toute la journée le ciel reste couvert, il a le même aspect que dans la région du Lob Nor. Cette humidité de l'air est due au voisinage du lac Montcalm d'où le vent souffle.

Deux chevaux meurent dans la soirée, d'avoir bu trop d'eau. Heureusement que seuls ces deux-là ont découvert les sources chaudes, car il ne nous en serait pas resté un.

Les chameaux se sont abreuvés sans inconvénient, mais on ne les a pas laissés boire à satiété. Nos chameliers pensent qu'une rétraction de la vessie a dû se produire chez toutes nos bêtes et que le moindre excès de boisson serait mortel. Imatch est d'avis que l'on n'abreuve pas les chameaux aux sources chaudes, si l'on en rencontre plus loin.

Le 12 janvier, nous sommes dans une vallée pleine d'ossements de bêtes. Nous reconnaissons ceux des arkars, des koulanes, des yaks, des orongos, des *Nemorhedus Edwardi*. A quoi attribuer cette accumulation de squelettes à une même place? Nous ne saurions vous le dire. On peut faire des suppositions diverses. Une épidémie aura sévi à un moment donné, un hiver trop rigoureux aura surpris ces animaux, ou bien une tempête. C'est peut-être encore que des fauves très nombreux ont vécu à cette place, et ce seraient les reliefs de leurs repas; ou bien est-ce tout simplement le coin retiré où les vieux du troupeau viennent mourir. Nous ne saurions conclure.

Le 14 janvier, nous campons dans le bas de la passe qui nous permettra de franchir une énorme chaîne à laquelle nous donnons un des plus beaux noms de France : nous l'appelons chaîne Dupleix.

L'enthousiasme qu'avait excité un morceau de bois taillé de main d'homme est bien diminué. Nous sommes plus haut que jamais. A côté de notre camp se dressent des pics de glace d'au moins 8.000 mètres, et depuis trois jours nous louvoyons dans un fouillis où nous cherchons le sentier qui nous mènera de l'autre côté de la chaîne.

Mais la série de pics, la brume qui les cache juste assez pour les rendre plus effrayants encore, l'impossibilité à peu près complète de se mouvoir à une altitude d'environ 6.000 mètres, ce sont là autant de causes de découragement. « Nous n'en sortirons jamais », dit l'un; « nous sommes prisonniers », dit l'autre. Et en effet notre marche peut se comparer à une tentative d'évasion où le prisonnier est obligé d'escalader toujours et toujours des murailles de plus en plus hautes.

Nous avions tous aperçu un oiseau à longues ailes, un oiseau de mer, un fendeur d'espaces, un égaré qu'une tempête a emporté jusqu'ici. Et Rachmed a parlé des Indes comme si elles étaient voisines; la conclusion de ses discours fut très pratique :

« Nous avons des vivres, imitons nos chevaux, regardons où nous posons le pied et allons de l'avant.

Le 15, nous franchissons la passe, d'environ 6.000 mètres, en suivant une pente douce. A l'ouest, nous voyons descendre des glaciers vers une large vallée que nous suivrons et où la glace sera notre chemin. Des pics blancs se perdent dans la brume : nous estimons leur altitude à 8.000 mètres au moins. Dans toute cette région, les petits lacs, les étangs sont nombreux. Les collines de terre meuble portent la marque de la fonte des neiges et du séjour des eaux : elles ont cette « frisure » et cette bouillie spéciales qu'on observe à la surface du sol où la neige a fondu lentement et d'où l'eau s'est écoulée par gouttes comme d'une éponge qui sèche. Tous les bas-fonds ont recueilli cette eau, ainsi que le témoigne la glace. Nous n'en manquerons pas ici.

Et lorsque, le 16, nous suivons la rivière, large, profonde, sur sa surface malheureusement trop lisse — là où le vent l'a « cirée » — pour que les animaux et les hommes gardent l'équilibre, nous pensons que les monts Dupleix sont l'origine d'un grand fleuve ou du moins une de ses principales sources.

. . . .

Depuis plusieurs jours notre troupe est prise de la rage de l'homme. Le feu a été ainsi mis aux poudres par un bout de bois taillé au couteau.

Tout semble un homme à nos gens; à chaque instant ils voient un Tibétain se dissimuler derrière un accident de terrain ou s'arrêter à flanc de coteau pour nous regarder, et l'on reconnaît bien vite que l'homme prétendu est un koulane immobile vu de face, un orongo couché, ou simplement une motte dessinant une figure.

Et puis, ce sont des crêtes de montagnes en décomposition qui, de loin, ont l'aspect de villages abandonnés, de postes d'observation, de tours de guet. Tout bien examiné, on a été victime d'un mirage de l'imagination. Ceci prouverait que souvent on voit ce que l'on souhaite voir, et qu'une bonne observation bien juste, avec ou sans instrument, demande une tête bien équilibrée.

Quelques moutons gras, un peu d'eau potable, la fin du vent d'ouest vaudraient mieux que des Tibétains. Mes raisons ne leur semblent pas bonnes, ils veulent voir des hommes. Et je constate une fois de plus combien il est malaisé de se passer de cet animal-là.

Après trois jours de glissades sur la rivière qui descend un étroit défilé, nous débouchons dans une plaine et gaiement. Deux ou trois véritables découvertes ont redonné un nerf extraordinaire à notre monde.

Imaginez que le 17 janvier, jour où nous trouvons des fossiles à 5.800 mètres, sur le coup de deux heures, dans une gorge bien abritée, je tombe en arrêt sur une pierre calcinée, mais seule. J'examine, je vois le sol foulé comme par un piétinement rendu plus apparent par la neige; des tas de crottes de cheval sont épars, et dans le bas, auprès de l'herbe, des pierres sont accotées l'une à l'autre pour un feu. Voilà l'œuvre de l'homme. On a allumé de l'argol et des racines. La neige n'a recouvert ni les cendre, ni le charbon. A côté, de l'argol a été cassé depuis peu; la partie où s'est faite la cassure est d'une autre teinte que le reste de la galette.

Puis, contre les roches, je vois un fragment de

peau de mégaloperdrix auquel des plumes adhèrent.

Donc des chasseurs se sont arrêtés là; ils ont mangé et sont repartis sans passer la nuit, car on ne trouve pas vestiges d'un gîte.

Notre caravane arrive. Je voudrais pouvoir vous peindre cette scène afin de vous faire comprendre ce que c'est que de nous, mais « nous » sans personne pour blâmer ou applaudir, « nous » sans ce que nous appelons « la galerie ». Tout le monde est bientôt rassemblé autour de ces deux pierres. Timour casse gaiement les crottes pour s'assurer de leur âge. « Elles sont nouvelles, dit-il. Elles n'ont pas plus de trois jours », et il les tend à Imatch qui ne peut descendre de cheval.

« Tu as raison, dit-il, et les chevaux sont petits. »

Puis, Iça est là furetant de tous côtés, il apporte des plumes :

« *Oular* (mégaloperdrix), dit-il, cette plume n'est pas vieille non plus », et il en serre le tube corné avec ses dents pour voir s'il est desséché. Son avis est que les hommes ont tué ces grandes perdrix, ces oulars, il y a peu de temps.

Puis c'est Abdoullah qui regarde les racines, retourne les cendres, examine le charbon, et sa mine change instantanément, il a reconquis son aplomb. « Les hommes sont tout près »; il se réjouit et déjà il vous a un air terrible. Il ne ferait pas bon se frotter à ce gaillard-là.

Parpa seul est pessimiste et trouve que « ce n'est pas une raison pour que nous rencontrions bientôt les hommes, car les chasseurs s'éloignent parfois beaucoup des lieux habités. Peut-être sont-ce des gens qui nous surveillent sans que nous l'ayons encore remarqué. » En fin de compte cependant, Parpa conclut que cela est de bonne augure. Et comme il sait quelques mots de chinois, ce qui lui permet de s'entendre un peu avec les Doungancs qui disposent de quelques mots turcs, il engage conversation avec eux. Ils viennent d'accourir en montrant des dents aimables; très animés, ils examinent tout, et leur chef parle amicalement avec Abdoullah qu'il avait juré de tuer quelques jours auparavant. Et il me crie Adam! Adam! (Homme! homme)! » avec une grande affabilité. Il est radouci.

Je lui demande son avis et il répond :

« Certainement il n'y a pas plus de quatre jours que ce feu a été allumé et que ce crottin est là. Et, de plus, je puis dire que ce ne sont pas des lamas qui ont séjourné à cette place, car en quittant un feu ils ont la coutume (?) de disperser les pierres du foyer. »

Le 18 janvier, nous voyons des singes traverser la rivière sur la glace et se jouer sur les rochers des berges. Il nous est complètement impossible d'en tuer un seul. Ce singe est de petite taille, son pelage est roux, sa queue imperceptible, sa tête petite. Cette découverte nous égaye tous, elle excite l'ardeur des chasseurs.

Nous posons notre bivouac près de la glace de la rivière, à la sortie du défilé, où elle se tord depuis les monts Dupleix. Non loin de là, sur le plateau, se trouvent les restes d'un *yourt* de nomades tibétains : quatre petits fours maçonnés grossièrement; un reste de sac en laine de yak; l'emplacement d'une tente; ses piquets encore plantés et consistant en cornes d'orongo; enfin des argols de dimensions moindres que ceux des yaks sauvages, appartenant à des yaks domestiques et à des métis de ces animaux.

Au milieu de la plaine, où sont des sources chaudes, des pointes aussi étincelantes que peut l'être la glace au soleil nous surprennent.

Tout autour, le sol est à peu près net. Le vent balaye la neige et l'entasse dans les replis de terrain ou contre les obstacles. Elle tombe sous forme de grésil plutôt que de flocons granuleux, et quelquefois elle est si fine que le vent la chasse et lui fait traverser la plaine de la même manière qu'ailleurs vous voyez la poussière s'élever en colonne terminée par un panache et avancer sous l'impulsion d'un mouvement giratoire. Voilà pourquoi la plaine est à peine marbrée de blanc.

Nous approchons de ces pointes blanches : ce sont des cônes de glace ayant 6 à 7 mètres de diamètre, hauts comme un homme et parsemés, à la surface d'un véritable cristal, de quelques-uns des graviers de la plaine. Ces blocs sont fendus perpendiculairement comme certains fruits trop mûrs. Nous sommes devant des geisers gelés; ils se sont couverts de cette calotte solide le jour où leur force de jaillissement n'a pu lutter contre les gelées. Nous trouvons dans cette plaine de beaux *iabchanes* (?) qui forment de superbes rosaces et nous permettent une tentative de palao, qui échoue sous forme d'une bouillie informe et trop poivrée.

On voudrait bien manger enfin de ce riz qu'on transporte depuis si longtemps, mais il est à peu près impossible de le faire cuire, à cause de l'altitude. Notre viande, bien entendu, ne cuit pas mieux. Elle ne se gâte pas, elle est conservée par des procédés frigoriques d'une extrême perfection. Lorsqu'on veut la mettre dans la marmite, on prend la hache et on taille le gigot à tours de bras; le cuisinier a l'allure d'un bûcheron. La graisse qui nous sert de beurre a la dureté de la pierre et pourrait servir de projectile.

L'événement du 20 janvier est la découverte de la piste d'un cavalier — piste ancienne — et d'un fragment de selle d'un travail spécial, que le petit Abdoullah prétend avoir appartenu à un chameau. Cette supposition lui vaut un haussement d'épaules de Parpa, qui est de son métier fabricant de selles et qui, d'autre part, ne professe ni admiration ni respect à l'égard de l'interprète.

En entendant les commentaires sans fin que provoquent les indices les plus insignifiants de la présence de l'homme, je pense aux navigateurs à la recherche d'une terre. Ils inspectent soigneusement l'horizon, ils interrogent les flots; une herbe, une épave, un oiseau qui passe, un changement de température, un rien suffit à les persuader qu'ils approchent d'un monde. De même pour nous, tout devient un prétexte à suppositions.

Le 21 janvier, jour de l'an chinois, est célébré avec une certaine solennité, grâce à un jeune daim tué par Rachmed. Sa chair est bonne, si bonne que nous mangeons l'animal entier. D'abord on le mange cru, puis on continue par des brochettes de viande calcinée sur les argols. C'est un repas de sauvages. Et des civilisés qui nous verraient en cercle et jouant ainsi des mâchoires nous prendraient pour des cannibales dévorant un de leurs prisonniers.

Iça est fort intéressant avec son os de gigot encore orné de viande; il le tient à la main comme un sceptre, tandis qu'il cause. Lorsqu'il veut manger, il le passe à la flamme, il déchire ce qui a été flambé avec ses dents de loup et continue de la sorte aussi longtemps que cela en vaut la peine.

Le 22 janvier, près d'un ancien campement de Tibétains, de larges feuilles attirent l'attention des hommes : ce sont des feuilles desséchées de rhubarbe. Ils se hâtent d'en prendre la racine. Henri d'Orléans a vu la veille des edelweiss.

Le 24 janvier, Iça revenant de chercher les

chameaux crie en approchant du camp : « J'ai vu des hommes par là! » et il étend le bras vers le sud, « j'ai bien reconnu des troupeaux de yaks et de moutons! »

Timour et Rachmed partent aussitôt afin de vérifier la chose. Le vent d'ouest nous annonçait un changement de température, il nous paraissait plus humide que de coutume, et voilà qu'il fait tourbillonner de véritables trombe de neige et de poussière, puis un ouragan se déchaîne, et nos hommes doivent nous rejoindre sans avoir rien pu voir. Nous nous dirigeons vers le sud, la boussole à la main.

Le même soir, nos gens émettent l'avis que le Doungane ferait bien d'enlever la clochette pendant au cou de son chameau de tête. « Le bruit s'en entend de loin, et pourrait attirer les hommes. » Voilà que l'on craint maintenant ceux que l'on désirait vivement quelques jours auparavant! On voulait de l'homme, on va en avoir : alors on commence à se rendre compte que la rencontre peut n'être pas aussi agréable qu'on le souhaiterait. Et dorénavant, lorsque les traces seront relativement fraîches, quelques-uns s'imagineront que des cavaliers invisibles nous surveillent et ils se prouveront que les empreintes sont récentes, par des raisonnements enfantins.

Le 27 janvier, nous descendons vers une petite vallée : la pente est douce, commode, on laisse aller ses jambes. C'est charmant. Quelques rhubarbes, des pissenlits, de l'herbe nous portent à croire que cette place doit être habitable pendant l'été. Des sentiers nombreux, dessinés parallèlement, mènent à des camps abandonnés. Nous ne doutons plus; des Tibétains viennent ici régulièrement faire paître leurs troupeaux dans la belle saison. Ils passent l'hiver dans des régions plus chaudes ou mieux abritées. Nous ne croyons pas que leurs campements d'hiver soient très éloignés.

Nous cheminons gaiement. Le soleil est superbe, le ciel est d'un azur parfait, sans un nuage. Et dans cette petite vallée, le vent ne souffle pas, on se croirait au printemps. Depuis bien des semaines, nous n'avons pas eu une aussi belle journée. Mais qu'apercevons-nous dans le bas? De l'eau. On se précipite, voilà de l'eau courante. On s'empresse de la goûter. Elle n'est pas salée. On n'en revient pas. Tous s'appellent criant : « De l'eau! De l'eau! Elle est bonne à boire. » Et tous boivent, les uns avec leurs mains, les autres à plat ventre.

Quelle joie! On s'extasie devant cette rivière qui coule. Il y a si longtemps que nous sommes privés de ce charmant spectacle. L'eau qui bruit, c'est la vie. Jusqu'à ce jour, tout était mort sur les hauts plateaux, il nous semble assister à une résurrection de la nature. Puis, sur les flancs de cette vallée, nous voyons de l'herbe de l'année passée, mais de l'herbe en abondance, et, sur une terrasse large et abritée, des monceaux d'argol bien sec.

Et l'on crie à ceux qui suivent : « Voilà de l'herbe! de l'argol! » On ne se lasse pas d'admirer cette rivière. Nous ne tardons pas à nous expliquer pour quelles raisons elle n'est pas gelée. C'est qu'elle est alimentée par de nombreuses sources chaudes fort peu salées.

Abdoullah s'écrie :

« Nous sommes aux sources de Brahmapoutra, nous allons descendre la rivière et nous arriverons à Lhaça. »

Il est le plus heureux des hommes. Il expose déjà que nous avons fait un voyage que personne n'a jamais fait, qu'enfin l'exploration touche à sa fin, et que, pour son compte, il jure bien qu'on ne le reprendra jamais à revenir dans ce maudit Tibet.

Nous passons sur la rive droite de la rivière, et, après 7 ou 8 kilomètres, ses berges s'abaissant, nous la voyons gelée et finir en une sorte de lac, sur la glace duquel l'eau glisse, jusqu'à ce que plus loin elle devienne solide. Tandis qu'on dresse la tente, je vais en reconnaissance et je constate que la rivière a un lit fort large, mais qu'elle se perd dans un lac assez grand. Peut-être le traverse-t-elle après le dégel?

A mon retour, Abdoullah me questionne, et lorsque je lui annonce qu'il a dû se tromper, que cette rivière n'a pas d'issue, qu'elle forme un lac, il laisse tomber ses bras de désespoir, criant sur un ton très comique : « Comment! c'est un lac! Elle finit tout près de nous! »

Et, cette dernière espérance lui étant ravie, sa figure s'assombrit et il me supplie de lui dire la vérité.

« C'est un lac gelé que tu trouveras plus loin », lui dis-je très sérieusement.

Et le Petit Homme gémit : « Nous n'en sortirons jamais ».

La journée cependant se passe en réjouissances. Ces sentiers parallèles se dirigent dans le même sens, vers le sud-est, et doivent être une grande route. Il ne nous faut plus que voir des hommes pour acquérir la certitude que nous sommes bel et bien sur la route du Namtso (Tengri Nor) et de Lhaça. Demain, peut-être après-demain, nous les rencontrerons. Que se passera-t-il ?

Le lendemain 29, nous partons tard, car nous avons perdu un chameau. On le cherche dans toutes les directions; les hommes reviennent et disent qu'ils n'ont rien vu et que l'animal doit être tombé dans un trou. Je les contrains à recommencer leurs recherches, les engageant à examiner les ravins assez profonds que les eaux ont taillés dans l'épaisseur du plateau.

Rachmed ne tarde pas à ramener l'animal; et il nous raconte qu'il l'a trouvé dormant dans un ravin, à l'abri du vent, en plein soleil. La place était bonne, et, fatigué des longues marches, du vent glacial, le chameau ne demandait que du repos, et il ne voulait pas se lever.

Tout près de là, Rachmed a remarqué une

véritable route allant vers le sud-est. Déjà nous avions indiqué la direction à prendre : nous devions nous diriger sur une plaque de glace aperçue du haut d'un mamelon. Le chemin bien frayé que le chameau avait fait trouver, passant certainement non loin de cette glace, il fut immédiatement décidé de le suivre. Et nous voici à 4.400 mètres, sur une véritable route que les troupeaux ont frayée dans la steppe. Nous observons alors que nos chevaux ne savent plus suivre cette piste bien tracée, ils s'en écartent sans raison; quelques mois passés dans les solitudes qu'aucun chemin ne sillonne ont suffi à les déshabituer de leur routine : ils ont oublié tout ce qu'ils avaient appris dans les pays habités et ne savent plus que poser un pied devant l'autre, machinalement.

Le soir, au « camp de la Grande Route », on organise une loterie. Le gagnant sera celui qui aura dit le plus approximativement la date à laquelle nous devons rencontrer les Tibétains. Grâce à la descente, tous, hommes et bêtes, sont ragaillardis.

Qui gagnera le gros lot? Celui qui a donné la date la plus éloignée de la rencontre l'a reportée à vingt jours. Timour est le moins pessimiste : selon lui, dans quatre jours nous apercevrons les Tibétains. A notre avis, il gagnera.

CHAPITRE VIII

LES TIBÉTAINS PASTEURS

Bien que nous descendions chaque jour un peu en suivant les pentes douces d'une steppe mamelonnée, le froid sévit toujours. Le minimum du 29 janvier a été de — 33 degrés, celui du 30 janvier est de — 35, à une altitude de 4.380 mètres. Il y a bien longtemps que nous n'avons été aussi bas et nous nous sentons moins lourds : nos pelisses chargent moins nos épaules, nous marchons d'un pas qui nous semble léger, nous ne nous traînons plus.

La certitude que les Tibétains sont aux environs fait que notre troupe est sur le qui-vive. Comme nous n'avons plus besoin de nous préoccuper de la route, notre œil examine avec le plus grand soin les crêtes des collines, les points qui se meuvent, les taches qui ressemblent à des tentes. On s'attend à une rencontre.

31 janvier. — Pendant qu'on commence à charger les bêtes, nous prenons le thé sous la tente. Soudain nous entendons des exclamations, des éclats de voix, et Abdoullah apparaît avec un visage rayonnant de joie et il nous dit :

« Vous pouvez ouvrir votre bourse, il va falloir payer celui qui a gagné. Un homme s'approche. »

Nous lui recommandons de bien l'accueillir, de lui offrir le thé, de le retenir auprès du feu, de l'amadouer enfin et de tâcher d'en obtenir un renseignement.

Bientôt le Tibétain est là, on le salue en mogol et il répond dans la même langue ; tous les hommes l'entourent et lui parlent à la fois, et je les entends plaisanter le nouveau venu et s'en moquer entre eux.

Rachmed vient vite nous dire son impression :

« Il est laid au delà de ce que vous pouvez imaginer, les ours sont certainement plus beaux. »

Lorsque nous jugeons que la glace est rompue, nous sortons les uns après les autres ; Henri d'Orléans, son appareil à la main.

Notre présence produit son effet sur l'hôte, qui s'est assis près du feu. Il se lève en nous voyant, nous appelle *bembo*, c'est-à-dire chef, et, pour nous saluer, il élève les pouces et tire une langue démesurée en s'inclinant profondément. On l'engage à se rasseoir et nous l'examinons tandis qu'il tient conversation avec Abdoullah — si une conversation est possible avec dix mots mogols et quatre mots tibétains.

C'est un tout petit être, à face glabre couverte d'une couche de graisse, de crasse, de fumée et sillonnée de rides nombreuses et profondes. L'œil enfoncé dans l'orbite est un point noir sous des paupières gonflées; la prunelle brune flotte, pour ainsi dire, dans une cornée très pigmentée avec laquelle elle se confond presque. La figure est rétrécie par de longues mèches de cheveux pendant le long des joues caves; le nez est large et il tombe sur une bouche édentée à lèvres épaisses; le menton carré, en avant, n'a pas le moindre poil. Cet individu est chétif, il montre une main minuscule et sale, lorsqu'il manie sa tabatière creusée dans un bout de corne. Il verse sur l'ongle de la main droite un tabac rouge réduit en poudre, qu'il loge dans son nez en reniflant.

Le costume est à l'avenant du personnage. La coiffure consiste en une bande de peau prenant le front, laissant le sommet de la tête à découvert et s'attachant derrière la nuque. Une tresse de cheveux descend aux reins; elle enfile un ou deux anneaux taillés dans des os d'animaux. Son propriétaire doit la pommader avec de la graisse de temps en temps, car la partie du vêtement qu'elle frotte est plus luisante et plus grasse que le reste.

La pelisse, en peau de mouton, qui recouvre le corps nu de notre hôte est d'une malpropreté absolue. Depuis combien de temps en fait-il usage?

on ne peut le dire. Sa couleur est en harmonie parfaite avec le teint de celui qui la porte.

Cette pelisse est de la taille de son propriétaire. Elle est relevée, pour faciliter la marche, au moyen d'une corde, et à la hauteur des hanches se forme un énorme pli, destiné à servir de poche, de sac même. Nous le comprenons par ce que notre homme met à cette place et par ce qu'il en tire. Il y met le pain qu'on lui donne, sa tabatière, un morceau de viande. Il en tire un fuseau de main, dont le manche est une corne d'orongo polie, et la croix, un bois que nous croyons être le houx.

Ses jambes maigres sont enfermées dans un bas de bure fendu sur le mollet et retenu au-dessus par une jarretière de tresse. Ce bas est fortifié sous le pied par une semelle épaisse comme celle des espadrilles.

Tout en questionnant, en demandant où nous allons, le Tibétain prise fréquemment ou bien il file paisiblement de la laine de yak. Ce Tibétain n'est pas beau.

Grâce à une mimique à la portée de toutes les intelligences, on explique à ce brave homme que nos chameaux et nos chevaux sont morts, que les cinq ou six moutons que nous possédons ne sont pas mangeables : c'est pour cette raison que nous leur laissons la vie. Et nous le prions de vouloir bien nous vendre du beurre, des chevaux, des moutons. Il nous invite alors à le suivre près de sa tente : elle se trouverait au delà d'un rocher dans la direction de l'ouest.

Nous le remercions de son obligeance, mais nous nous excusons en lui disant que nous voulons aller du côté du sud-est. Et, avec une mauvaise foi et un aplomb de sauvage, il nous en veut détourner en nous expliquant que Lhaça n'est pas de ce côté, mais à l'ouest. Il nous demande incidemment, en joignant les mains et en prenant une attitude recueillie, si nous allons prier le *Tale Lama*, et nous lui répondons affirmativement. Il insiste de nouveau pour que nous allions vivre quelque temps dans son campement, où nous trouverons tous les vivres possibles et de l'herbe pour nos bêtes.

Nous en sommes là de la conversation avec ce petit vieux, qui nous paraît un rusé compère, lorsque nous voyons descendre le long des collines plusieurs troupeaux escortés par des cavaliers. Les troupeaux se tiennent à distance, mais des cavaliers s'approchent de nous. A cette vue, notre interlocuteur veut se lever et partir, mais nous lui offrons encore une tasse de thé et nous lui montrons des *iamba* (lingots d'argent) que nous lui remettrons en échange de moutons.

Il pousse un cri et fait signe à un berger, qui arrive au petit trot. Il lui explique l'affaire, celui-ci à son tour crie, et l'on dirige le troupeau vers notre camp.

Ce berger nous semble moins vieux que le premier, il est un peu plus grand, très maigre aussi et l'on est d'abord frappé de la brusquerie de ses mouvements. Sa démarche saccadée, ses pas menus, rapides, un léger balancement, une certaine manière de jeter les genoux me font penser à un être ayant des jambes de bête, de chèvre, et un corps d'homme. La tête longue, le nez court, épaté, aux narines bien ouvertes, les pommettes saillantes, la bouche large, d'où sortent deux dents qui tiennent les lèvres constamment écartées — des lèvres de ruminant, épaisses et musclées, — la mâchoire inférieure très forte, font penser à un petit-fils du Minotaure.

Évidemment il y a du sang de bête dans les veines de ce berger; des idées mythologiques me passent par la tête. Il s'appuie sur une longue lance au fer bien aiguisé, il la serre avec une patte noire, aux ongles courts, aux doigts d'à peu près égale grandeur. A sa ceinture est passé un sabre large, long; le fourreau de bois est plaqué de fer; mais la lame n'est pas très bonne, elle est ébréchée; pour ne pas gêner la marche, le sabre est placé horizontalement. Ce Tibétain a, en outre, sur le dos, un fusil court, de petit calibre, terminé par une fourche fabriquée avec des cornes d'orongo un peu polies; la crosse en est courte, carrée, dans la forme des fusils orientaux; on met le feu à la poudre au moyen d'une mèche. La lance nous paraît l'arme la plus redoutable.

En attendant l'arrivée du troupeau de moutons, les deux Tibétains conversent entre eux, soupèsent nos sacs, nos coffres, et ils pousseraient plus loin l'indiscrétion si l'on ne mettait les holà en les menaçant d'un revolver, en riant. Cet instrument les effraye, et il détourne leur attention. Ils veulent l'examiner. On leur montre les six cartouches qu'il contient; la grosseur de la balle les surprend, et quand, pour leur donner une idée de la longueur de la portée, on leur propose de tuer des moutons qui sont à plus de 600 mètres, ils font des gestes de dénégation avec une figure contrariée. On les rassure.

Ils examinent si tous nos hommes ont des armes aussi extraordinaires et remarquent que tous ont en effet un étui de cuir au côté; ils parlent entre eux.

Nous les prions de nous procurer des chevaux, que nous payerons bien. Ils s'engagent à nous en amener le lendemain. Ils nous font voir ceux qu'ils montent. Ce sont des poneys à long poil, tels qu'en produisent les pays du Nord. Ceux-ci ont la tête assez courte et forte, leurs proportions sont parfaites, et, en mesurant la largeur du poitrail et la solidité de l'encolure, nous ne nous étonnons plus de les voir si bien tricoter sur leurs jambes sèches et irréprochables. Leurs maîtres les conduisent avec une simple lanière attachée autour du nez; quand la bête est vive, ils la lui passent dans la bouche, ils tirent dessus, dirigeant leur monture au moins de ce côté. Ces cavaliers ne se servent pas du mors : le geste et le fouet suffisent.

Ces poneys, que leurs maîtres approchent sans difficulté, sont effrayés par nos costumes et essayent de fuir dès que nous voulons les toucher. La selle est en bois et munie de deux étriers courts, ne pendant pas au-dessous du ventre du cheval, de sorte que le cavalier a les genoux au niveau du ventre.

Les Tibétains partis, il est curieux d'entendre les réflexions de notre monde. On pouvait croire, quelques jours auparavant, lorsque tous soupiraient après eux, que l'on se réjouirait non seulement en les voyant, mais qu'on les prendrait en amitié sans hésiter. Et aujourd'hui que les voilà enfin, ces hommes tant désirés, l'un dit : « Sont-ils laids! sont-ils sales! Quels sauvages! On dirait des bêtes sans âmes! » L'autre : « Avez-vous remarqué combien ils aiment l'argent? Et quelle défiance! Nous croire capables de leur donner de mauvais lingots! »

Nous sommes sur la grande route de Lhaça, il est impossible d'en douter, et c'est pour nous une grande peine en moins. Nous allons suivre le chemin, et plus nous avancerons, moins il nous sera possible de perdre la bonne direction; la route sera encore mieux marquée.

Le mal est que nos bêtes sont presque à bout de forces, et que plusieurs de nos hommes marchent avec une extrême difficulté.

Le vieil Imatch va très mal, il a eu les pieds gelés. Un orteil est sur le point de se détacher, les plaies sont affreuses, et l'on se demande comment cet homme peut se tenir à cheval. Il souffre constamment du mal de montagne et nous ne pouvons rien faire pour le soulager. Il lui faudrait sa steppe au niveau de la mer, mais elle est bien loin, et il est probable qu'il ne la reverra plus.

Le matin du 1ᵉʳ février, par un vent d'ouest et un ciel couvert, nous apercevons des troupeaux de yaks, de moutons qui gagnent la région que nous venons de traverser. Pas un seul ne vient de notre côté. Les bergers ne se soucient probablement pas de faire notre connaissance. On leur aura dit que nous avions besoin de bêtes de somme et de chevaux, que nous sommes armés jusqu'aux dents, et que nous n'avions pas l'air timide. Ils préfèrent ne pas nous tenter, et ils s'éloignent.

Nous allons charger et partir, car nous ne comptons pas que nos connaissances de la veille nous amèneront les chevaux que nous voulions leur acheter. Soudain cinq cavaliers se dirigent vers nous en trottinant. Ils s'arrêtent à deux ou trois cents mètres, confient les chevaux à l'un d'eux et viennent à pied jusqu'au camp. Nous reconnaissons notre petit vieux d'hier. Il nous tire la langue très poliment, ses compagnons l'imitent; nous ne les avons pas encore vus. L'un d'eux, à profil d'aigle, a la tresse ornée d'agates, de mauvaises turquoises, d'anneaux de cuivre; sa pelisse est bordée de peau de panthère.

Ces gens déposent à nos pieds un pot de lait de

dimensions insignifiantes, sur lequel personne ne se précipite, en raison du parfum qu'il dégage; en outre, une motte de beurre rance enveloppée dans un morceau de peau et un petit sac de *zamba* ou farine d'orge grillée. Ils nous examinent avec une vive curiosité; ils montrent une grande réserve lorsque nous les questionnons, et font preuve d'une rapacité remarquable. Le vieux, à qui l'on parle des chevaux promis, dit qu'il n'en a pas, qu'ils sont partis du côté de l'ouest. Nous ne tirons rien de ces gaillards-là; ils affectent de ne pas comprendre chaque fois que nous prononçons le nom de Lhaça, de Namsto, de Ningling Tanla.

Heureusement qu'un des leurs est moins défiant ou moins intelligent. Tandis qu'on occupe les trois autres, nous entamons les négociations avec un pauvre diable à peine couvert, au profil de nègre, aux yeux imperceptibles, au front d'enfant. Nous commençons par lui offrir un peu de sucre, puis un ou deux abricots séchés, ensuite quelques raisins secs. Il goûte tout cela et le trouve délicieux. Alors on lui dit que nous allons prier le Tale Lama, et aussitôt ce fervent Tibétain jette son quasi-bonnet à terre, tombe à genoux, joint les mains et se tourne instinctivement vers Lhaça en marmottant des prières. Nous joignons aussi les mains et répétons avec lui : « Om mané padmé houm! » et nous lui expliquons que tout ce qui est renfermé dans nos coffres est destiné au Tale Lama. Il trouve nos intentions excellentes, il fait une mine pour nous approuver, rien n'étant trop bon pour le Tale Lama; puis brusquement il nous tend la main grande ouverte et fait le geste de manger. Nous devinons sans peine qu'il n'a pas oublié les abricots séchés; on lui en donne encore quelques-uns, et sa figure s'illumine. On casse un noyau et l'on mange devant lui le contenu. Il se met à genoux, en casse un sur une pierre, le mange, et il nous tire la langue.

Et alors, lui montrant la direction vers laquelle il s'inclinait tout à l'heure par habitude en priant, nous lui disons :

« Lhaça? »

Il jette un coup d'œil vers ses compagnons, dans la crainte qu'ils ne l'aperçoivent; puis, les voyant très occupés à considérer un fusil, il dit de la tête :

« Oui, c'est Lhaça ! »

Et en tibétain nous lui demandons :

« Lhaça, combien de jours? »

Au lieu de répondre, cet innocent nous tend la main : nous lui donnons un peu de sucre en étouffant un violent éclat de rire.

Alors, se cachant derrière notre tente, il trace sur le sable une courbe du côté du sud-est, et prenant un argol, il le pose au bout de la courbe, et d'un ton satisfait, fier de son dessin, il dit en posant le doigt sur l'argol :

« Lhaça ! » et il joint les mains.

Puis nous lui parlons de la grande saline de Boultso, ainsi nommée sur les cartes, et lui prononce « Bourbentso », et place un argol sur la courbe. Nous prononçons le nom de Namtso (le Tengri Nor des Mogols), et il pose encore un argol sur la courbe, un peu plus loin.

« Namtso, dit-il.

— Et Ningling Tanla », brusquons-nous.

Il tombe à genoux, pose un argol au sud de l'argol du lac Namtso, et prie avec ferveur la montagne sainte. Il se relève et tend encore la main : on lui donne un abricot ; il avance la tête d'un air de malice et en réclame encore deux : il les reçoit ; et alors, pour nous remercier, il ouvre une gueule de crocodile d'où sort une massive langue de bœuf couvrant son énorme menton. Quelle langue ! Dedeken pense qu'à elle seule elle remplirait une boîte à conserves.

Notre homme étant devenu familier, nous lui demandons encore :

« Combien de jours jusqu'à Bourbentso ?

— Trois jours, dit-il.

— Jusqu'à Namtso ?

— Huit jours.

— Jusqu'à Lhaça ?

— Douze jours. »

Voilà des renseignements. Sont-ils exacts ?

Cela est possible. En tous cas, ces chiffres donnés par ce gourmand ne précisent rien quant à la distance. Il dit sans doute la vérité, mais il faut comprendre qu'il est allé lui-même en trois jours à Bourbentso, que le huitième jour il était au

Namtso et que le douzième il entrait à Lhaça.

Lorsque nous avons appris de ce Tibétain ce que nous voulions savoir, nous nous éloignons. Mais il ne veut pas lâcher prise ; il s'approche en tirant sa formidable langue de bœuf, et, s'accroupissant rapidement devant nous, il trace vite sa carte, et disposant les argols il récite avec volubilité :

« Bourbentso trois jours, Namtso huit jours, Lhaça douze jours. »

Et, la langue pendante, il tend la main ; comme il nous amuse, nous lui donnons quelque chose. Il enfouit ce qu'il reçoit dans le pli de sa pelisse derrière son dos et s'éloigne en riant.

Il revient plusieurs fois à la charge, mais nous le remercions à notre tour, car il viderait nos poches.

Le 2 février, une troupe de cavaliers bien montés, tous armés, nous observe à distance et finit par s'approcher de nous. On échange des saluts et l'on s'efforce d'obtenir de ces gens qu'ils nous vendent des chevaux. Ils regardent l'argent que nous leur montrons, mais ne répondent rien. Voulant savoir quelles sont leurs intentions, nous saisissons un bidet qui ferait notre affaire ; son propriétaire reste avec nous, mais les autres s'éloignent. Nous proposons un prix, le Tibétain refuse en nous expliquant que le *bembo*, le chef le punirait s'il nous le cédait. Il ne peut rien faire sans autorisation. Nous le relâchons après lui avoir fait un cadeau et l'avoir engagé à nous apporter beaucoup de zamba; nous voulons le donner à nos bêtes. Cet homme nous répond que lui-même est un ami, mais que le bembo seul décidera de l'affaire.

Dorénavant nous voyons fréquemment des Tibétains, mais à distance. A notre approche, ils rassemblent leurs troupeaux, les chassent vers la montagne; ils paraissent prendre surtout grand soin que leurs chevaux ne se trouvent pas à notre portée.

Le 3 février, deux indigènes viennent nous offrir des quartiers de mouton séché. Après des tâtonnements, des défiances de part et d'autre, la conversation s'engage et nous obtenons des renseignements. Au dire de l'homme, la route va dans la plaine jusqu'au Ningling Tanla; elle est bonne, on trouve de l'herbe, de la glace, de la neige. Ce sauvage paraît avoir l'intelligence assez vive; il donne une véritable leçon de tibétain à Dedeken, s'efforçant de prononcer distinctement le nom des choses qu'on lui montre.

C'est une glace de poche qui l'a rendu très loquace, et sa bonne volonté ne se dément pas un instant, parce que nous lui avons promis une petite chromolithographie s'il nous dit la vérité. Tandis que cet homme chevauche à nos côtés, nous voyons quelques crottes de chameau.

« Qu'est cela? lui demandons-nous.

— Tangout », répond-il.

C'est le nom que l'on donne ici aux Kalmouks.

Nous aurions donc retrouvé leurs traces en même temps que la grande route. Et nous demandons :

« Tangout, Tale Lama Lhaça ?

« Tangout, Tale Lama Lhaça », répète-t-il après nous. Nous pensons que ce doivent être ces pèlerins que nous avons rencontrés, de qui nous avons perdu les traces et qui, prenant plus à l'est, ont rejoint ici la grande route.

Notre interlocuteur nous donne à entendre qu'il n'est pas de chemin plus direct que celui-ci vers Lhaça. Nous nous faisons, il faut croire, très vite à ces physionomies de barbares, car nous découvrons déjà de l'intelligence et un air entendu à notre marchand de viande séchée. Comme il nous accompagne jusqu'à notre bivouac et que la nuit est venue, nous l'invitons à reposer près de nos hommes ; mais il n'accepte pas, et part pour son *kiim* (sa demeure), après avoir laissé son cheval brouter quelques racines. La lune est brillante, et il nous la montre, voulant nous faire comprendre qu'il verra clair et ne perdra pas son chemin.

Il nous remercie avec effusion pour tous les cadeaux que nous lui avons fait, pouces levés et langue pendante, en homme bien élevé. Lorsque nous lui rendons la viande dont nous n'avons que faire, en le priant d'en conserver le prix, il se prosterne et nous expose que notre générosité est bien placée :

« Ceux que vous avez vus hier sont des chefs, et moi je suis pauvre. »

En tous pays, il y a des riches et des pauvres.

Un beau clair de lune nous vaut 31 degrés de froid, accompagnés d'une légère brise ouest. Nous ne campons plus dans les coins abrités, mais sur les terrasses, d'où nous dominons la plaine et où nous sommes éloignés des hauteurs... pour avoir le temps de décharger plusieurs fois nos armes sur des cavaliers qui en descendraient au galop.

Nos chiens font une excellente garde et nous préviennent de tout ce qui se passe aux environs. L'un d'entre eux, mâtin à long poil roux, a l'habitude de se coucher à plus de 100 mètres du camp et de veiller toute la nuit ; c'est lui qui prévient nos deux bassets chargés de veiller sur les tentes et ne les quittant pas. Ces trois excellentes bêtes semblent avoir compris l'importance de leur tâche, et elles ne laissent approcher aucun Tibétain sans notre permission. Nous dormons donc en parfaite sécurité.

Le froid continue, car le minimum de la nuit du 4 est de — 29°,5, mais le vent est tombé. Dans la matinée du 5, le vieux chef revient escorté d'une vingtaine de Tibétains. Il dit de nouveau à notre interprète combien sa position est délicate. Il sera puni si nous passons. Pourquoi n'attendrions-nous pas des ordres de Lhaça dans une bonne place où nous trouverions de l'herbe, de la viande fraîche, de l'eau, toute les choses désirables ?

Il voudrait nous présenter ses respects, mais on refuse de l'accueillir avant qu'il ait vendu des chevaux. Nous en avons besoin, et s'il est bien disposé, la meilleure manière de nous le prouver est de nous en vendre.

« Je vous vendrai, et même je vous donnerai des moutons ; mais, quand à des chevaux, à moins d'un ordre je ne le puis. »

Dedeken va le voir et alors le vieux lui offre trois boules de graisse enfermées dans une peau cousue, et, poliment : en tirant la langue, en levant les pouces. Et d'abord il étale sur le sol une écharpe très légère (dite de félicité), il pose dessus le cadeau et, prenant l'autre extrémité de l'écharpe, la met sur le genou de Dedeken. Celui-ci lui demande si cette saline est bien le Bourbentso. Le vieux rit et lui tape sur le bras comme pour l'engager à ne pas se moquer en l'interrogeant. « Vous connaissez le pays aussi bien que moi », semble-t-il dire.

Ce vieux chef est dérouté, il ne voit pas de Tibétains parmi nous. Nous sommes arrivés par une route que lui-même ne connaît pas, nous n'avons pas de guide. Dans notre troupe, il voit des gens de toutes races, de tous costumes. Nous allons sans demander la route, nous nous arrêtons près de la glace là où d'autres ont déjà campé, comme si nous revenions par une route déjà faite. Il ne sait quoi penser.

Le voilà qui se rend chez notre Doungane et il lui montre des papiers ornés de cachets chinois : ce sont comme les diplômes par lesquels lui sont conférés les droits de police qu'il exerce. Et voulant piquer au vif notre chamelier, il lui dit :

« Tu te prétends Chinois, mais tout honnête Chinois voyage avec des papiers et ne peut quitter son pays sans l'autorisation de ses mandarins. Qui sait quel passé tu as ?... »

A ces mots, le Doungane s'emporte, il bondit sur le sac où sont enfermés ses papiers. Il les tire, les déploie, les met sous le nez du vieux chef :

« En as-tu de pareils? Crois-tu que je suis un honnête homme? mets donc les tiens à côté des miens, que nous comparions. Tu as des papiers d'homme de rien, ceux que j'ai sont plus grands. Quant à mes cachets, ils sont doubles de tes cachets; mes passeports ont été délivrés par de grands mandarins, tandis que ton diplôme ne signifie rien. De quel droit te mêles-tu de nos affaires? comment t'avises-tu de parler de la sorte à un homme comme moi, ayant en main des papiers portant des cachets de cette taille?

Le Tibétain est étourdi par cette avalanche de paroles; il est réduit au silence par l'argument des « cachets », et il s'en va confus.

Toujours c'est la steppe nue. Un chaînon nous barre la route et nous allons camper près de son sommet, à côté d'une passe, non loin d'une source abondante qui descend sous la forme de glace, vers la partie orientale de la vallée.

De l'autre côté de cette glace, une tente noire est dressée. C'est la première que nous ayons eue à proximité, et nous nous en approchons. Quatre chiens à poil noir et laineux, dont un fort vieux et très pelé, nous souhaitent la bienvenue avec des aboiements furieux et nous courent sus avec des dents menaçantes.

Ce bruit considérable attire deux êtres hors de la tente : l'un est tout courbé et tient par la main l'autre, tout petit. Ils viennent à notre rencontre en traînant comme nous le pied sur la glace, afin de conserver l'équilibre.

Le plus âgé est un homme cassé par les années, à tignasse grise, coupée courte, et dont la tête me rappelle immédiatement le *Diogène* de Velasquez. Il a l'œil tout petit, malade et fort mauvais, car, pour distinguer nos traits, il doit nous regarder sous le nez. Prenant Dedeken pour un Chinois, il le salue : « Loïé. »

L'enfant qui l'accompagne est une fillette chétive de huit à dix ans. Elle serait peut-être jolie si elle était plus propre. Sa figure ronde, à nez imperceptible, est enluminée de jaune et de noir. Elle n'a jamais été lavée, cela n'est pas douteux. Son costume est une robe de peau de mouton sans taille, serrée par une corde de laine. Un petit couteau dans une gaine de cuir pend à son côté. Nu-tête comme le vieillard, elle a les cheveux en désordre sur le dos, et une tresse tordue en couronne les relève sur son front.

Nous reconduisons le vieux lama à sa demeure ; nous avons reconnu à ses cheveux courts qu'il n'était point laïque. Lui ayant donné quelques fruits secs, nous bavardons.

Il nous certifie que la saline près de laquelle nous avons campé hier est le Bourbentso, et il nous apprend que la chaîne de montagnes s'appelle Bourbentso Ré, c'est-à-dire montagne de Bourbentso; que le Namtso est à quatre jours et qu'on y va par une route facile.

Ce pauvre vieux est très affable. Nous lui demandons du lait, car il possède de nombreux yaks, que nous voyons au-dessous de nous, sur les contreforts de la montagne. Il nous explique que l'herbe est mauvaise et que les mamelles sont taries.

Il a près de sa demeure de petits sacs superposés; ils contiennent de la farine d'orge grillée.

La tente où les deux Tibétains disparaissent est faite d'une bure de laine noire. Elle est rectangulaire et couvre une surface d'environ quatre pas carrés. Elle est soutenue aux angles par des piquets d'où partent des cordes longues et tendues par d'autres piquets sur lesquels elles posent et qu'on incline ou qu'on relève selon qu'on veut tendre ou relâcher les cordes.

Et cette masse noire d'où partent des cordelettes a bien l'air d'une grosse araignée déployant les articulations de ses pattes. Cette comparaison est du père Huc. Mais cette araignée-ci n'a qu'un œil, et il est sur le dos et longitudinal; c'est l'ouverture pour la fumée, que recouvre un faux toit. La portière s'ouvre du côté de l'est, attendu la constance des vents d'ouest, contre lesquels tout l'édifice est protégé par un mur d'argols. Ces galettes que fabriquent les yaks sont en usage pour les constructions et elles ont également servi à élever un mur en demi-lune, sorte de cour où le bétail est garanti du vent.

En faisant l'inventaire de ce domaine, nous remarquons des sortes de fours ronds, semblables à de petites tours qui viendraient à la hanche, et qui sont des silos construits sur le sol, probablement parce qu'il serait difficile de les creuser dedans. Ces « placards », en argol, bien entendu, contiennent des morceaux d'étoffe, des touffes de laine, même des chapeaux d'étoffe à forme élevée et à larges bords; des peaux de yaks sont étendues près de la tente, pêle-mêle avec de petits pots ronds de terre rouge et sonore.

Des plaques de schiste, où sont gravées des prières, sont déposées derrière la tente, c'est-à-dire du côté du vent d'ouest, qui les prie en passant. C'est là tout l'ameublement.

Il serait temps cependant que les Tibétains fassent preuve de bonne volonté à notre égard, car notre vieil Imatch est sans force. Il ne peut se tenir debout, il ne se traîne plus que sur les genoux. On doit le charger sur son cheval. Hier le pauvre homme demandait que nous l'abandonnions.

« Je suis perdu, disait-il, je ne vous suis d'aucune utilité : laissez-moi sur la route ».

Nous le soignons de notre mieux, mais nous ne pouvons le soulager.

Parpa est tombé plusieurs fois pendant l'étape et l'on a dû l'aller chercher avec un chameau à quelques centaines de pas du bivouac, qu'il n'avait pu atteindre.

Le petit Abdoullah gémit sans cesse ; il ne peut marcher qu'en se tenant à la sangle d'un chameau et il est incapable de porter son fusil.

Il nous faut absolument des chevaux, et nous en prendrons dès que l'occasion se présentera.

Le 12 février, un violent vent d'ouest porte le dernier coup à notre vieil Imatch.

Au moment de partir, il sanglote. On pourrait croire qu'il a le délire. Il demande Parpa, car « je suis fini », dit-il, et il lui rappelle qu'il est son débiteur : « A Tcharkalik, tu t'en souviens, je t'ai acheté des bottes et tu n'en as pas reçu le prix. Si Allah m'aide et que je me refasse, je te les payerai. Si Allah ne veut pas me porter plus loin et que je meure — vous m'entendez tous — tu te payeras avec le peu que j'ai et tu garderas le reste, car tu m'as donné à boire pendant la nuit. »

J'essaye de redonner courage à Imatch, mais c'est en vain : « Nous arriverons bientôt à une ville, notre voyage est terminé ; nous t'aimons tous ; nous te soignerons. »

— Merci, répond-il, merci. Excuse-moi si je ne fais pas le service, mais je ne puis. La mort est là, elle a déjà pris mes jambes. Pardonne-moi ! Je ne pleurerai plus, je ne me découragerai plus. C'est fini. »

Nous chargeons le pauvre homme et nous partons désolés. Nous contournons des contreforts, puis reprenons notre direction sud-est. Pour la première fois, nous voyons sur la tête de trois affreuses femmes une coiffure haute et semblable à un bonnet de pope.

Dans les fondrières qui bordent un lac nous apercevons ensuite des hommes campés, et, à proximité, cinq ou six chevaux. Il n'y a pas une minute à perdre. Nous exécutons un mouvement tournant, parfait au point de vue stratégique, mais pour lequel il nous manque des masses.

En effet, Henri d'Orléans et moi en sommes les seuls auteurs, le reste de notre bande étant occupé à ramasser du sel.

Dès que les Tibétains comprennent notre pensée, ils se lèvent, courent vers leurs chevaux, mais pas assez vite pour que nous ne puissions saisir un cheval et faire prisonniers leur chef et un des hommes. Leurs armes ont été déposées en un tas et nous nous en emparons d'un seul coup. Au lieu de venir au secours de leurs camarades, ils sautent sur leurs chevaux et fuient avec une vitesse qui nous paraît considérable, en suivant les bords du lac. Quelques coups de revolver tirés en l'air, loin de les arrêter, accélèrent leur allure, et ces gens disparaissent dans la montagne.

Le vieux brave, accroupi sur ses hardes, ne bouge pas; il est terrifié, et, levant les pouces, il nous tire une langue suppliante. Il est entouré de petits sacs de cuir contenant des provisions, et il nous offre successivement, afin de nous adoucir, des poignées de fromage en poudre, du zamba, de la viande séchée. Nous refusons, et il reste là, marmottant des prières. Son émotion lui donne une étonnante activité de cuisinier, car il ne cesse de puiser dans les sacs, d'enfoncer de la glace dans les petits pots placés devant le feu, de mélanger la farine et le beurre dans l'eau chaude, et il nous paraît qu'il gâte les sauces. Il mange avec ses doigts de petites boulettes, il boit à petites gorgées cette mixture de beurre rance et d'eau chaude.

Cela continue longtemps, sans qu'il cesse de murmurer des « Om mané padmé houm » et de nous considérer d'un petit œil où le moins observateur lirait une vive inquiétude.

Nous nous amusons un instant de son embarras, puis nous engageons conversation quand tout notre monde est là. On lui explique que si nous voulons des chevaux, c'est parce que plusieurs de nos gens ne peuvent plus marcher et que nous ne voulons rien prendre sans le payer généreusement. Nous l'appelons *appa*, *popeumn*, c'est-à-dire père, frère, et il approuve en levant les pouces.

Nos chiens, qui courent sur lui avec des intentions malveillantes lui causent un véritable effroi, et il nous supplie de les éloigner. Nous le rassurons en lui expliquant qu'ils ne mordent pas ceux que nous appelons « frères. » Puis nous l'apprivoisons avec du sucre, et lorsqu'il le goûte, il ne cache pas sa joie; puis c'est du raisin, des abricots : il exulte, et il nous qualifie de « frères » à son tour.

Puis nous montrons des iambas et nous marchandons son cheval. Et, pour prouver que nos intentions sont bonnes, nous rendons la liberté à son compagnon, en lui permettant d'emporter sa pelisse. Celui-ci est à peine à cent pas qu'il se sauve vers la montagne, abandonnant son chef sans la moindre vergogne. Peut-être que la consigne est de fuir.

Sur ces entrefaites arrive un cavalier ayant un fanion rouge au canon de son fusil. Il se dit propriétaire de moutons fusillés par Rachmed, et immédiatement nous lui offrons le thé, mais il le boit dans sa propre tasse, qu'il tenait enfouie sous sa pelisse. Ainsi le veulent la coutume et le rite religieux : un Tibétain ne doit pas apposer ses lèvres à la même place que des lèvres impures. Vous comprenez que les lèvres impures sont les lèvres des autres.

Pendant ces réflexions on a tiré du sac un lingot d'argent, on le montre au Tibétain propriétaire, qui demande à l'éprouver. Il le frotte sur une pierre, le regarde, y remarque un cachet, et nous lui disons que c'est le cachet de Péking. « Pétsin! Pétsin! » Il est rassuré.

Néanmoins, lorsqu'on lui a pesé le prix de ses agneaux, il examine encore l'argent ; puis, satisfait, il l'enferme dans un petit sac pendu à son cou. Nous lui faisons cadeau d'un petit miroir : il n'en sait pas l'usage, et d'abord ne voit pas son image reflétée. Notre prisonnier, soumis à la même épreuve, se reconnaît et éclate d'un rire presque idiot. Il donne avec volubilité des explications à son congénère, lequel se regarde à nouveau et rit beaucoup en voyant son nez et son bonnet en face de lui. Comme la nuit approche, il nous salue et part en riant.

Notre prisonnier est parfaitement apprivoisé, et il n'hésite pas à nous demander l'autorisation de dormir à la place où il se trouve. Il supplie qu'on le défende de nos chiens, et exprime le désir de posséder un petit miroir. Nous lui promettons cela pour demain.

Dès ce soir, nous lui payons son cheval, que nous attachons près de nos tentes, où nous transportons une panoplie de fusils à mèches et de sabres appartenant aux fuyards.

Toute la nuit nos chiens aboient, et, dans le lointain, d'autres chiens leur répondent. A l'heure où commence cette demi-obscurité qui précède les jours d'hiver, des hurlements de loups éclatent dans le silence. Ils sont, de l'autre côté du lac, toute une bande, à nous donner le plus lugubre des concerts. Je sors de la tente à ce moment et je trouve Rachmed déjà debout.

« Rien de nouveau? dis-je.

— Rien; tout va comme hier, hommes et bêtes. »

A peine suis-je rentré dans la tente qu'il arrive, et, très triste, dit :

« Imatch vient de mourir. »

Hier encore, à l'arrivée au camp, je lui ai demandé s'il allait mieux. « Mieux », avait-il répondu. Il avait bu du thé avec plaisir. Il est vrai que son souffle était haletant, sa figure enflée. C'était pitié de le voir étendre vers le feu ses doigts rouges et gonflés, qu'il promenait sur la flamme sans les pouvoir réchauffer. Pourtant il s'intéressait encore à ce qu'on faisait dans la tente; je l'avais vu poser des argols dans le foyer par habitude de vieux Kizaï, véritable homme de steppe. Placé à l'entrée de la tente, à l'endroit qu'il préférait, on l'avait soigneusement enroulé dans sa pelisse et ses couvertures, et il s'était étendu pour dormir.

Lorsqu'on lui avait demandé s'il désirait quelque chose, il avait dit: « Merci. » Nul ne croyait que sa mort fût proche. Nous demandons à Rachmed des détails sur la dernière heure de ce brave homme.

« Quand les loups ont hurlé, Imatch a appelé :
« Parpa, *aka* (frère aîné), donne-moi de l'eau;
« Parpa, aka, j'ai soif. » Parpa a répondu : « L'eau
« est gelée, mais je vais allumer du feu, je fondrai
« la glace et tu boiras. — « C'est bien. ». Puis, l'eau prête, Imatch l'a bue sans aide, mais avec peine, et en se réjouissant d'étancher la dernière soif. Ensuite il s'est étendu, et s'est mis à gémir

doucement. Soudain il s'est dressé, il est sorti de la tente sur ses genoux afin de satisfaire un besoin et il est revenu à sa place. Nous préparions le thé, on lui a offert la première tasse prête; il a pu la tenir. Il a essayé de boire, mais il a dû rejeter la gorgée qu'il avait dans la bouche. Il a rendu la tasse, et se couchant il nous a appelés : « Hé! Timour, Iça, Abdoullah, Parpa, Rachmed. » Nous l'avons entouré. S'étant soulevé péniblement sur son coude, il a dit, séparant les paroles par des soupirs : « Je n'arriverai pas. Allah ne veut pas « me porter plus loin. Adieu. Je suis content de « vous tous, vous m'avez bien soigné. Adieu. Je « suis mort. » Il est retombé sur le dos, et d'un seul coup l'âme est sortie de son corps. »

Tel est le récit que nous écoutons à la lueur de notre lanterne, car le jour n'est pas levé.

« Dès qu'il fera clair, dis-je à Rachmed, nous l'enterrerons. Cherche un creux dans les fondrières. Il y en a d'assez grand pour y coucher un homme. »

Imatch nous avait suivis depuis Djarkent, depuis la frontière de Sibérie. Tous nous l'aimions, car s'il était rude en paroles, il était bon, courageux, travailleur. Il soignait fort bien ses chameaux, qu'il avait autrefois possédés en partie. Étant tombé dans les griffes d'un usurier, il avait dû lui vendre ses bêtes avec lesquelles il transportait des marchandises, et de propriétaire qu'il était, il était devenu le serviteur de son créancier. Celui-ci nous avait vendu les chameaux deux fois au moins le prix qu'il les avait achetés, et Imatch avait suivi la fortune de ses bêtes. Les gages que nous lui payions étant très élevés, il comptait faire des économies, pouvoir acheter des chameaux à son retour, et redevenir libre, « redevenir Imatch comme devant »; ainsi qu'il disait lui-même. Mais Allah en a décidé autrement. Le pauvre Kirghiz ne reverra plus sa steppe.

On l'étend au fond d'un trou, enveloppé du feutre qui lui servait de lit. On lui tourne la face vers le sud-est; il nous regardera partir et verra la ville sainte par-dessus les océans qui embrassent le Nouveau-Monde. Les uns apportent des pierres dans le pan de leur pelisse, les autres de la terre dans des sacs, afin de recouvrir le mort. Puis les prières sont récitées avec des sanglots.

On fait les préparatifs de départ pour le Namtso, qui serait de l'autre côté d'un chaînon s'allongeant en travers de notre chemin, au dire de notre prisonnier.

Nous lui rendons la liberté, et nous lui remettons des cadeaux ainsi que les armes prises la veille. A peine sommes-nous partis que les fuyards d'hier apparaissent. Ils nous guettaient du haut de la montagne, nous les voyons trotter vers leur chef.

La certitude que le Tengri Nor, que le Namtso, comme disent les Tibétains, est là, nous donne un regain de vigueur. Nous regrettons que nos chevaux soient incapables de nous suivre; nous les tirons par la bride ; ils se traînent derrière nous, car ils ne peuvent plus nous servir qu'à porter notre selle, nos sacoches et notre manteau.

A mesure qu'on avance vers le sud, le lac semble s'élargir et grandir aussi dans la direction du sud-ouest, et, comme la brume nous empêche de voir sa fin, il prend l'immensité d'une mer sans rivage. Mais la brume évanouie, on voit bien que ce n'est qu'une petite mer, qu'un grand lac emprisonné dans les montagnes.

Le soleil du soir frappant la glace en fait jaillir des pierreries superbes, des diamants énormes, des parures pour géants, et, entre toutes ces merveilles d'une joaillerie féerique, éclate, isolé, un brillant ayant les dimensions d'une colline. Nous nous souvenons alors que nous avons devant nous le « Lac du Ciel », et cette fantasmagorie ne nous surprend plus, un tel lac pouvant offrir tous les spectacles. Le soleil descend, il se pose sur le sommet des collines, et le diamant extraordinaire ne jette plus de feux : il devient un bloc de glace, et l'écrin magique étalé devant nous semble une eau limpide qu'aucun vent ne ride. Puis tout est rose. Le soleil plonge derrière la chaîne ; il verse un ruissellement d'or en fusion à l'extrémité du lac, et le paysage se silhouette en offrant ce contraste : à notre droite, c'est-à-dire au nord, d'où nous venons, ce sont des lignes douces, et au sud, du côté de Lhaça, ce ne sont que lignes brisées, que crêtes menaçantes, toute une traînée de pics semés à dessein dans le but d'élever une insurmontable barrière.

Le temps de me demander si l'on a mis le Ningling Tanla à cette place pour nous empêcher de passer, et la nuit tombe. Les loups poussent des hurlements lamentables.

CHAPITRE IX

LES GENS DE LHAÇA

Après avoir dépassé le Namtso, nous sommes restés dans la passe de Dam jusqu'au 7 mars, puis nous avons eu un premier faux départ.

Nous avons profité de ce premier arrêt pour observer des Tibétains de conditions diverses et des lamas venus à cette place pour nous surveiller. Nous avions besoin de leur aide pour continuer notre voyage et nous ne nous sommes entendus qu'après des pourparlers qui semblaient interminables, car on est assez mal pour bavarder à plus de cinq mille mètres d'altitude, en hiver.

Le 20 février est le premier jour de leur année, qu'ils font suivre de cinq autres jours de réjouissances. Dès le matin, l'interprète vient nous inviter à nous rendre chez l'amban afin de célébrer la fête.

Ce brave Mogol a coiffé une sorte de capuchon rouge pour la circonstance et il s'est livré à des libations nombreuses, on le voit bien. Il a les yeux plus brillants que de coutume, il répand du reste une odeur d'*arki* qui nous dispense de chercher la raison de sa bonne humeur et de la béatitude de son sourire.

« Venez, dit-il, venez vite. C'est le premier jour de la nouvelle année. L'amban vous attend avec impatience. Il vous a préparé un repas. Venez. »

Nous descendons vers le camp tibétain, situé en aval du nôtre, de l'autre côté de la glace. De nombreuses tentes noires entourent la tente de l'amban et des principaux. C'est un va-et-vient de serviteurs qu'aident les sauvages habitants des hauts plateaux. Malgré la rigueur de la température, ceux-ci ont le bras droit hors de la pelisse, et la moitié de leur corps apparaît complètement nu. Ce sont eux qui recueillent l'argol, vont quérir la glace, dépècent les bêtes, soignent les chevaux de selle, les mules, les yaks de bat et enfin soufflent constamment le feu au moyen d'une outre fendue où ils emprisonnent habilement l'air qu'ils expulsent par un tube de fer plongé dans le tas d'argol.

Des guirlandes de prières relient les unes aux autres les sommets des tentes, on dirait le pavoisement d'une flottille. Dans le camp il y a un grouillement d'êtres et tout autour, sur les flancs de la montagne, un fourmillement de yaks : ils ont servi à transporter les provisions pour les cent ou deux cents individus qui nous honorent de leur présence. En face de la tente de l'amban en est une autre ouverte, servant de cuisine. Nous voyons auprès, un homme faisant les gestes de battre le beurre dans une jarre : c'est, paraît-il, afin de mélanger le beurre au thé : les Tibétains boivent ce mélange avec plaisir.

L'amban, leur chef laïque, nous attend devant sa tente, il envoie quelques serviteurs assurer notre marche sur la glace en nous tenant par le bras, car nous sommes des hôtes précieux. Nous grimpons la berge au bas de laquelle on doit marcher avec précaution, et l'amban s'avance au-devant de nous. Une fois de plus, nous constatons qu'il n'est pas grand. Il nous accueille avec un sourire traversant sa lune ronde et glabre; son front découvert de vieille fille qui perd les cheveux vers la quarantaine nous semble marquer beaucoup d'intelligence. Il nous fait entrer les premiers dans sa tente de toile à quatre faces, formée par des portants sur lesquels se pose un toit pointu également à quatre faces. Comme l'amban est un laïque, il n'emploie que des laïques pas tondus, et un serviteur à cheveux longs, à tresse pendante, soulève la portière.

L'amban nous invite à nous installer sur une sorte d'estrade, à droite de la porte. Une autre estrade un peu plus haute, adossée au fond de la tente, lui est réservée. Il s'y assied, jambes croisées, sur une peau de tigre, s'adossant à des coussins, doublés les uns de soie de Chine, les autres de calicot des Indes, si je ne me trompe.

Puis, sans plus tarder, nous lui demandons à quelle date viendra la réponse de ses supérieurs, permettant l'organisation de notre départ.

« Vite, dit-il.

— Vous seriez bien aimable de nous dire ce que vous entendez par le mot « vite », car dans certains pays cela veut dire : « Au bout d'une heure vous « aurez ce que vous demandez »; dans d'autres : « Après un jour ou une année ». Et chez vous quel sens a ce mot? »

Le traducteur mogol nous paraît plus que jamais sous l'influence de l'arki et il commence par rire de bon cœur, puis il traduit ces paroles, et l'amban rit à son tour.

« Il est vrai, dit-il, que l'on doit s'entendre sur le sens des mots. Je puis vous dire que « vite » signifie dans six jours environ, car nos chefs auront sans doute besoin de consulter le mandarin chinois. Or il est absent de Lhaça et il habite à l'ouest, à deux journées de la ville. Croyez que je regrette ces retards, mais ils sont inévitables. »

Sur ces entrefaites, entre le chef des lamas ici présents, et il s'assied à gauche de l'amban. Devant eux, une petite table supporte leurs tasses que surmonte un couvercle en argent. Des jeunes gens versent fréquemment du thé au beurre contenu dans des théières en terre cuite.

Tous se disputent l'honneur de nous servir afin

de nous examiner. L'un d'eux a sans doute pris la théière des mains d'un camarade qui veut l'empêcher de pénétrer dans la tente et le retient par le pan de sa robe. Pour se dégager, il lance derrière lui de vigoureux coups de pied tandis qu'il soulève la portière avec le plus aimable des sourires.

A gauche de l'amban, un autel a été installé sur des coffres : l'image de Bouddha enfermée dans un cadre doré sourit; devant sont alignées sept petites coupes en cuivre contenant du safran et de l'huile; un luminaire flambe doucement; des aromates brûlent dans une cassolette; des bâtons d'odeur se carbonisent lentement, plantés dans les cols de petites théières. On a déposé sur les deux degrés de l'autel des figurines en beurre; je puis distinguer une tête de mouton à cornes ayant sur le front des protubérances en sucre blanc, des colonnettes en même matière, et, dans des soucoupes, des confiseries offertes en holocauste à la divinité.

Après avoir bu un nombre considérable de tasses de thé, nous manifestons le désir de nous retirer. L'amban, appuyé par son chef des lamas, nous réitère ce qu'il a dit vingt fois déjà.

« Tâchons d'arranger les affaires, d'être toujours d'accord, d'être toujours comme cela », et ce disant, il joint les index par la face interne, et, insistant pour que nous soyons amis, il se sert de cette comparaison :

« Deux tasses d'une belle porcelaine posées sur une table font un bel effet. On les entrechoque, elles se cassent, et il n'y a que débris. Ne nous entrechoquons pas, ne nous entrechoquons pas », répète-t-il en se levant pour nous reconduire.

A la sortie, tout le monde nous salue en souriant et l'on voit bien que la consigne est de ne pas nous choquer.

Sous prétexte de nous promener, nous nous dirigeons vers une tente noire qu'on a dressée depuis peu sur le chemin de la passe en amont de notre camp. Nous voyons accroupis autour d'un feu d'argol huit hommes à longue chevelure qu'un lama tondu commande. Ils se tiennent au fond d'un trou, ils bavardent tranquillement, fumant une petite pipe à fourneau de terre et à tube en os qu'ils se passent à tour de rôle. Ce sont de pauvres diables chargés de ramasser l'argol et qui ne célèbrent pas du tout la fête de la nouvelle année. Ce que nous prenions pour une tente, de loin, n'est qu'une moitié de tente, un abri de bure noire ouvert du côté où le vent ne souffle pas. Les Tibétains y dorment sur un peu de menue paille mêlée à des argols; dans un coin sont entassés leurs arcs et leurs lances, et au milieu trois pierres forment le foyer pour les jours où le vent souffle fort. Leur costume rudimentaire est taillé dans des peaux de mouton effiloquées dans le bas, trouées et d'une saleté extraordinaire. Leurs figures, noires de graisse et de fumée, contribuent à réaliser le type le plus pur du sauvage qu'on puisse imaginer.

En considérant ces crânes étroits, on se demande quelles cervelles ils peuvent bien abriter, et nous ne nous étonnons pas que les lamas exercent un ascendant extraordinaire sur des êtres aussi peu intelligents, aussi peu susceptibles de volonté, dont les sensations doivent être à peu près celles de leurs yaks et de leurs chiens. Espérons que tous les Tibétains ne ressemblent pas à cette bande de bêtes à face humaine.

Le 21 février, par un vent d'ouest, les fêtes continuent : on sonne les trompes en haut des rochers, on chante dans le camp, et les guirlandes de prières sont agitées par le vent.

Le 1er mars, dès le matin, le ciel est couvert, puis un ouragan se déchaîne et la vallée disparaît sous la poussière. Le vent souffle toute la nuit, quelques tentes des Tibétains sont emportées par la bourrasque et nous nous trouvons très bien dans la nôtre, qui est quadruple : en effet, l'amban nous a fait cadeau d'une tente double, que nous avons jetée sur la nôtre, et cela nous permet d'avoir un réduit à l'arrière pour divers objets, et un vestibule à l'entrée. De grosses pierres consolident notre habitation, et notre toile défie le vent. Le minimum de la nuit est de —23°,5, aussi, au réveil, notre troupe se plaint du mal de tête. Les ouragans amènent toujours une recrudescence du mal de montagne, même pendant les repos.

Ce 2 mars, vers midi, un nuage de neige passe sur nous; le ciel reste couvert avec un vent de nord-ouest qui n'est que le vent d'ouest du Namtso s'engouffrant dans le col.

Dans l'après-midi, l'interprète à la dent longue nous apporte un peu de lait, que nous réclamons depuis longtemps pour nos malades, et en même temps il nous fait part de la prochaine arrivée de grands chefs. Nous nous en étions doutés dès le matin, car de nombreux yaks chargés étaient arrivés dans la nuit et nous avions vu dresser une grande tente avec beaucoup de difficultés, et même nous avions ri lorsqu'un coup de vent avait enlevé la toile. Le remue-ménage, le va-et-vient des hommes, les petits chefs surveillant les travaux, nous avaient mis en éveil, et l'indiscrétion de l'interprète ne servait qu'à préciser nos prévisions.

Aussi, cet homme parti, nous nous postons à une bonne place avec nos lorgnettes et nous surveillons la descente de la passe.

D'abord arrivent des chevaux chargés, bien harnachés, ayant au cou des sonnettes sonores ou des houppes de couleur rouge, couleur du pouvoir. Puis, voici des cavaliers bien vêtus; ils errent à travers les fondrières et paraissent ignorer le sentier tracé au bas des contreforts et qu'on atteint avec un détour. Des sauvages à longue tresse les appellent; d'autres s'empressent à leur rencontre, prennent les brides et soutiennent leurs montures sur la glace. Ils arrivent au camp et toutes les tentes se vident, on se presse autour d'eux. Ce n'est que l'avant-garde, car l'agitation reprend dans le camp tibétain et des serviteurs se dirigent vers la passe.

Bientôt apparaissent les grands chefs, montés sur des chevaux au pas rapide et sûr, entraînant les hommes qui les tiennent par la bride sous prétexte de les soutenir, et peut-être par politesse. Nous distinguons trois grands personnages. Couverts de fourrures doublées de soie jaune, ils paraissent ventrus, rebondis, énormes, et l'on s'étonne qu'ils n'écrasent pas de cette masse leurs agiles petits chevaux. Sur la tête, ils ont les chapeaux à plume des mandarins chinois, mais posés sur une cagoule qui leur garantit la nuque et la face, dont on ne voit rien ; leurs yeux sont en outre abrités par des lunettes protubérantes que surplombe une visière par surcroît de précaution. Une escorte assez nombreuse, aux costumes bigarrés, trottine derrière eux avec un grand bruit de grelots. Ce spectacle offre une certaine pompe, mais il nous semble ridicule et nous pensons à un défilé de mi-carême.

Dans le camp tous les chefs civils et religieux attendent placés sur une ligne les mandarins ; là ils s'inclinent profondément en restant à leur place. Seul l'amban s'approche, complimente deux des arrivants, avec lesquels il échange une poignée de main ; ceux-ci, sans descendre de cheval, gagnent les tentes qui leur sont destinées. La foule se disperse et chacun court où sa besogne l'appelle.

Lorsque nous réfléchissons que tout ce rassemblement de peuple a lieu parce que nous sommes ici, nous trouvons qu'on nous fait beaucoup d'honneur.

Puis, les interprètes viennent nous demander si nous voulons accorder une audience aux grands personnages qui sont arrivés. Nous disons que nous serons trop heureux de les recevoir immédiatement. Notre réponse transmise, toute une troupe se dirige vers nous, ayant en tête deux individus somptueusement vêtus à la chinoise. Ils avancent bras dessus bras dessous, et l'un d'eux, petit, court, rond, voûté, s'appuie sur son compagnon. Ces deux vénérables marchent lentement, reprennent haleine tous les quinze pas. Nous restons impoliment sous notre tente et nous n'en sortons que quand la troupe est sur notre territoire.

Nous échangeons des saluts avec ceux qu'on nous présente comme le *talama* et le *ta-amban*. Des porteurs déposent à nos pieds, ou plutôt sur notre provision d'argols, cinq sacs : un sac de riz, un de zamba, un de farine, un de pois chiches, un de beurre. Là-dessus nous invitons les deux ambassadeurs à s'abriter sous notre tente, où des feutres les attendent. La simplicité de notre ameublement les effarouche sans doute un peu, car ils ont l'air d'hésiter, ils font des difficultés avant d'entrer. Ils demandent la permission de s'asseoir sur leurs petits tapis, et leurs serviteurs étendent pour l'un une peau de guépard, pour l'autre un petit matelas doublé de soie. Ils excusent ces précautions en disant :

« Nous sommes vieux et fatigués. »

Les trois premiers négociateurs s'assoient auprès d'eux, en face de nous, et la conversation commence. D'abord ce sont des politesses :

« Comment vous portez-vous ? dit le ta-lama.

— Fort mal, car nous sommes dans une mauvaise place. »

Cette réponse ne laisse pas de les désorienter un peu, ils s'attendaient à plus d'amabilité de notre part, et notre connaissance le petit amban baisse la tête. Il nous avait dépeints comme des gens convenables, et, pas du tout, nous répondons avec rudesse.

Nous leur demandons à notre tour s'ils ont fait un bon voyage.

« Oui, quoique la route soit mauvaise. Nous avons dû venir à petites étapes, à cause de notre âge. Les fêtes nous ont aussi retardés, sans quoi vous nous auriez vus plus tôt. Ces fêtes sont commandées par la religion, et nous devons les célébrer. »

Ensuite viennent des questions sur nos personnes, sur le but de notre voyage, et nous répondons ce que nous avons déjà dit vingt fois au petit amban. Et il nous font les mêmes propositions que ce dernier nous a déjà faites :

« Vous allez retourner sur vos pas !

— Non. Cela est impossible.

— Retournez, nous vous procurerons tout ce qu'il vous faudra. C'est ce que vous avez de mieux à faire. Nous nous quitterons bons amis. Réfléchissez à ma proposition, et je vous le conseille, acceptez-la; j'espère que nous nous arrangerons à l'amiable, car nous sommes venus sans soldats, et nous aurions pu en amener de Lhaça. Cela vous prouve nos bonnes intentions.

— Il est inutile de nous proposer le retour et de nous conseiller de réfléchir. Nous ne parlons pas à la légère. Nous sommes venus de l'Occident, poussés par un destin, par une force qui nous a transportés à travers les déserts en suivant un chemin que vous-mêmes ignorez. Notre volonté est d'aller à Batang et de rejoindre nos compatriotes au Tonkin, où ils habitent sur les terres prises à l'empereur de Chine. Vous ne pouvez rien contre notre volonté, nous ne ferons pas un seul pas vers le nord, soyez-en persuadés. Vous ne nous effrayez pas, nous venons de l'extrémité de la terre sans avoir pu être arrêtés, nous poursuivrons notre marche et vous nous y aiderez. Vous réfléchirez vous-mêmes et vous verrez que Bouddha lui-même en a décidé ainsi. Nous préférons mourir plutôt que de retourner. C'est notre dernier mot. »

Le soleil se couchant, ils se lèvent et s'éloignent, visiblement mécontents d'avoir entendu de semblables paroles en présence de leur escorte.

Ils nous disent adieu, et, avant de s'éloigner, voulant avoir le dernier mot, le ta-lama nous répète :

« Réfléchissez. Réfléchissez. »

A quoi je réponds en français, irrespectueusement :

« Oui, mon vieux.

— Que dit-il ?

— Il vous souhaite bonne nuit dans sa langue », répond Abdoullah.

Les deux grands chefs s'éloignent et nous restons aux prises avec le petit amban et les deux autres négociateurs des premiers jours.

Le petit amban — qui nous a pris en affection, nous commençons à le croire — nous fait des reproches :

« Pourquoi avez-vous parlé sur ce ton à mes chefs ? Songez donc que ce sont les deux premiers de Lhaça, ils peuvent autant que les *kaloun* (ministres). Soyez plus aimables demain. Dites-moi ce que vous désirez. Je leur parlerai dans ce sens. Mais ne changez pas d'idées, car si vous me contredites ensuite, ils m'accuseront de m'être vendu à vous et d'avoir pris en main vos intérêts et même cherché à obtenir pour vous plus que vous ne vouliez.

— Notre désir est d'aller à Batang, ainsi que nous vous l'avons cent fois répété. Vous nous fournirez les moyens de transport, des vivres, et nous vous les payerons. C'est ce que nous voulons aujourd'hui et ce que nous voudrons jusqu'à ce que nous l'obtenions.

— Je le dirai à mes chefs, mais sans pouvoir insister, car ils se défieraient de nous, ils nous accuseraient et nous serions punis terriblement. »

Il s'éloigne sur ces mots. Nous allons nous asseoir près de notre feu d'argol et nous échangeons nos impressions sur les deux ambassadeurs.

On reste longtemps à bavarder au clair de la lune. On entend Abdoullah réciter des prières en compagnie du Doungane, sous la tente duquel il est allé se réfugier. C'est le signe qu'ils ne voient pas l'avenir en beau, car ils s'adressent toujours au ciel dans les mauvais moments. Les temps sont-ils meilleurs? ni Abdoullah ni le Doungane ne récitent une *fatiha*.

. . . .

Les pourparlers avec les deux grands chefs continuent le 3 mars et les jours suivants, et après des phases diverses, des fâcheries et des raccommodements, nous arrivons à les convaincre que nous ne sommes ni Anglais, ni Russes, mais Français. Et nous obtenons un déplacement pour le 7 mars.

« Enfin, nous allons lever le camp, disons-nous, et changer de place. »

Le matin du 7 mars, le soleil luit, il a neigé les jours précédents et la montagne est resplendissante, éblouissante. C'est un superbe temps de départ, mais un faux départ, car nous nous déplaçons pour nous installer dans une meilleure place, où nous attendrons encore.

Le camp est très animé. Il ne faut pas moins de trois ou quatre cents yaks ou chevaux pour transporter les bagages, les tentes et les vivres. De tous côtés on voit les hommes noirs courir derrière leurs bêtes, les rassembler, les pousser devant eux avec des sifflements aigus et en faisant tournoyer leurs frondes. Pour n'être point gênés dans leurs mouvements, ils ont tiré leurs bras hors des manches de leurs pelisses, qui leur tombent sur les reins et laissent leurs torses à nu. Leurs longues tresses les embarrassent lorsqu'ils se baissent et ils en ceignent leur front. Ils paraissent avoir des bandelettes comme de chastes matrones romaines, ou bien des diadèmes, et l'on dirait ces barbares que, dans les jeux publics, on déguisait en rois pour l'amusement de la populace.

Ces Tibétains aussi sauvages que leurs bêtes ont grand'peine à les saisir. Nos chameaux les épouvantent. Et ce n'est pas du premier coup que les yaks se laissent prendre par la corne d'où l'on détache le cordon attaché à la cheville qui perce leur mufle. Leurs maîtres les approchent avec précaution et ne les saisissent que par surprise. C'est bien pis pour les charger : il faut un temps infini avant de pouvoir ficeler sur leur dos nos coffres, dont ils ne veulent à aucun prix. Mais la patience de ces hommes est sans borne, et ils finissent toujours par avoir raison de l'animal récalcitrant; dès qu'ils le tiennent, ils l'entravent, le chargent malgré les ruades et les coups de cornes, mais ne le châtient pas.

Des lamas, le bâton à la main, leur donnent des

ordres, les réprimandent. Ces sauvages exécutent gaiement leur besogne : ils sont très obéissants, très respectueux à l'égard de leurs lamas : ils leur parlent et ils les écoutent dans la plus humble posture, courbés en deux, la langue pendante.

Tous nos chevaux étant morts, on a sellé pour nous, de petits chevaux tibétains pleins de feu. Ils sont mangeurs de viande crue, ainsi que nous nous en sommes assurés de nos propres yeux. Ces carnivores ont des jambes merveilleuses, une adresse acrobatique, ils se tiennent en équilibre sur la glace, sur les mottes des tourbières limoneuses, et, s'enlevant, bondissant sur le sentier, ils nous emportent avec un trottinement rapide auquel nous ne sommes plus habitués. On dirait que les petits diables nous trouvent légers comme des plumes ; au fait, notre embonpoint est nul, notre maigreur est ascétique.

En trois heures et demie nous chevauchons 22 verstes par monts et par vaux, mais surtout en descendant. Nous allons camper près d'une rivière gelée qui verse ses eaux au Namtso.

Le petit amban nous reçoit sous sa tente, où il nous a préparé un repas délicieux. C'est d'abord une langue de yak fumée, à laquelle succède une autre langue de yak, que nous faisons disparaître, y compris les environs de l'œsophage ; puis des légumes, des carottes salées de conserve, et du poivre rouge et vert ; enfin des galettes de pain sans levain, et du thé au beurre à discrétion. Cet excellent amban admire notre appétit et nous excite à le satisfaire. Avouons que nous n'avons pas besoin d'encouragement.

L'amban nous a reconduits près de notre camp, posé sur la rive droite du cours d'eau. Il voulait nous retenir sous sa tente jusqu'à ce que la nôtre fût dressée, mais nous avons manifesté le désir de marcher, parce que nous avons froid aux pieds, et il nous a accompagnés disant :

« La coutume ne veut pas qu'on laisse seul un hôte sans abri. On doit lui tenir compagnie. »

Nous profitons de cette coutume pour lui poser diverses questions. D'abord c'est le nom de la belle chaîne que dominent les pics Huc et Gabet. Ils ont ce soir chacun un turban de nuages, cela me rappelle la Perse et le turban bien connu du Demavend. Cette chaîne s'appellerait Samda Kansain, et la rivière au bord de laquelle nous nous trouvons, Samda Tchou, empruntant son nom à la montagne qui la nourrit.

Ensuite nous lui parlons du *serou*, de la licorne dont le père Huc a entendu certifier l'existence. Après des explications, nous apprenons que cet animal vit au pays du Gourkas (dans l'Inde) et qu'il a une corne non pas sur le sommet de la tête, mais sur le nez, et que c'est du rhinocéros qu'il s'agit.

8 *mars*. — Le vent souffle d'ouest, il neige par instants. Le soleil paraît, disparaît. Puis, la violence du vent plus grande, le ciel se couvre et le froid est insupportable après la tiédeur de l'après-midi.

L'amban vient nous entretenir. Il nous engage à prendre patience. Car il faut qu'on nous prépare à Lhaça les objets que nous avons demandés. Avant de quitter Dam, on a dressé, sous notre dictée, une longue liste de nos désirs.

Nous avons demandé des costumes de tous genres, des chaussures, des coiffures, les objets de culte, les cymbales grandes et petites, des peaux, des prières même. On nous a promis de réunir des chevaux pour nous, et de les expédier vite ici. Mais l'amban craint notre impatience. Il se rend compte de l'envie que nos gens ont de partir. Personne d'entre nous ne se soucie de rester ici, à commencer par moi. Cependant il y a des degrés dans l'impatience, et jusqu'à nouvel ordre nous avons le devoir d'attendre, car les Tibétains ne nous témoignent aucune malveillance.

L'amban proteste de la pureté de ses intentions. « Vous êtes des frères pour nous. Nous voulons vous être agréables. Si nous vous retenons, c'est parce que mes deux supérieurs doivent écrire à Lhaça. Ils sont convaincus que vous êtes des gens de bien. Mais, que voulez-vous, nous n'avons pas vos habitudes, nous ne savons pas expédier vite les affaires. Un conseil décide des affaires importantes, et vous savez que les membres d'un conseil nombreux ne tombent pas immédiatement d'accord. Si j'étais seul, vous auriez de suite ce qu'il vous faut, mais rien qu'ici nous sommes trois grands chefs et vingt petits environ. Les uns se défient des autres et il faut beaucoup de prudence pour ne pas être accusé. »

Cette crainte d'être accusé que l'amban a manifestée déjà semblerait prouver que Lhaça est un foyer d'intrigues, que le pouvoir y est partagé, qu'il est très recherché, et que ceux qui le possèdent se montrent jaloux de le conserver.

L'amban demande des renseignements sur la façon dont on vit en France ; quelle situation est faite aux femmes ; sont-elles jolies ? Puis il parle des inventions étonnantes que les Anglais ont appliquées dans les Indes et qu'il n'a pas vues.

« Avez-vous aussi des machines ? Avez-vous aussi de grands bateaux avançant sur l'eau sans voiles ? Et des livres ? »

Et apprenant que nous possédons beaucoup de livres traitant de toutes les questions auxquelles l'homme s'intéresse, il s'étonne que nous voyagions.

« Car, dit-il, à quoi bon parcourir les pays lointains lorsqu'on peut occuper sa vie à lire sans quitter son foyer. Ainsi je n'ai moi-même aucun désir de sortir du Tibet : les livres de notre religion suffisent à ma curiosité. »

L'amban n'a évidemment pas d'idées modernes, son esprit n'a pas besoin de l'activité fébrile où nous nous complaisons, il est heureux de vivre sans efforts dans son pays, il ne se soucie pas des « grands problèmes » de l'humanité, le progrès n'existe pas pour lui ; il fait de la politique autant que l'exige l'instinct de conservation, il lit et relit un livre, marmotte des formules incompréhensibles et il est heureux. Ses actions n'ont qu'un but : conserver le fromage où sa naissance l'a placé, et peut-être, si cela est possible sans trop de risque, évincer son supérieur du fromage de Hollande plus gros que le sien, et s'y fourrer avec la satisfaction du devoir accompli. C'est surtout en ceci que l'amban ressemble aux gens d'Europe. Du reste, c'est un homme très aimable. Il a peut-être raison de ne pas s'intéresser au reste du monde.

CHAPITRE X

LES GENS DE LHAÇA
(SUITE.)

Le 14 mars, on nous invite à déjeuner chez le ta-lama, en compagnie du ta-amban et de l'amban. Un repas de gala a été préparé à notre intention ; il dure quatre heures, pendant lesquelles nous pêchons avec nos bâtonnets dans une trentaine de plats rarissimes et qui doivent coûter excessivement cher. En effet, il n'est pas facile de se procurer au Tibet des jeunes pousses de palmier, des dattes de l'Indoustan, des pêches de Lada (Leh), des jujubes de Ba (tang), des petites baies de Landjou, des algues de mer, des mollusques des bords de l'océan, etc.

Malgré cette profusion, le ta-lama regrette de ne pouvoir faire mieux les choses, attendu qu'il est loin de la ville et que les transports sont difficiles. Il espère que nous l'excuserons, car c'est un repas d'amis. Toutefois, parmi ces divers produits de l'art culinaire asiatique, quelques-uns sont mangeables et nous leur marquons toute notre considération. Mais le lait chaud, qu'on nous sert en quantité suffisante, est ce que nous préférons à tout, nous nous plaisons à y plonger des dattes de l'Indoustan pour les dégeler.

L'abondance et l'excellence du repas n'amollissent pas nos cœurs, et nous ne nous laissons pas fléchir lorsque, les petites tables enlevées et les négociations reprises, on nous demande d'attendre encore à Samda Tchou. Notre indignation éclate et nous nous levons sans vouloir écouter d'aimables périphrases. Ces braves gens sont stupéfaits de cette sortie, mais ils se convainquent que notre patience est à bout quand ils voient rosser notre interprète pour avoir fait des signes d'intelligence derrière notre dos.

Les conséquences de ce repas interrompu sont que nous obtenons de partir et que le 16 mars on discute au sujet de la route que nous prendrons. On nous conduira vers le chemin de Batang, mais sans faire de grandes étapes, afin que les courriers attendus de Lhaça puissent nous rejoindre plus tôt.

Le 16 mars, jour de neige après un minimum de — 25 degrés, on commence les préparatifs de départ.

L'endroit où nous irons attendre les courriers s'appelle Diti. L'amban nous donne Diti pour une sorte de paradis, si on le compare à notre campement actuel, que le vent d'ouest incessant rend inhabitable. Il paraît que nous trouverons « là-bas » de l'herbe, des broussailles, un peu de genévrier, du soleil et même une douce chaleur, car nous serons plus bas qu'ici (nous sommes à 4.900 mètres).

Nous prions l'amban de vouloir bien nous indiquer où est Diti; il nous répond ne le pas savoir exactement. Il fait demander deux petits chefs de barbares et les questionne en notre présence.

Ces deux êtres se tiennent cassés en deux devant leur supérieur et, par déférence, laissent pendre la langue hors de la bouche, comme ferait un chien courant après avoir poursuivi un lièvre en été.

« Connaissez-vous Diti?
— Oui; nous y menons nos troupeaux.
— Est-ce une bonne place?
— Oui.
— De quel côté est-ce?
— Par là (ils montrent le nord-est).
— Est-ce loin?
— Non. »

L'amban, ayant été invité à leur demander de préciser la distance, dit :

« Combien de *lavères* y a-t-il? »

Lavère en tibétain signifie *li*, mesure chinoise de 400 mètres environ.

« Lavère, lavère, lavère, murmurent les deux

sauvages en se regardant et en se grattant l'oreille, nous ne connaissons pas ce pays. »

Dans leur ignorance ils avaient pris une mesure de chemin pour le nom d'un camp quelconque. Ceci est compréhensible de la part de sauvages, qui n'ont aucun besoin de précision.

Les lamas s'occupent de réquisitionner auprès des Djachas les yaks et les chevaux nécessaires à toute la caravane. Il en faut beaucoup, et les Djachas ou Djachoug, Tatchoug, Tjachoug, suivant la prononciation des individus, refusent de fournir ce qu'on leur demande et ils s'irritent, crient, menacent. Alors le ta-lama mande les principaux d'entre les Djachas. Dès qu'ils ont reçu cet ordre, ils arrivent, mais calmes, penauds.

Le ta-lama fait ouvrir la portière de la tente, et du haut de l'estrade, où il se tient les jambes croisées, les mains dans ses manches, il leur parle tranquillement. A peine a-t-il ouvert la bouche que les sauvages s'inclinent, et, dans la posture d'enfants attendant la fessée, ils baissent la tête, osent à peine lever les yeux.

« Lalesse (entendu), disent-ils humblement, lalesse, lalesse! »

Et lorsque le ta-lama, pour conclure, leur dit, toujours de sa voix tranquille :

« Est-ce que par hasard vous voudriez mécontenter le *djongoro boutchi* (le bouddha vivant), le Tale Lama (le Grand Lama)?

— Non, disent-ils en gémissant et en tombant à genoux.

— Eh bien, obéissez.

— Lalesse! lalesse! (Entendu! entend!) »

Un serviteur leur ordonne de se retirer, ils vont à reculons dans l'attitude respectueuse du pays. La portière tombe. Les chefs djachoug se redressent, et de bonne humeur ils se dirigent vers leurs tentes.

Le 18 mars nous nous mettons en marche par un beau temps. La réverbération du soleil par la neige nous brûle littéralement la face et les yeux. Nous nous dirigeons vers le nord-est.

Le soir, nous campons dans un vallon, à Taché Roua, ce qui signifie « aoul de Taché ». Vous savez que dans la steppe on appelle *aoul* un assemblage de tentes. Nous n'en avons vu que trois ou quatre pendant l'étape, à l'entrée des gorges, près de la glace.

Le 19 mars nous allons camper à Soubrou. Nous faisons de nombreux détours par un fort mauvais temps, il neige et le vent souffle de l'ouest avec une violence extrême. Soubrou est un aoul d'une vingtaine de tentes, posées dans une vallée herbeuse à laquelle on accède par une passe assez raide.

Le 21 nous arrivons par un plateau à Diti, où nous descendons dans un cirque formé par des collines aux molles ondulations. Du côté de Lhaça les hauteurs sont blanches; nous voyons peu de neige à l'est et au nord. A Diti passe la grande route de Naptchou à Lhaça' — la route du Tsaïdam et du Koukou Nor, — s'élevant vers le sud.

Nous attendons trois jours à Diti, où les nomades vivent en assez grand nombre. Ils possèdent des troupeaux considérables : yaks, moutons pullulent et errent de tous côtés.

Ils paraissent s'occuper aussi de l'élève des chevaux. Nous en voyons une quarantaine venir s'abreuver à la source près de notre tente, ils sont d'une plus grande taille que tous ceux que nous avons rencontrés jusqu'à présent, leurs jambes sont parfaites.

Personne ne les garde ; ils boivent lentement à diverses reprises, béent un instant, immobiles, puis ils gagnent d'eux-mêmes la montagne, sans hâte et sans qu'un pâtre les pousse.

Un peu plus loin que notre petite fontaine en est une autre, où les gens de l'aoul viennent puiser de l'eau. Ils l'emportent de la manière suivante : sur les reins ils ont un coussin attaché. Dessus ils posent une jarre de bois d'où partent des bretelles lâches passées aux épaules. La question est de tenir cette jarre en équilibre et perpendiculaire, de telle sorte que l'eau n'en jaillisse pas pendant la marche. Aussi les porteurs vont-ils penchés en avant, le tronc faisant presque angle droit avec les jambes. Ainsi font les *aguaderos* du Pérou.

Un couple tibétain vient chercher de l'eau. Les jarres sont remplies par la femme au moyen d'une tassé en bois, tandis que l'homme bavarde avec une connaissance. Puis l'épouse aide son époux lorsqu'il se charge, et lui s'en va, laissant sa femme s'en tirer comme elle pourra. Et elle doit se baisser, s'agenouiller, se relever avec précaution, comme une bête de somme qu'elle est.

. . . .

A mesure que nous avançons, le pays est un peu plus peuplé. Le soir du 27 mars, il me semble que nous nous rapprochons du monde, que le désert va finir.

Le soleil est couché; dans un bas fond, des tentes noires sont dressées. C'est l'heure de la rentrée des troupeaux, les chiens aboient, les voix aiguës des femmes et des enfants glapissent, les moutons bêlent, les yaks grognent, les feux flambent comme de vrais feux, et, autour, des formes passent, repassent, s'agitent et c'est presque le bruit et le mouvement d'un village, d'une société.

Mais le 28 mars nous avons une journée superbe, une journée inoubliable.

La route serpente sur les larges plateaux d'une steppe semée de ravins, de vallons, et dominée au sud-ouest par des crêtes blanches, le reste de l'horizon étant caché.

Nous grimpons à pied la berge du ravin le plus proche. On éprouve le besoin de marcher, de se mouvoir; nous ne sommes plus qu'à 4.800 mètres environ, et la respiration est moins pénible. Nous cheminons sur le plateau, tenant le cheval par la bride.

La brise est tombée. Devant nous de gros nuages blancs s'amassent lentement; au-dessus, le ciel bleu n'a pas une tache, quelques alouettes gauloises chantent, de petits rats courent.

Il fait chaud, réellement chaud. C'est aux joues une sensation qui surprend, une caresse tiède; nous avions perdu la mémoire d'une matinée aussi agréable. Nous avançons gaiement en plaisantant, poussés par nos petits chevaux qui vont le nez dans notre dos. Puis nous les enfourchons, et pour la première fois depuis bien longtemps nous avons chaud aux pieds posés dans l'étrier et « même du côté de l'ombre », quoiqu'il ne dégèle pas encore.

L'amban, suivi de son escorte, nous rejoint et nous salue :

« Bonjour, dit-il, comment vous portez-vous?

— Bien, répondons-nous.

— Bien, bien », répète-t-il en souriant.

Il lève le fouet et son cheval part au trot, car l'amban arrivera le premier, afin de préparer le campement. Il a prononcé correctement ces quelques mots de français que nous lui avons enseignés.

Mais voici que passe un cavalier tibétain au petit galop. Il a le fusil en bandoulière; à la fourche qui assure son tir flotte un petit drapeau rouge. Un sabre aux incrustations luisantes est passé dans sa ceinture, sur ses reins. Il a le bras droit hors de la pelisse, l'épaule nue, il excite son cheval en faisant tournoyer une fronde. C'est un beau type de cavalier sauvage, complété par un bonnet en peau de renard aux longues oreillères flottantes, des cheveux épars et une longue tresse battant ses épaules.

Puis c'est un lama en cagoule, bien emmitouflé, accompagnant des yaks chargés de choses précieuses. Il nous rejoint en récitant des prières à haute voix, et nous salue avec un sourire aimable, mais sans interrompre d'une lettre sa litanie.

Nous dépassons trois piétons : ils chassent leurs yaks avec des sifflements, et en agitant le bras droit sorti de la pelisse. Deux d'entre eux ramassent les argols, chemin faisant.

L'autre a mis son torse à nu et montre une poitrine bombée; il est trapu, large d'épaules. De son bras droit musculeux, serré au poignet par un bracelet de cuivre, il balance une longue javeline à manche en bambou. Il la jette en l'air, la rattrape, la passe d'une main dans l'autre, la fait tourner autour de son buste, il la brandit comme pour piquer et il a de superbes poses de matador. Il marche avec un dandinement souple. Il est jeune, son mufle est en avant, son menton carré est saillant, sa lèvre supérieure est retroussée par un rictus insolent de bête qui se sent forte. Le nez est court, les narines sont larges et dilatées. Les cheveux en broussailles tombent plus bas que le front : comme une crinière, ils couvrent ses petits yeux et, raccourcissant la face, font paraître encore plus large et plus bestiale la tête posée sur un cou solide.

Allons vite chez l'amban, il nous attend sous sa tente, où nous serons à l'abri du vent ouest qui fait de nouveau des siennes, nous y mangerons du thé au beurre, du mouton bouilli, des langues fumées et même du *curry* à la mode indienne, car on nous gâte. Tout le monde est pour nous d'une politesse excessive, et par crainte d'apercevoir de monstrueuses langues polies, nous n'osons plus regarder les gens.

Nous sommes arrivés à Nigan, à 4.600 mètres. C'est là que nous attendrons une dernière fois avant de partir pour Batang, où l'on nous transportera avec l'appui du Tale Lama, car les oracles nous ont été favorables.

Nous profitons de ce dernier séjour pour refaire tous nos paquets, visiter et mettre en état les peaux que nous n'avons pu bien préparer en route. On se débarrasse de tout ce qui n'est pas nécessaire et l'on organise la caravane des serviteurs qui nous quitteront pour retourner au Lob Nor. Le ta-lama se charge de les confier à des pèlerins rentrant en Mongolie par le Tsaïdam. Une fois au Tsaïdam, nos gens continueront la route tout seuls, par le chemin des Kalmouks.

Le 31 mars, après une nuit d'accalmie et un minimum de — 20 degrés, un ouragan se déchaîne, une épouvantable bourrasque démolit et enlève les tentes carrées des Tibétains. Les nôtres résistent, elles sont envahies par la poussière. Le vent d'ouest, car c'est de lui qu'il s'agit, continue à souffler le 1ᵉʳ avril.

Enfin, le 2 avril, l'amban, rayonnant, vient nous annoncer que les cadeaux du Tale Lama sont arrivés, ainsi que tous les objets demandés par nous. Il nous invite à venir dans sa tente, où le ta-lama et le ta-amban nous attendent.

Nous y sommes fort bien reçus par ces grands chefs, nous avons avec eux un long entretien. Les présents sont étalés sous nos yeux. On nous donne des costumes de femmes, d'hommes, de lamas, de grands personnages, toutes les coiffures imaginables, les objets du culte, des peaux, des moulins à prières, des bâtons d'odeur, même des paquets de prières. On nous explique complaisamment l'usage de chaque objet, on nous dit son nom, sa matière, son origine.

Nous sommes frappés, en examinant les costumes, de retrouver des modes d'Europe, chez les femmes la jupe, le tablier, les boucles d'oreilles, une coiffure en forme de diadème, puis pour les hommes toutes les formes de bonnets, la casquette à oreilles, la cagoule et un chapeau de *kaloun* (ministre) qui ressemble étonnamment à un chapeau de cardinal d'où pendent des cordonnets à glands.

Parmi les objets du culte, la sonnette, les chapelets, les luminaires, nous rappellent le culte catholique. Et notre première impression est que ces objets restent d'une époque où les Tibétains avaient sans doute nos croyances; ils les auraient perdues aujourd'hui, mais auraient conservé quelques-unes des formes extérieures du culte, comme cela se produit dans les hérésies. Au reste, nous renvoyons le lecteur pour ces questions à l'admirable récit du père Huc et aux travaux de nos missionnaires au Tibet, Biet, Desgodins, etc., qui ont pu les étudier encore mieux que le père Huc et avec une compétence que nous n'avons pas.

Pendant l'entretien on nous bourre de thé au beurre, de friandises. On nous parfume de l'odeur des bâtonnets, qui brûlent sans interruption. Souvent un serviteur entre avec une cassolette, il jette sur les charbons incandescents une poudre odoriférante : la première fumée qui s'élève est adressée à Bouddha, la seconde nous est offerte, et passe d'abord sous notre nez, et dans notre nez. On nous traite comme des divinités. Mais la certitude qu'on va enfin se diriger sur Batang contribue plus encore que ces adorations à nous mettre de belle humeur : tous les assistants la partagent.

L'amban manifeste hautement la joie que tout soit terminé à l'amiable. Comme il était l'intermédiaire entre ses chefs et nous, il était exposé à nos rebuffades, à nos malédictions et aux reproches de ses chefs lorsqu'il venait leur dire qu'il avait échoué dans la mission diplomatique à lui confiée.

« Maintenant vous ne me direz plus que je ne dis pas la vérité, conclut-il en s'adressant à moi. Vous êtes convaincu, je pense, que je suis un brave homme. »

Nous ne lui ménageons pas les éloges.

Puis on parle de la France, du Tonkin où nous allons, et l'amban exprime le désir de savoir où ces pays sont situés. Nous l'engageons à venir sous notre tente quand il voudra, et nous lui expliquerons la terre sur une carte.

Les chevaux qui nous sont destinés arrivent dans la soirée : il y en a d'excellents, mais ils ne sont pas ferrés et nous essayons vainement d'appliquer un fer sur leurs sabots. La corne en est trop dure, trop sèche, trop friable. Les clous la percent avec peine et ils ne tiennent pas ; ils se tordent sur la corne, et s'ils la pénètrent, ils la cassent.

4 avril. — Nous faisons à notre tour des cadeaux aux Tibétains et nous nous efforçons de les dépasser en générosité. Nous épuisons presque notre pacotille à faire des heureux. Les revolvers, les montres, les miroirs sont très demandés ainsi que les couteaux et les ciseaux. Les pièces d'or, les roubles en argent obtiennent, comme on le pense, un certain succès. De la menue monnaie encore toute neuve, brillante, est acceptée avec plaisir, car on en fera des boutons pour des costumes à la chinoise. Au reste, deux ou trois lamas de rang ont des boutons fabriqués avec des quarts de roupie anglaise.

Sommes-nous parvenus à satisfaire les quarante ou cinquante, chefs et serviteurs avec lesquels nous avons été en relations, c'est ce que nous ne saurions vous dire.

En tout cas, lorsque nous nous séparons, les adieux se font avec toutes les apparences de la cordialité. On ne néglige rien pour assurer notre voyage jusqu'à Batang, on nous fournit des vivres, du riz, de la farine, de l'orge, des fèves, des pois chiches, on nous prévient de ce que nous pourrons acheter pour notre subsistance et de ce que nous devons ménager; le riz et la farine sont rares.

Pour nous guider, pour nous présenter aux chefs des innombrables tribus, un lama nous est adjoint, il parle chinois. Il a vingt-cinq ans environ, c'est un grand gaillard, vigoureux, à l'air bonasse, et qui se révèle plus tard comme un homme à tête très solide, de grand sang-froid et de beaucoup d'à-propos. Il lui est recommandé de nous obéir ponctuellement et de nous servir avec dévouement. Les chefs lui font des présents avant le départ et lui en promettent de plus considérables s'il rapporte un témoignage de notre satisfaction.

Nous allons camper à quelques verstes plus bas et l'amban ne tarde pas à nous rejoindre, pour s'assurer de la parfaite organisation de notre caravane et veiller à ce que ceux de nos serviteurs qui nous quittent puissent retourner dans leur pays.

Toute notre troupe est dans la joie, en y comprenant nos trois chiens : ils bondissent autour de nous, se poursuivent et jouent à s'arracher des galettes d'argol.

Notre mouton lui-même exécute une fantasia, car, je ne sais si je vous ai mentionné le fait, nous avons comme compagnon de voyage un mouton de Kourla avec lequel nos gens se sont familiarisés et que notre faim a toujours respecté. Il est devenu l'ami de tous, on lui permet de dormir sous la tente, il reçoit du pain, il en vole même dans les sacs, qu'il découvre avec beaucoup de flair. Quoique mouton, il est devenu courageux et court sus aux chiens, aux chevaux; lorsque nous achetons de nouveaux moutons, il les bat par jalousie.

5 *avril.* — Le retour de Parpa, de Timour, d'Iça et des trois Dounganes a été assuré hier. Ils ont reçu ce qu'il leur faut, des vivres, des chevaux, de l'argent et quelques cadeaux. Mais nos trois musulmans ont voulu passer la nuit avec leurs camarades et assister à leur départ pour l'est, aujourd'hui. Ils les aident à plier la tente, ils surveillent le chargement, ils échangent quelques menus objets destinés à rappeler à l'un l'amitié de l'autre.

Tandis qu'on charge nos yaks, nous allons chez l'amban manger une dernière fois à sa table. Il offre de l'eau-de-vie de grain à ceux d'entre nous qui lui en avaient demandé, parce qu'ils ne savaient pas encore qu'il n'en faut absolument pas boire en voyage. Et c'est bientôt, à la fin du repas, un petit vacarme qui empêche l'amban et moi de causer. Abdoullah, notre interprète, ne perd pas cette occasion de s'enivrer assez pour être incapable de bien traduire et de bien entendre. On lève enfin la séance. L'amban et les siens nous accompagnent à pied jusqu'à notre camp, où nous trouvons nos trois serviteurs et Rachmed.

Le dernier yak est chargé, une partie des gros bagages est déjà loin, il faut se séparer.

Nous recommandons une dernière fois aux bons soins de l'amban nos trois serviteurs, et nous donnons une poignée de main cordiale à ces braves gens que nous ne reverrons sans doute plus.

Nous leur souhaitons une bonne santé, un bon retour à leur foyer, et les prions de ne pas nous oublier : alors ils fondent en larmes, se jettent à genoux et c'est en sanglotant qu'ils nous embrassent les mains.

Ils serrent sur leurs poitrines Rachmed, Abdoullah, Akoun, et ceux qui vont à la côte pleurent comme ceux qui retournent dans leur pays. Tous ces gens se sont attachés dans des circonstances où les hommes ne peuvent dissimuler leur caractère ni se passer de leur voisin. Ils ont souffert ensemble, ils ont dû s'entr'aider, ils ont appris à s'estimer et ils s'aiment véritablement. Et maintenant qu'ils se séparent, c'est avec un déchirement de cœur.

Les témoignages d'affection qu'ils nous donnent

sont faits pour nous toucher, car ils sont spontanés, ils viennent d'hommes énergiques, d'aventuriers peut-être capables d'un mauvais coup, mais que nous avons rendus meilleurs. Ils sont convaincus que nous les aimons, car nous avons pris soin d'eux-mêmes comme de nous, et jamais nous ne leur avons demandé un effort qui ne fût utile, ni adressé un reproche sans raison. Nous en sommes sûrs, Parpa, Timour, Iça garderont un bon souvenir de nous.

Nous serrons les mains à l'amban et à ses compagnons, que cette scène a émus, il nous promet de prier à notre intention. Et nous partons accompagnés encore pendant quelques mètres par Parpa et ses compagnons qui tiennent nos chevaux par la bride pour nous marquer tout leur respect. Il faut se quitter cependant, et ils portent la main à leur barbe avec l' « Allah est grand » que j'ai entendu si souvent, et nous les laissons là désolés et tout en pleurs.

Nos chevaux grimpent la colline au grand trot, nous sommes sur une grande route marquée par des obos, nous nous en allons à Batang, où finit la troisième grande étape. La première était le Lob Nor; la seconde le Tengri Nor. En avant!

CHAPITRE XI

LE TIBET HABITÉ

Nous faisons notre première étape vers Batang, dans une vallée large de deux à six verstes, avec des aouls dans les gorges et des troupeaux sur les contreforts. L'Ourtchou qui la descend est, paraît-il, un des trois grands affluents du Naptchou, lequel en a beaucoup d'autres petits. Après quatre heures de cheval, nous campons sur un renflement du sol, à un endroit que notre guide nomme Gatine. Notre tente est au bord d'un ruisseau rapide et n'ayant conservé de la neige et de la glace que dans ses anses. Nous sommes descendus de quelques centaines de mètres en suivant le fond de la vallée, ou bien les mamelons qui la bordent à droite. Sur les pentes de l'est on remarque un peu de végétation, quelques broussailles hautes d'un demi-pied qui portent en Asie centrale le nom pittoresque de « queue-de-chameau ». Cela suffit à « meubler » un peu le paysage.

Ce campement de Gatine est excellent. A trois heures de l'après-midi le thermomètre marque + 5 degrés à l'ombre : c'est le printemps. Je vais me promener sur le plateau, le fusil sur l'épaule; et j'éprouve un véritable bien-être cérébral à me sentir seul, bien seul, sans hommes autour de moi, sans ces Tibétains avec lesquels il fallait discuter et parler des heures durant. Ici on est tranquille. Personne ne vous importune de salutations, de politesses, de questions, de prières. On est dans le désert.

. . . .

Malgré cela, la route n'est plus triste, comme cet hiver; le paysage est plus varié, la chasse est abondante et fournit de nombreuses distractions. Nos collections deviennent peu à peu notre principale préoccupation, car les nomades que nous rencontrons se montrent aussi affables que possible. Ils vivent, sous les tentes noires, de la vie de tous les nomades de n'importe quel pays.

Ils boivent le lait de leurs vaches, qui sont petites et qu'ils croisent avec des yaks; les croisements sont de moindre taille que les yaks. Ils ont des brebis à laine fine, et aussi de minuscules chèvres. Celles-ci sont généralement noires; elles ont des poils longs et tombants comme les yaks; leurs cornes pointent à peine; leurs jambes paraissent courtes et sont excellentes assurément :

on le voit bien aux bonds, à la vitesse de ces curieuses petites bêtes ayant la taille d'un chevreau de nos pays. Elles pèsent dix à douze livres.

Les femmes des pasteurs tibétains sont chargées d'à peu près tous les travaux. Elles jouissent d'une grande liberté et ne sont pas farouches; elles s'approchent sans gêne de notre camp, s'asseoient à côté de nos Tibétains, et se montrent familières. Leur malpropreté n'égale que leur laideur.

Le 6 avril, nous sommes extasiés devant la demeure d'un lama anachorète perchée dans la montagne, sur la rive gauche de la rivière d'Ourtchou, entre Gatine et Tsatang. Il y avait si longtemps que nous n'avions vu rien qui ressemblât à une maison !

Nous jugions celle-ci fort grande. Notre lama a dû nous expliquer que ce n'était qu'une petite construction, tout juste suffisante pour un homme. La lorgnette nous ayant permis de distinguer un rectangle de murs blanchis à la chaux, une galerie, les deux taches d'une porte et d'une fenêtre, nous nous rendons à l'évidence : c'est bien une toute petite habitation. Mais le soleil la baigne et la fait paraître si blanche, si gaie qu'on ne plaint pas le moine de s'y être retiré loin des agitations du monde.

Notre lama, à qui nous demandons quels sont les moyens d'existence de ce solitaire, nous montre les tentes posées plus bas dans la vallée.

« On lui donne ce qu'il lui faut, et chaque fois

qu'il a besoin de quelque chose il descend vers les tentes, il dit des prières et on lui remplit sa besace. Alors il retourne dans sa maison. »

Le 8 avril, à Djancounnène, après une passe, d'où nous nous dirigeons sur l'est, nous rencontrons pour la première fois une caravane. Des sacs sont entassés, formant une muraille derrière laquelle les conducteurs s'abritent; à côté leurs yaks paissent. C'est de l'orge et de la farine que ces gens transportent. Ils viennent de So, où nous allons, et ils vont à Lhaça. Lorsque les caravaniers s'approchent de notre feu, nous sommes frappés de la largeur de leur face, de l'obliquité de leurs yeux relevés aux coins; leur taille est plus haute que celle de nos yakiers, dont ils ont le costume. Ce sont des métis de Chinois.

Nous les comparons avec nos Tibétains et nous remarquons combien ils en diffèrent. Une fois de plus, il nous est arrivé ce qui arrive à tous les voyageurs, pourvu qu'ils observent avec patience, ténacité et sans rien oublier, avant de conclure. A première vue, un peuple nouveau offre un type général bien déterminé, puis on le regarde, on l'examine, et l'uniformité apparente est en réalité excessivement variée.

Et nous sommes tout étonnés de trouver une ressemblance entre nos Tibétains et certaines peuplades, certains amis, certaines connaissances. En voici un près du feu, qui a le profil grec le plus parfait, tel qu'en offrent les camées de la belle époque.

Son voisin a le type légendaire du Peau-Rouge : le front fuyant, le nez busqué, d'aigle ; et il porte la tête un peu en arrière.

A côté, un tout jeune garçon taille, en chantant, de la viande sur le bois de sa selle, il prépare un hachis, car il va confectionner de la saucisse : on dirait un Italien du Sud, aux yeux noirs, aux traits réguliers, aux cheveux tombant sur le front, un enfant d'Édouard de rencontre.

Ce qu'on peut affirmer, c'est que nous sommes en présence d'une race blanche ; elle n'a de commun avec les jaunes que le manque de barbe, compensé du reste par l'abondance de la chevelure. En effet, il n'est pas rare de voir des grisons avec des tresses de l'épaisseur d'un câble.

Nos yakiers ne sont pas paresseux, ils sont toujours occupés, ils dorment peu et ils sont gais : tout en arrangeant leurs bêtes, ils fredonnent un air. Le chargement est opéré en un clin d'œil, ils sont infatigables marcheurs. Quelques-uns grimpent les pentes les plus raides sans reprendre haleine et en chantant ; ils respirent plus facilement que leurs yaks ; il est vrai que ceux-ci sont chargés. Aussi ces hommes ont-ils des poitrines profondes ; le cou est bien attaché et assez long. Ils mangent la viande avec voracité.

Aujourd'hui Rachmed leur fait cadeau d'une moitié de mouton, voulant par ce cadeau leur marquer notre satisfaction. Ils mettent à part les bons morceaux et de suite font cuire le reste. Ils jettent dans l'eau chaude les bas morceaux, les pieds encore garnis de la laine, les intestins à peine nettoyés. Mais, spectacle qui n'est pas nouveau pour nous, ils mangent la tête sans la faire cuire, tout y passe. Ils se servent du couteau avec une habileté étonnante.

Ils sont excellents mimes, parlent très bien avec le geste et les jeux de physionomie. Nous vous avons conté déjà qu'ils exprimaient le désaccord avec les index posés ongle contre ongle; l'accord, en les plaçant dans l'autre sens. Un pouce levé indique la bonté d'un objet, d'un homme et qu'on l'aime; le petit doigt levé marque la mauvaise qualité, le mauvais cœur; et le tenir dans cette position en secouant la tête signifie qu'on n'aime pas la chose qu'on montre ou qu'on déteste celui de qui l'on parle. Les deux pouces perpendiculaires et superposés font un superlatif. Rachmed ayant guéri un cheval appartenant au vieux chef de nos yakiers, celui-ci me dit du guérisseur tout le bien qu'il peut en me le montrant, puis en plaçant les deux mains, pouces levés, l'une sur l'autre et en les mettant sur sa tête, tandis que sa langue pend : deux pouces ajoutés sont le superlatif du superlatif lorsqu'on les élève au-dessus de la tête.

Il arrive souvent que notre lama prie à haute voix ainsi que le jeune chef son compagnon : alors Abdoullah imite leurs prières, leurs intonations à s'y méprendre, et, loin de se fâcher, religieux et laïques tibétains se mettent à rire. Ceci ne prouverait pas un grand fanatisme religieux. Ils ont plutôt des dehors religieux, nous entendons par là que les pratiques extérieures du culte ne sont pas négligées chez eux, mais que ce sont sans doute les seules manifestations de leur foi.

Le 9, nous remontons une petite rivière vers l'est. Nous faisons halte en haut de la vallée, au pied d'une passe que nous franchirons demain. Nous avons remonté et nous sommes à 4.700 ou 4.800 mètres. Dans la vallée, où il y a de l'herbe, on voit quelques tentes, avec des troupeaux. A la moitié de l'étape nous sommes reçus par trois hommes qui se ressemblent autant que trois frères se peuvent ressembler. Ils sont tout petits, et comme nous avons déjà appelé votre attention sur la similitude de certains Tibétains avec des races d'Europe, nous vous dirons que ceux-ci ont la tête de Romains, tête ronde, nez droit, à arête fine. Tous trois sont édentés, et, leur lèvre inférieure retombant avec un pli sur le menton rond, ils rappellent les bustes de Néron. Nous sommes campés sur les bords de la rivière d'Omtchou, et nous la quitterons, car elle coule aussi vers le sud-est, autant que nous pouvons juger : c'est le cas de la plupart des cours d'eau de cette région.

Le 10 avril, une passe nous mène à une petite rivière, puis c'est encore une passe dans le calcaire, des obos, sur lesquels nos Tibétains ne manquent pas de déposer des pierres en priant, puis c'est une vallée, une rivière à passer, et enfin une steppe large de 5 à 6 verstes, et cela nous paraît une immense plaine. Elle est traversée par le Sat-chou dont la largeur varie de 30 à 60 mètres.

D'après les renseignements que nous donnent notre lama et le vieux chef, nous aurions traversé les quatre principaux affluents du Kitchou, rivière qui passe à Lhaça.

Ces quatre affluents seraient : l'Ourtchou, le Poptchou, l'Omdjamtchou, le Satchou.

Le 12 avril, nous avons un fort givre dans la nuit. La matinée est superbe. Des antilopes nous regardent, des aigles de grande taille décrivent des cercles dans le ciel ; dans les gorges nos chasseurs voient des ours. Ces animaux pullulent dans cette région ; ils ont malheureusement pour nous des jambes meilleures que ceux qui les poursuivent. Les loups hurlent souvent pendant la nuit, mais on ne les voit pas dans la journée.

Le 13, nous commençons l'ascension dès le départ. Pendant trois heures nous suivons les détours du sentier qui louvoie au flanc des croupes, tantôt au sud-est, tantôt au nord-est. Au nord, ce sont des hauteurs escarpées, des roches nues ; au sud, des vallons descendent vers un chaînon dénudé que domine au delà une chaîne blanche où la glace luit à travers la neige. Le sentier est raide, très difficile. Nous admirons l'adresse de nos yaks, la sûreté de leur pied, la vigueur de leurs jambes, grâce à laquelle ils peuvent se laisser tomber, sans choir, de la hauteur d'un homme, en ayant une charge sur le dos. Nos chevaux ne leur sont pas inférieurs.

Une caravane nous croise, une caravane de yaks bien entendu; ici tout se transporte sur des bœufs à queue de cheval. Ceux-ci sont chargés de boîtes longues recouvertes de peau. Elles contiennent du sucre, nous dit-on.

En tête marche un lama à bonnet pointu et jaune. Il porte en bandoulière sa tasse enfermée dans un sachet de cuir et plusieurs images sacrées dans des petits cadres en cuivre travaillé. Il va à Lhaça ainsi que la caravane. Son pas est très alerte; par sa maigreur, ses joues caves, sa marche légère, il rappelle à Rachmed et à moi le vieux Pir, un brave homme de mollah qui nous a guidés au Pamir.

La descente s'opère le long d'une rivière à la berge haute et coupée de ravins. Dans l'un, à l'abri du vent d'ouest, deux chasseurs font cuire de la viande d'antilope; près d'eux sont déposés leurs fusils et leurs lances. Ils s'étonnent de nous voir, et nous considèrent d'un œil curieux. De l'autre côté de la vallée, sur une croupe très haute, un de leurs compagnons grimpe; il est gros comme un hanneton; il veut surprendre des antilopes broutant au-dessus : elles ont l'apparence de fourmis.

Ensuite la vallée se resserre, c'est une gorge dans les rochers que nous descendons sur la glace.

La gorge redevient vallée et nous campons à Djémaloung, dont vous devinez le sens, qui est « Bouche de la Gorge ». Les pentes de la montagne sont couvertes de ces broussailles appelées queues-de-chameau, où de nombreux petits oiseaux voltent.

Autour de nos tentes s'abattent des gypaètes : ils ont vu dépecer un mouton et ils comptent en manger leur part. Voulant nous assurer de ce que nos Tibétains peuvent faire de leur fronde, nous invitons l'un d'eux à chasser le gypaète avec une pierre. L'oiseau est à 70 mètres environ. Un jeune homme passe pour le plus adroit des frondeurs présents, il choisit une pierre ovale, la place dans la poche de sa fronde. Il fait tourner une seule fois son bras, la corde claque, et la pierre tombe juste à un empan du gypaète, qui s'envole à grands coups d'aile. Nous examinons cette arme redoutable. Elle est fort simple.

Elle consiste en une cordelette de laine tressée lâche, de façon à lui laisser de la souplesse ; sa longueur est de 2^m,20 à 2^m,30. En son milieu elle a la poche où se pose la pierre. A une extrémité elle se termine par une boucle où l'on engage l'index, l'autre extrémité n'en a pas, et on la serre entre le médius et l'annulaire, en observant que la pierre pèse également sur les deux parties de la cordelette.

On fait tourner la fronde obliquement, et lorsqu'on veut que le projectile parte, on lâche l'extrémité de la cordelette tenue entre le médius et l'annulaire, ce qui est la façon de presser la gâchette du fusil primitif.

Cette nuit, nos Tibétains prennent des précautions. Quelques-uns d'entre eux dorment autour du camp, à une certaine distance. Ils veillent sur leurs yaks, de temps à autre ceux qui dorment près des tentes poussent des cris stridents tels qu'en poussent le grand-duc de nos forêts; les sentinelles placées hors de l'enceinte du camp répondent, et, comme un écho, les hommes vivant dans la montagne lancent ce même cri. C'est une sorte de garde-à-vous de barbares, en même temps qu'un défi lancé à l'ennemi. Il ne serait pas rare qu'on pille les caravanes dans cette place.

Le 14 avril nous partons de bonne heure pour So, qui se trouve de l'autre côté des passes difficiles. Une bande de mendiants lève le camp en même temps que nous. Hier ils sont venus nous tendre la main en larmoyant, aujourd'hui ils partent d'un bon pas, la besace gonflée, et on les entend rire. Dans le nombre se trouvent quatre femmes fort vieilles et fort laides. Ces mendiants ne tardent pas à nous quitter, les uns pour aller visiter des tentes, les autres pour chercher un gué moins profond que celui où nous passons avec nos bêtes.

Nous traversons la rivière, la retraversons et enfin nous chevauchons sur un plateau tellement uni que nos chevaux prennent le trot d'eux-mêmes.

Nous apercevons à notre gauche, au bas du plateau, une rivière plus large coulant du nord au sud. Celle que nous venons de traverser la grossit et termine là son cours, mais qu'y a-t-il dans la vallée? Des cultures! des carrés de champs rayés de sillons! Et au nord, plus loin, à la confluence des rivières, une pyramide consistant en une sorte de pain de sucre posé sur un cube de maçonnerie.

Le plateau s'élève insensiblement. Bientôt, en face de nous, sur un cône isolé que la rivière longe à l'est, de hautes murailles grises bâties au bord du vide forment un angle imposant. Les ouvertures sont rares et l'on dirait d'une forteresse. Au-dessus de ces murailles s'allonge un rectangle de constructions ayant à une extrémité le carré d'un donjon; à l'autre, un corps de bâtiment avec galeries à colonnades. Sur les toits plats, de longues perches s'effilent comme des mâts au bout desquels des drapeaux de couleur flottent ainsi que des pavillons. Au reste, le castel, dont les proportions nous semblent énormes, n'offre pas un signe de vie. Le chef qui nous guide dit :

« So goumba! (le monastère de So!) »

Et en prononçant ces mots, le visage du pauvre sauvage exprime une certaine fierté. Il nous répète : « So goumba! So goumba! » comme s'il voulait nous faire remarquer que l'on n'a pas chaque jour la bonne fortune de contempler un aussi bel édifice. Quoique nous n'ayons pas l'admiration du Tibétain pour cette œuvre de l'homme, la vue d'une habitation nous procure une véritable satisfaction. Depuis cinq mois nous n'avons pas rencontré une bâtisse aussi considérable, aussi monumentale; nous pourrions dire depuis six mois, si nous comptons les huttes et les masures de Tcharkalik pour ce qu'elles valent.

Nous fouettons nos chevaux en pensant qu'une ville tibétaine sera un spectacle intéressant. On avance, on avance : nous ne voyons poindre la flèche d'aucun monument. Peut-être que So est situé dans un bas-fond et qu'il se cache au pied du plateau. Mais nous voici près de son rebord; à notre gauche le monastère découpe ses angles; plus bas que nous, entre les rivières et les montagnes, une terrasse s'enfonce en coin, nous y descendons par un sentier pierreux; où donc est la ville ? Elle se dérobe sans doute à nos regards derrière les hauteurs, au delà de ce défilé où la rivière s'engage au sud. Car So ne peut être formé de ces quelques masures à toits plats que nous distinguons au pied du monastère. Nous demandons :

— Où est So ?

— Voilà So, dit le Tibétain en montrant du doigt ce que nous ne voulions pas prendre pour une ville. Nous lui faisons des compliments sur la beauté de cette capitale, et notre homme les tenant pour sérieux opine du bonnet.

Enfin nous arrivons et nous découvrons que le goumba n'a l'air d'une forteresse que du côté du nord et du côté de l'ouest, d'où le vent souffle probablement avec constance, et que c'est l'ennemi contre lequel il se défend avec des murs sans ouverture. Car la face sud offre au regard un échafaudage de maisonnettes blanchies à la chaux, exposées gaiement au soleil, qu'elles prennent par des portes, des fenêtres et des galeries nombreuses. Autant les autres côtés sont fermés, autant celui-ci est ouvert.

Toutes les habitations, accrochées au flanc des pentes et des anfractuosités d'un rocher, se superposent de telle sorte que les toits servent de terrasse et de couraux habitants de l'étage supérieur. Dans ce fouillis très gai de maisonnettes, est pratiquée une ouverture plus large : c'est la porte, flanquée de colonnes dans le goût persan, par laquelle entrent et sortent des laïques tibétains et tibétaines, portant sur le dos des sacs, des fagots de bois et différentes autres provisions destinées aux maîtres du monastère.

Tranquilles à côté de ce va-et-vient, de bons lamas tête nue et rasée, drapés comme des sénateurs romains dans des plaids de bure couleur sombre, se promènent sur les terrasses; d'autres, assis jambes croisées, ou étendus sur des nattes dans des poses de sphinx, nous regardent tout en lézardant au soleil.

Le 16 avril, nous quittons So, après avoir fait nos adieux à nos compagnons les petits chefs, qui retournent chez eux; l'un ira à Lhaça : nous le chargeons de mille compliments pour nos amis de la ville sainte.

La traversée du So-tchou, large de 150 à 200 mètres, nous procure un léger bain, après quoi nous remontons une vallée d'où descend un de ses affluents. Nous suivons les bords de la rivière par un beau soleil, un sentier facile, et nous nous délectons dans la contemplation des genévriers et des broussailles qui couvrent les berges. Sur les plateaux, des troupeaux broutent l'herbe verte; des yaks, des moutons, des chevaux se sont perchés à l'envi aux places les moins accessibles. De temps à autre, dans une gorge sont tapies des tentes noires, auprès de plaques de glaces qui nous rappellent que nous sortons de l'hiver. Nous suons et nous avons déjà oublié le froid terrible des hauts plateaux.

En haut de la vallée, des tentes sont dressées à notre intention; auprès on a déposé des fagots de bois, et à peine sommes-nous assis qu'un bon vieux se présente avec un pot de lait crémeux et une langue pendante : c'est le retour des « jours de Phébus et de Rhéa »!

A cette place nous tuons des perdrix que nous ne connaissons pas et qui nous intriguent longtemps par un cri qu'elles lancent sans se montrer. En courant après ces invisibles bestioles, j'aperçois trois Thibétains à mes pieds derrière un rocher.

Ils se sont assis à l'écart, que font-ils donc? Je

ne puis d'abord distinguer à quoi ils s'occupent, mais, la lumière du soleil éclatant subitement entre leurs mains, me voilà renseigné. L'un d'eux a reçu en présent un petit miroir de poche. C'est un objet dont ils ignoraient tous l'usage, mais dès qu'il se sont reconnus, qu'ils ont vu leur image reflétée, ils se sont sauvés loin de leur compagnons, et ces trois amis s'amusent à se contempler; ils restent longtemps à cette place, devisant, et riant aux éclats des grimaces qu'ils se font. Espérons que cet instrument inoffensif leur apprendra combien ils ont le nez sale et que peut-être ils penseront bien faire en se lavant. S'ils prennent jamais en dégoût leur malpropreté, nous les aurons civilisés à peu de frais.

. . . .

Notre route devient très pittoresque : le 17 avril nous traversons de véritables bois de genévriers au-dessus desquels apparaissent des alpes vertes, comme des crânes au-dessus de chevelures. Mais, les troupeaux devenant plus nombreux, les arbres sont plus rares.

A mesure que la terre est plus généreuse, les hommes prennent plus de soin d'eux-mêmes, et ils ont le corps plus vigoureux. Nous constatons pour la première fois chez ces pasteurs l'usage d'un vêtement autre que la pelisse. Quelques-uns portent des chemises en étoffe de laine à larges manches ou un gilet sans manches.

A Souti, dans la vallée du Soudjou, nous sommes

aussi étonnés de voir un homme avec un peu de barbe noire au menton qu'on l'est chez nous d'en voir à une femme. L'individu qui est orné de cette barbiche et de ce rudiment de moustache ressemble pour le reste à ses congénères. Il semble être au service du chef de l'endroit. Celui-ci attire notre attention. Il me paraît donner une idée exacte de ce que doit être un chef barbare.

Il n'est plus jeune, sa chevelure est grisonnante, mais il est souple et vigoureux, il vous a une façon de saluer fort digne. Il est simple. Avec cela des traits réguliers, des lèvres pincées, un œil petit au regard fier, et dans tous les gestes je ne sais quoi de grand avec de la simplicité et de l'aisance. Qu'il marche, qu'il allume sa pipe longue comme le bras, qu'il s'arrête, il a bon air. Il est là, jambes croisées, la pipe dans la main droite; la main gauche, posée sur le genou, est puissante, bien faite; il tire les bouffées de sa pipe avec gravité. On lui demande quelque chose, il répond d'une manière sérieuse; il donne des ordres brefs et on les exécute vite. Il commande naturellement en homme créé pour être obéi, et il en a l'air. Il a la grande allure d'une bête sauvage bien équilibrée dont les ancêtres n'ont jamais perdu l'indépendance, et qui ne s'imagine pas qu'on puisse la mettre en cage.

Depuis So nous remarquons que la terre a été fouillée au bord de la rivière. On pouvait croire d'abord que des bêtes fauves avaient cherché leur nourriture à ces places, mais aucune traces n'étaient apparentes. En général, ces fouilles sont faites aux endroits où des hommes ont posé leurs tentes, où des troupeaux se sont arrêtés.

Aujourd'hui nous avons l'explication de ce fait, en voyant sur le feu, près d'une tente, un chaudron rempli d'une sorte de navet, quant au goût; on l'appelle *niouma* et on le trouve dans la terre comme des truffes chez nous. La plupart de ces niouma ont une courte racine et alors ils ont la forme aplatie des champignons; les autres ont des racines longues. Cette différence doit être produite par la nature du sol où ils se développent, s'aplatissant s'ils ne le peuvent pénétrer, s'allongeant si le terrain est meuble.

De Souti nous gagnons Ritchimbo par une passe. A peine sommes-nous dans la vallée que le vent souffle d'est pour la première fois depuis je ne sais quand, et un grésil tourbillonne. Les genévriers ont à peu près totalement disparu et c'est de nouveau la steppe. Nous changerons encore une fois de yaks avant d'arriver demain à Bata-Soumdo, où nous serons, nous dit-on, sur territoire chinois.

Nous renonçons, à dater de ce jour, à payer directement nos travailleurs et nos yakiers, car ils remettent sans coup férir leur argent à leurs chefs, qui s'en adjugent généralement les deux tiers, estimant sans doute que nous « gâtons les prix ». Dorénavant nous remettrons simplement une somme au chef de bande, en ayant soin d'être moins généreux.

Souvent nous nous sommes demandé pourquoi les sauvages, les Asiatiques, les Orientaux trouvaient naturel d'abandonner à leurs chefs une part de leur salaire et de se soumettre à leurs exactions. Et, un beau jour, un Oriental nous a donné une explication qui vaut la peine d'être méditée.

« Nous aimons bien mieux les chefs prévaricateurs, parce que ceux-là nous accordent des faveurs, nous punissent moins sévèrement quand nous le méritons, on en obtient des passe-droits qu'il est inutile de demander à des chefs honnêtes qui ne se laissent pas « graisser ». Ceux-ci ne connaissent que la justice. »

A Ritchimbo nous apercevons pour la première fois un beau goitre au cou d'un petit chef. Après le coucher du soleil, un orage éclate avec des éclairs et des coups de tonnerre. Une neige fine tombe. Le lendemain 20 avril, elle tombe encore dans la matinée, et toute la montagne a disparu sous une couche de dix centimètres au moins. Nous escaladons une passe assez difficile, les habitants la nomment Kéla ainsi que les chaînes voisines. Arrivés à 4.600 mètres non sans peine et par une chaleur intolérable, nous descendons. Le soleil frappe la neige, il nous éblouit, il nous brûle la face. Les Tibétains se garantissent contre la réverbération en se cachant les yeux avec leurs cheveux, qu'ils laissent pendre plus bas que le front. Ils souffrent du mal de tête, et pour se soulager ils posent sur leur crâne des poignées de neige. En trois heures la passe est franchie et nous descendons en suivant une rivière tantôt sur sa glace, tantôt sur sa berge. Sur les terrasses qui la bordent, sont posées des maisons à toit plat, entourées de haies, et des chiens nous saluent d'aboiements, et même nous croyons entendre des miaulements de chats, peut-être sont-ce des vagissements d'agnelets. Les genévriers deviennent rares, mais des broussailles hérissent encore les pentes. Chaque fois que nous levons la tête, nous apercevons des yaks à des places où l'on penserait que des oiseaux seuls peuvent se poser.

CHAPITRE XII

LE TIBET HABITÉ
(suite.)

Le 21 avril, nous partons assez tard, car il nous faut employer des moyens persuasifs afin d'obtenir d'un chef très récalcitrant le contingent d'hommes et de yaks qu'il doit fournir. Notre lama et Rachmed font bien sentir à cet homme plein de superbe que nous distribuons tout généreusement, même les coups de bâton.

Nous faisons une petite étape jusqu'à Poioundo, à mi-chemin d'une passe au delà de laquelle nous en trouverons plusieurs autres avant d'arriver à Séré-Soumdo.

Les genévriers ont presque totalement disparu, mais les pentes sont couvertes de broussailles et d'un fourré de rhododendrons où nous voyons bondir des muscs. Des indigènes veulent nous vendre les poches à musc de cet animal, ils nous présentent en même temps ses longues canines comme garanties d'authenticité. Mais ces rusés vendeurs, qui ne demandent pas moins de 25 roupies par pièce, sont de parfaits coquins, car ils ont vidé la plupart des poches et les ont bourrées de papier.

Le 22 avril, nous franchissons plusieurs petites passes, marquées par des obos d'où sortent des branches liées en gerbe.

Nous montons à 5.000 mètres, redescendons, remontons à 4.700, puis vient une passe de 4.200, et une autre de 4.500. Ce sont « les Quatre Passes ». De temps en temps nous apercevons des tentes et des maisons sur les plateaux. Nos minimums de la nuit ne sont plus que de — 14 degrés et même — 4 degrés; la nouvelle herbe pointe.

Le 23 avril, une pente assez raide nous mène à 4.500 mètres, d'où nous descendons dans une étroite gorge que des rochers rendent pittoresque. A notre gauche, près d'une *roua* de quelques tentes, tombe une cascade.

Pour nous, le spectacle est nouveau et charmant. Puis la gorge, où bruit un torrent écumeux, s'élargit en vallée, et sur les terrasses, que supportent des berges à pic, on aperçoit de nombreuses habitations à murs gris, rectangles juxtaposés, de hauteur variée, à toits plats. Leur ensemble est dépassé par un bâtiment à quatre faces, qui, de loin, donne à ces demeures l'aspect de castels dominés par une tour. Il y en a de ce genre en Toscane. Les pentes sont labourées. Des indigènes viennent nous voir passer et dégringolent les sentiers.

Nous descendons en nous étonnant d'être de nouveau en pays habité. Au moment où nous allons quitter la vallée, accourt à notre rencontre un vieil innocent à qui, la veille, nous avons donné un miroir. Il nous explique avec une volubilité joyeuse et une gesticulation d'agité que nous devons nous arrêter sur le plateau.

— Un grand chef vous attend, dit-il, c'est un grand chef et un brave homme ; moi je lui ai dit que vous êtes de bonnes gens, et il faut que vous fassiez connaissance et que vous buviez du *tchang* avec lui, le tchang étant une excellente boisson.

Malgré ou à cause de la rotondité de sa personne, ce chef est fort aimable. Il nous serre cordialement la main, et, nous montrant un tapis, il nous prie de lui faire l'honneur de nous asseoir.

Cette façon de Goliath trapu insiste beaucoup pour que nous goûtions le contenu de trois bouteilles en fer étamé, chinoises par la courbe et l'aplatissement. Elles portent sur le rebord des boulettes de beurre qui indiquent qu'on nous rend hommage. Nous goûtons et nous trouvons que ce tchang est fabriqué avec de l'orge fermentée. D'abord cette boisson ne nous plaît qu'à moitié. Mais nous nous y faisons vite, nous la buvons avec plaisir et nous la baptisons du noble nom d'hydromel. Elle semble inoffensive, toutefois il n'en faudrait pas trop boire, on courrait le risque de s'enivrer complètement.

Cette scène se passe par un beau soleil. Mais les bouteilles sont à peu près vides, Séré-Sumdo est sur l'autre rive de la rivière et nous nous levons pour partir. Le gros chef et tout son peuple nous font la conduite. On lui amène une superbe mule qu'il enfourche sans aide, malgré son poids, et il nous suit.

Ayant traversé la rivière près d'un rocher, nous grimpons un sentier étroit au bord du vide, et le gros homme va de son pied par précaution ou peut-être pour ne pas époumoner sa pauvre mule. Le menu peuple se trousse pour passer la rivière et nous montre de belles jambes de montagnards, qui nous paraissent longues.

Nous plaçons notre tente tout près d'un îlot de maisons posées au flanc de la montagne. Une foule de curieux et de curieuses nous entoure. La laideur des femmes et la finesse des traits de quelques jeunes gens forment un contraste dont nous nous étonnons. Nous ne croyons pas nous tromper en rappelant à ce propos que souvent des voyageurs ont fait des remarques de ce genre en Asie.

Au milieu de nos yakiers, de ces badauds qui crient et se trémoussent, deux Chinois tranchent par leur solennité. L'un d'eux est ornementé de lunettes aux verres ronds et si larges qu'ils prennent sur le front; il fume dignement un cigare dans une longue pipe, l'autre main passée dans sa ceinture. Le second, au nez moins insolemment retroussé, a une attitude moins grave et son sourire est malicieux.

Ils engagent immédiatement conversation avec notre Akoun, qui se trouve être du Ken-si, leur province natale. Vous le savez, les Chinois d'une même contrée se soutiennent, et lorsqu'ils sont éloignés de leur pays d'origine ils se revoient avec plaisir, le provincialisme leur tenant lieu, jusqu'à nouvel ordre, de patriotisme.

Ceux-ci sont à Séré-Soumdo pour faire du commerce, ils sont les éclaireurs de l'armée de marchands qui envahit l'Asie. Ils achètent principalement du musc, ou, pour mieux dire, ils l'échangent contre du thé qu'ils apportent de Chine, thé de qualité inférieure, fournissant une exécrable tisane, mais que les indigènes préfèrent à tout, même aux roupies de l'Inde, qu'ils mettent avant les lingots.

Le musc coûterait cher, d'après ces Chinois; une bonne poche se payerait au moins 20 roupies.

Ils l'échangent aussi contre du tabac, mais rarement, car les feuilles de tabac qu'ils roulent eux-mêmes en cigares viennent du Se-tchouen, et elles coûtent cher.

D'après ce que nous conte le plus âgé et le plus grave de ces Chinois, ils seraient tous deux les représentants d'une grande maison de commerce ayant sa tête à Chang-haï.

— Mon compagnon, dit-il, a été soldat, il a voyagé jusqu'auprès du Yunnan. Je vais bientôt partir et il restera. Il est venu pour me remplacer. Dans trois lunes je partirai. Mon temps de séjour à Séré-Soumdo est terminé. Il a duré plus d'un an et demi. C'est un stage qui me vaudra de tenir une boutique de notre maison, à mon retour. Vous seriez bien aimable de me céder un de vos chevaux. J'en ai remarqué un qui est boiteux, laissez-le-moi, je le referai, car j'en ai besoin.

— Pourquoi vous faut-il ce cheval ?

— Parce que, voyez-vous, j'ai une petite fille que je veux emmener, et je pourrai la faire voyager sur votre cheval.

— N'emmenez-vous pas la mère de votre fille ?

— Non, car je ne suis pas marié.

Là-dessus son compagnon, l'ancien soldat, nous fait aussi ses confidences :

— Je suis ici, dit-il, depuis trois lunes seulement et je trouve le temps long. Je m'ennuie. Jamais je ne pourrai apprendre cette langue ni m'habituer à ces sauvages.

Nous sommes en pays de polyandrie et aussi de polygamie. Voici comment se pratique la polyandrie. Une famille a une fille; un homme veut entrer dans cette famille, habiter sous le même toit, et devenir le mari de cette fille. Il va trouver les parents, fait ses propositions, et lorsqu'il est d'accord sur la dot, sur le prix d'entrée, si vous aimez mieux, il le paye et devient mari et membre de la famille. D'autres jeunes gens, d'autres hommes, désireux de partager son bonheur, se présentent, frappent à la porte, et s'ils sont agréés, ils prennent place au foyer: les voilà de la famille et co-maris.

Il arrive parfois, chose très rare, qu'un des maris, par amour, par jalousie, ou poussé par un autre mobile quelconque, veuille devenir le seul propriétaire, le seigneur de l'épouse : alors il parlemente. Il reste l'unique maître de la place, et ses collègues la lui cèdent avec empressement s'il les rembourse de la somme qu'ils ont apportée en entrant dans l'association ; il y ajoute toutefois une indemnité, qu'on discute.

Quant aux enfants, tous restent avec la femme, ou bien le mari restant et les maris partants se les partagent.

N'allez pas croire que la polyandrie soit établie par une loi ou une de ces coutumes religieuses qui en tiennent lieu. Au Tibet on n'est pas contraint à la polyandrie, comme on l'est chez nous à la monogamie. Lorsque la situation de fortune le permet, l'homme prend une femme et il ne la partage pas avec d'autres, il est monogame. Les pauvres diables sont polyandres, à la façon des financiers qui, ne possédant pas assez de capitaux, sont « quarts d'agent de change ».

Un chef puissant, riche, comme l'énorme gaillard qui nous a fait bon accueil ce matin, ne se contente pas d'une seule épouse, il en prend autant qu'il veut; notre Goliath en possède trois. Ce pays nous fournit donc la preuve — qu'on peut acquérir ailleurs — que polyandrie, polygamie ont dû se produire d'abord pour des raisons économiques.

Voici encore un fait à l'appui de ce que nous avançons. Un homme marié quitte sa femme, la rend à sa famille, lorsqu'il trouve la vie en commun trop dure et qu'il peut, par exemple, entrer dans une lamaserie : cette faveur ne lui est accordée que moyennant l'apport d'une certaine somme versée entre les mains du prieur. En devenant lama, le pauvre hère s'est assuré contre la famine jusqu'à la fin de ses jours; en échange de son capital abandonné à la lamaserie, il lui est payé une sorte de rente viagère.

. . . .

Le 24 avril, nous quittons Séré-Soumdo quoique nous nous y trouvions très bien. Le chef, avant que nous le quittions, nous offre plusieurs pots de tchang, que nous vidons, et nous partons très gais, accompagnés par une bonne partie du village. Les bêtes de somme sont rares en ce moment à Séré-Soumdo; on les a envoyées aux pâturages de la montagne; d'autre part, le territoire du chef finit à peu de distance d'ici, et les habitants aiment mieux porter nos bagages sur le dos plutôt que de rassembler leurs yaks. Afin de faire vite l'étape ils se relayeront fréquemment, ils partent et en foule.

La vallée que nous remontons est bien cultivée,

les hameaux y sont nombreux et aussi les grandes fermes, où s'entassent les membres d'une même famille. Les ruines d'habitations surmontées de hautes tours ne sont pas rares. Nous n'avons pu savoir si ces *despobladas* étaient dues à la guerre, à la dépopulation ou à des déplacements. Posées sur des plates-formes élevées, dorées par le soleil, profilées sur le ciel bleu, ces tours ont grand air et donnent à ces masures l'apparence de châteaux forts. Grâce à cette particularité pittoresque, nous croyons être des touristes sur les bords du Rhin ou du Neckar.

Après une heure un quart de marche, nous nous arrêtons à un petit village où l'on changera de porteurs. Dès l'arrivée, le chef de Séré-Soumdo, qui nous accompagne, va s'asseoir à l'écart, pour montrer qu'il n'est rien ici et qu'il ne se permettrait pas d'intervenir dans les affaires de son voisin. Ces petits potentats sont en effet très jaloux de leur autorité.

Notre présence attire une foule considérable de curieux et de badauds venus de tous les points de la vallée. Ils nous entourent en faisant un bruit assourdissant. C'est un beau désordre.

Mais il s'agit de partir, de se partager les charges, et c'est à qui ne prendra pas les lourdes; les plus légères sont accaparées en un clin d'œil. Hommes, femmes, vieillards, enfants, tous s'en mêlent et tous discutent. Ils soupèsent les coffres, les ballots et ne veulent pas les transporter, les trouvant d'un poids considérable. L'un objecte la chétiveté de son âne; un autre, l'ardeur de son cheval, qui est chatouilleux et ne se peut bâter; un autre dit que son yak revient du labourage, qu'il est fatigué; mais la dépouille du yak sauvage que nous destinons au Muséum effraye tout le monde, personne n'en veut.

Ce sont des criailleries infinies, chacun commandant, même des garçons d'une douzaine d'années. Au milieu de ce tumulte, quelques vieux lamas, béats, indifférents, tournent paisiblement leur moulin, ou égrènent leur chapelet.

Cependant on nous examine, on nous palpe sur toutes les coutures, nos vêtements en étoffes de velours les étonnent, ils l'ont tâtée. « Ce n'est pas du cuir », disent-ils, ils n'en reviennent pas. Ils échangent leurs impressions, on est abasourdi par des éclats de voix, des rires, des clameurs! Bientôt le boucan est à son comble grâce à l'arrivée de deux lamas mendiants. Ils chantent je ne sais quoi, l'un d'une voix prodigieusement caverneuse, l'autre d'une voix tantôt aiguë, tantôt rauque; ils s'acccompagnent d'un tambourin double, frappant des mesures, puis des roulements en faisant voltiger de petits glands de cuir au bout de lanières fixées au tambourin : ils le tiennent au bout du poignet et le secouent de façon à présenter les peaux tendues à la grêle des coups. En outre, ils soufflent dans des tibias humains terminés par deux renflements en cuivre par où ils chassent des sons cornards fort désagréables. Tous deux sont nu-têtes, vêtus de jaune : l'aîné a la face totalement glabre ; quant à l'autre, dont la voix est formidable, il est chauve, à nez court, à bouche bien dentée, et il possède un collier de barbe juste assez fourni pour ressembler parfaitement à un gorille de bonne humeur.

Ce mélange d'animaux, de Tibétains et de lamas, le noir et le rouge des robes des femmes qui ont renoncé à la pelisse, les manteaux rouges des hommes, les bonnets jaunes, les verroteries étincelant au soleil, les torses nus, les yeux noirs, les dents blanches, les poses variées, les hommes qui soulèvent un fardeau, les chevaux qui ruent, tout cela fait un pittoresque spectacle.

Il durerait probablement encore si le chef, las d'argumenter avec ses sujets, ne leur avait pas proposé de s'en remettre au sort du soin de décider qui prendrait telle ou telle charge. Et il se pratique l'opération suivante : hommes et femmes remettent à un ancien une des jarretières qui tiennent leurs bottes d'étoffe au-dessus du mollet. Ce sont les numéros de la loterie, que le vieux tire avec impartialité en se plaçant au commencement de la rangée des charges et la suivant jusqu'au bout, déposant sur chacune une des jarretières qu'il prend au hasard dans sa main gauche placée derrière son dos. Personne ne discute plus, et deux hercules s'étant volontairement chargés des deux coffres les plus lourds, la foule s'abat sur nos bagages et les emporte.

A notre tour, nous suivons le flot, après avoir donné une consultation à un des lamas mendiants, dont un œil était recouvert d'une taie blanche.

Chemin faisant, nous nous apercevons que notre peau de yak, d'abord placée sur le dos d'un jeune cheval, est passée sur le dos d'une femme. Il importe de ne pas écorcher l'échine de la plus noble conquête que l'homme ait jamais faite.

Malgré l'impossibilité à peu près complète de surveiller les porteurs, nous constatons le soir que rien ne manque.

A peine notre tente est-elle dressée que notre Chinois est abordé par un Tibétain à mine intelligente qui parle quelques mots de chinois. Il lui raconte qu'il vient de Lhaça et qu'il s'y trouvait lorsque nous-mêmes étions à Dam, car le bruit de notre arrivée avait couru dans la ville. Il a trois autres compagnons, dont une jeune fille. Ils sont en voyage depuis une année. Partis de Ta-tsien-lou, où ils retournent, ils sont passés par Tsamdo et sont allés droit à Lhaça prier et recevoir la bénédiction du Tale Lama.

— L'avez-vous reçu?

— Oui, nous avons été bénis et nous sommes contents. Dès que nous serons rentrés dans notre famille, ma sœur se mariera avec l'aîné de ces jeunes gens.

— Quel est l'autre?

— C'est le frère de mon futur beau-frère.
— Votre beau-frère paraît bien jeune.
— Il a dix-huit ans.
— Et votre sœur?
— Quinze ans.
— Comment vous êtes-vous décidés à entreprendre ce long voyage?
— Nous en avons parlé entre nous quatre, et puis, étant tombés d'accord, nous sommes partis avec un peu d'argent. Aujourd'hui il ne nous en reste plus et nous mendions.
— Espérez-vous arriver bientôt à Ta-tsien-lou?
— Nous l'espérons, mais nous ne saurions fixer la date. »

Chez nous ont fait des voyages de noces; au Tibet, des voyages de fiançailles. Aux personnes compétentes de décider laquelle des deux modes est la meilleure.

Le 25 avril nous nous élevons jusqu'à Tachiline en passant sur la rive gauche de la rivière par un pont de bois. Les piles sont des sortes de tours carrées construites avec des poutrelles dont on a rempli l'intérieur avec des pierres. On pose sur ces piles de longs madriers, on les fixe avec des cordes à une poutre transversale et l'on charge de grosses pierres les extrémités de ces madriers, pour les maintenir et peut-être pour diminuer le balancement.

A Tachiline nous devons tenir conseil avec les chefs de l'endroit afin d'obtenir des yaks pour la prochaine étape : elle est longue, elle se fait dans un désert et commence par une passe. On nous demande de partir de bon matin.

Le chef de la lamaserie nous aide, et notre personnel de demain sera composé à moitié de lamas. Ici il y en a deux cents, qui vivent dans une suite de masures assez délabrées pour que l'on conclue la pauvreté de la contrée. En effet, les indigènes cultivent peu ; ils sont plus petits que ceux d'en bas, plus misérables.

En dix heures nous atteignons Tchimbo-Tinzi, gros village avec lamaserie où l'on compte un millier d'habitants. Il est juché sur un dos d'âne isolé et bordé au sud par la rivière qui s'enfonce dans un ravin. Au nord est une vallée : elle nourrit la population, et nous y voyons des indigènes travailler sous la surveillance de lamas. Les champs sont irrigués.

Le chef de Tchimbo-Tinzi est en désaccord avec un chef voisin qui veut profiter de sa minorité pour envahir ses terres.

Le jeune chef, conseillé par les anciens, résiste ; toutefois il succombera un jour, car les autorités chinoises de Tsamdo ont été soudoyées par l'ambitieux chef de Tchimbo-Nara et elles interviendront en sa faveur. Ce serait dans le but d'affaiblir l'autorité de notre hôte.

Le lendemain, nous voyons ce chef qui a la manie des conquêtes. Nous devons l'attendre fort longtemps dans la vallée, son village étant perché comme un nid d'aigles, et lui étant complètement ivre, nous dit-on. Dès qu'il recouvre l'usage de ses jambes, il descend de son aire. C'est un énorme gaillard, à l'œil gris, qui a le tchang aimable. Il donne des ordres avec une grande décision, et met tout son monde sur les dents; personne qui ne coure de toutes ses jambes. En fort peu de temps les yaks nécessaires sont rassemblés.

Le gros chef occupe ses loisirs à boire.

Il se tient à califourchon sur un ballot, et figure assez bien un silène très inconvenant.

De temps à autre il tire de sa solide poitrine des cris sauvages dont toute la vallée retentit. Ce sont les explosions de joie d'une bête vigoureuse, joyeuse de vivre.

Nous le quittons après un échange de paroles aimables et lui avoir acheté un mouton, au prix de 2 fr. 50 environ.

. . . .

Ayant quitté à tort les bords de la rivière, nous prenons un sentier qui nous mène près d'une ferme où nous avons une scène de mœurs tibétaines.

Dans la cour, un homme nu jusqu'à la ceinture dépouille un mouton posé sur le sol; un enfant nu de sept à huit ans tient les pattes de la bête, et en se penchant il cache sa tête sous ses cheveux tombants. Les chiens, attentifs, guettent l'instant où on leur jettera les parties immangeables. Assise sur une pierre, appuyée à la muraille, une belle jeune femme, la moitié de la poitrine à l'air, tient un fuseau et tord du fil dans une attitude sereine; à ses pieds une jeune fille étire la laine. Un homme assis à côté l'entretient en souriant; un autre aiguise une lame sur une pierre, il a le torse dévêtu et allonge les bras dans la pose du Rémouleur antique qu'on voit à Florence. Une petite fille grassouillette joue avec un jeune chien, pas plus habillée que lui. Plus bas, au beau soleil, une vieille aux cheveux courts, blancs, ébouriffés, se vautre sur des cendres en savourant son reste de vie. A son côté un chien galeux, édenté, extrêmement âgé, sommeille; son museau pelé est posé sur ses vieilles pattes desséchées, et, comme sa maîtresse, il attend la mort sous l'azur du ciel.

Nous redescendons vers la vallée, où nous trouvons un laïque occupé à graver des prières sur des schistes ardoisiers. Il enduit les entailles avec de la couleur rouge qu'il ne va pas chercher loin : il lui suffit pour cela de délayer la terre qu'il prend à côté de lui.

A Gratou nous sommes chez des gens peu sociables. Il nous est impossible d'obtenir qu'on nous vende une chèvre ou un mouton. Et c'est alors que nous regrettons de n'avoir plus nos chiens : l'un a été abandonné; l'autre a été tué; le troisième est de garde, mais il n'a pas le talent d'attraper les moutons ou les chèvres et de les étrangler, comme faisait celui de nos chiens qui est mort. N'ayant pu faire entendre raison à ces gens, bien que nous ayons adjoint pour quelques jours à notre troupe un lama mogol, qui nous sert d'interprète et s'efforce en vain de les amener à nous fournir de la viande, nous essayons de nous en procurer sans permission. Cette tentative vaut à Dedeken et à Rachmed une grêle de pierres lancées à la main et avec des frondes. Sur les toits il y a même quelques tirailleurs.

Quelques coups de revolver en l'air, une démonstration énergique, inspirent une saine terreur à ces sauvages : ils ont le tort de lancer les pierres avec une force et une adresse qu'on trouverait intéressantes en d'autres circonstances.

Il nous est arrivé et il nous arrivera assez souvent d'avoir des difficultés avec ces Tibétains. Ils n'ont jamais vu d'Européens, ils ne savent comment se comporter à notre égard, et, mobiles à l'excès, un rien change leurs dispositions.

Le soir même de cette algarade, les habitants du village étaient calmés et ils suppliaient ardemment notre lama mogol qui les menaçait d'aller de suite se plaindre à sa lamaserie d'avoir été frappé. Le lendemain, ils nous préparaient dès le jour tout ce qu'il nous fallait, et un regard suffisait à faire fuir le principal coupable.

A Kariméta nous campons à la porte d'une lamaserie considérable, et nous assistons à un intéressant spectacle. Les femmes des villages voisins ont été réquisitionnées pour porter des engrais dans les champs des lamas.

Cette vallée à terre rouge est soigneusement cultivée et la lamaserie en possède une bonne partie.

On vient de labourer la terre, qui a la couleur d'une chair sanguinolente dont on a écorché l'épiderme. Tandis qu'au premier étage de leur monastère les lamas chantent des prières au son des tambourins et des cymbales, plus de cinquante femmes ayant des hottes d'osier sur le dos font la navette entre les écuries des lamas et leurs champs. Elles emplissent les hottes de cendres et de crottin, et à la file, comme des fourmis charriant leurs provisions, elles vont les vider dans les sillons, au bas d'une colline. Elles marchent en désordre et avec bruit sous la garde d'un lama boiteux directeur des travaux.

Il doit fréquemment accélérer la marche de ces dames, car nous les intéressons, elles appuient un peu vers nous et s'arrêtent, regardent, jacassent. Mais s'il a le sentiment du devoir, le boiteux lama n'en est pas moins curieux, et tout en marchant il nous voudrait voir. Cette violente envie de tout concilier nous procure un spectacle bien amusant. Notre homme a une jambe beaucoup plus courte que l'autre et il doit regarder le sol chaque fois qu'il la pose dessus ; mais, voulant nous regarder, il tourne ensuite immédiatement la tête vers nous. Et le voilà marchant les mains au dos, égrenant un grand chapelet, lançant sa courte jambe, baissant la tête, la relevant, la tournant à droite, penchant à gauche, criant « marche! » à ses ouvrières, scandant son allure, se redressant sur la bonne jambe, criant encore, puis lançant les bras pour rattraper l'équilibre qu'il a perdu contre une pierre, bref s'agitant comme mû par une mécanique et le plus comiquement du monde.

En examinant la lamaserie, qui est composée, comme toutes les lamaseries, de maisonnettes et de chambrettes juxtaposées, avec une salle plus grande réservée au culte, et appelée pagode lorsqu'elle est ornée, nous voyons de près les différents ustensiles de culture. D'abord un râteau fait comme nos râteaux de moulin, d'une planchette en forme de quartier de lune, avec un manche. Une pioche est faite d'un cube de bois taillé en pointe du côté où il s'enfonce dans un cornet de fer. Le métal est rare par ici et on l'emploie avec parcimonie. Une autre sorte de pioche est semblable à celle que nous employons pour jardiner, mais le tranchant seul est en fer, le reste est en bois, le manche est long.

Un laïque bat la paille d'orge sur les toits de la lamaserie au moyen d'un fléau double consistant en deux baguettes attachées par une courroie fixée à un manche : ces baguettes servent à couper la paille menu, car on ne la donne aux bêtes qu'après lui avoir fait subir cette préparation.

Ajoutons à ce propos que ces Tibétains prennent plus de soin de leur bétail que d'eux-mêmes. Les chevaux sont l'objet des meilleurs traitements ainsi que les yaks qui transportent nos bagages. Dès qu'ils paraissent s'affaiblir, ils sont nourris, tout spécialement, d'une bouillie faite avec des *niouma*, sorte de navets. On la leur verse dans la bouche à l'aide d'un entonnoir fabriqué avec une corne creusée.

A Kariméta nous obtenons assez facilement qu'on transporte nos bagages à Tchoungo, en haut de la rivière de Ta-tchou.

Tchoungo est un village assez considérable et qui doit une certaine renommée à un obo colossal dont on ne fait le tour qu'en trois minutes au pas de promenade. L'obo enserre la maison d'un lama qui en est comme le gardien.

Sans cesse, des indigènes venus de la montagne tournent autour de cet amas de prières, en ayant soin, par respect, de l'avoir à leur droite. Des vieillards eux-mêmes se traînent péniblement, en s'appuyant sur leurs béquilles, pour accomplir leurs devoirs religieux.

Le temps est superbe, nous sommes descendus à 2.750 mètres : c'est pour nous la plaine et nous jouissons enfin d'une température d'été. Le thermomètre marque dans la journée un maximum de + 25 degrés à l'ombre, et la nuit il ne descend qu'à — 3°,5.

Après quelques difficultés avec les autorités, que nous décidons, par des menaces, à nous aider, nous partons pour la grande lamaserie de Boutchi.

Au sortir de Tchoungo nous nous élevons sur des plateaux en suivant une gorge pittoresque. En deux heures nous atteignons une passe sans pierre de 4,000 mètres; et au delà c'est une pittoresque descente à travers des roches, des genévriers, des églantiers, des rhododendrons, des broussailles et des bois de sapins.

Dans la berge de la rivière sont creusées quelques grottes où l'eau pénètre.

Les ombellifères gigantesques sont très nombreuses, elles ont des tiges grosses comme le poignet. Nous trouvons quelques passereaux, des courlis, des bécassines. La promenade nous semble charmante, jusqu'au moment où, un orage éclatant, la grêle tombe, le tonnerre gronde.

Après une bonne nuit nous recommençons la série de nos ascensions. En deux heures et demie nous arrivons à 5.300 mètres, au sommet de la passe Dâla; au sud-ouest nous apercevons une grande chaîne avec des pics neigeux de 6.000 à 6.500 mètres.

Au nord, les montagnes s'étagent et ondulent à l'infini, mais elles sont grises, sans neige. C'est un océan à vagues longues, une houle de calme, comme disent les marins.

La descente ou mieux la glissade s'opère sur la neige, où sont marqués les pieds d'un gros ours brun à poitrine blanche, qui ne juge pas à propos de se laisser tuer.

De nouveau nous sommes dans le désert, les pentes sont nues : à peine, de-ci de-là, quelques touffes de genévriers s'ébouriffent. Puis on arrive dans la vallée de Dutchmé, où sont réunies quelques tentes, et où nous perdons un jour à attendre des yaks qu'il faut quérir au loin, bien qu'un chef en ait sous la main autant qu'il nous en faudrait ; mais il doit se conformer à la coutume ; elle exige que toutes les tribus de la région contribuent aux transports dans une certaine mesure.

Puis on suit les rivières Détchou, Sétchou. En longeant les bords de cette dernière nous traversons des forêts de sapins qu'on exploite. Nous apercevons des tas de bois fendu. Les daims musqués, les crossoptilons, sortes de faisans blancs ou de couleur bleu ardoise, sont très nombreux dans ces bois. Nous en faisons un joli massacre.

Puis le Sétchou s'engage dans une gorge, et nous nous dirigeons vers une autre passe, celle de Djala, nom qu'on donne aussi à l'ensemble de la chaîne.

Le Djala a 4.500 mètres de haut. Un sentier pierreux mène à l'obo, près duquel on fait souffler les bêtes. De ce point, nous découvrons le plus beau paysage alpestre que nous ayons vu jusqu'alors. A nos pieds, les pentes sont couvertes de sapins, de rhododendrons, de genévriers d'un vert intense. Plus haut, des plateaux herbeux sont tachetés de troupeaux ; près des cimes, dans des crevasses, la neige est éclatante de blancheur. Mais ce n'est pas la nature qui attire surtout notre attention, c'est ce que nous voyons plus loin dans la vallée, où nous allons retrouver le Sétchou se tordant entre les falaises. C'est l'œuvre de l'homme que nous admirons. On ne pouvait mieux placer cette pagode, large carré s'élevant par étages et servant en quelque sorte de piédestal à une colonne dorée : de loin, on dirait qu'une flamme brillante s'élance vers le ciel.

Quand on a vécu, comme nous venons de faire, pendant plusieurs mois sans rien voir qui ressemble à un monument, et qu'on aperçoit subitement un édifice réellement imposant, on se rend compte, par l'impression que l'on ressent soi-même, quoique habitué aux colossales constructions d'Europe, de l'émotion que la vue d'un semblable édifice doit causer à de sauvages Tibétains. On comprend qu'ils murmurent des prières en apercevant la pagode, et qu'ils se fassent une idée haute du grand lama qui l'habite.

Certainement les Tibétains ont une vénération profonde pour cette demeure du Tale Lama. Voient-ils un symbole dans les sept bandes doubles peintes en blanc sur les murs noirs de l'édifice? Rêvent-ils en contemplant cette pyramide qui semble d'or, et qui finit par une flamme se dirigeant vers le ciel? Voient-ils dans cette flamme une allusion à la grande âme qui se promène dans la nature bouddhique? Nous en doutons. Ce seraient là des sensations un peu trop littéraires. Le sauvage ne sent pas si finement. Mais nous pouvons affirmer que ce spectacle leur inspire une crainte mystérieuse.

A côté de cette belle pagode, où l'on arrive par

un pont de bois, une lamaserie adosse au flanc de la montagne les nombreux étages de ses maisonnettes peintes.

Le village des laïques est plus bas : leurs maisons basses, longues boîtes à toit plat, sont agglomérées dans la presqu'île de Routchi, que ronge la rivière au sud, et dont des brise-lames, formés de troncs d'arbres réunis en dents de peigne, défendent les rives contre la voracité de la rivière.

Dans le village on voit un grand va-et-vient de yaks traînant des troncs de sapins. Nous voyons des flottages tout prêts et des schlittes dans les bois, où travaillent des bûcherons avec de lourdes haches. On ferait un grand commerce de ce bois, ce serait la source principale de la richesse de la lamaserie.

Lorsque le village a disparu derrière nous, nous apercevons des vaches dans les prés verts; des yaks se vautrent dans les mares; les arbres qu'on fait rouler à la vallée font le fracas du tonnerre; le sentier s'enfonce sous l'ombre épaisse des sapins, le vent souffle, il balance cérémonieusement les fûts élancés, et fait frissonner les branches; le Sétchou torrentueux bat les berges. Nous avons été transportés en Suisse, cela est certain. Puis voilà des balcons étroits au-dessus du vide. Et nous pensons que nous pourrions bien être dans l'Himalaya.

En tout cas, voici des Alpes charmantes propres aux excursions avec billets circulaires.

A partir de Routchi nous sommes dans le Tibet pittoresque. Le pays est riche, en comparaison de ce que nous avons vu auparavant. Les champs sont protégés par des haies de branches de sapin entremêlées. Des billes de bois plantées entourent des pacages où broutent des troupeaux qui amendent le sol et où l'on enferme surtout les moutons et les chèvres, car elles dévastent tout. Des précautions sont nécessaires, l'orge montrant déjà son herbe verte. Aussi de tous côtés on répare les haies qui ont besoin de l'être, on en construit de nouvelles avec des branches de l'année. Ces branches sécheront, et en hiver, quand les moissons ne couvriront plus la terre, mais les neiges, on les brûlera.

Le 7 mai, nous sommes au village de Houmda, bâti sur un dos d'âne de conglomérat que lime à l'est un torrent qui se jette dans le Sétchou à 400 mètres de là. Nous trouvons un poste de soldats chinois légèrement abêtis par l'opium ; ils sont chargés du service de la poste et de la police de la montagne. Ils nous vendent des œufs le plus cher qu'ils peuvent, et se montrent d'une politesse excessive. La plupart d'entre eux sont là depuis de longues années, ils se sont mariés avec des Tibétaines et déjà ils oublient leur langue maternelle. Quant à la police de la montagne, c'est le moindre de leurs soucis, et les brigands, s'il y en a, peuvent opérer en toute sécurité. Ces Chinois tirent de nous tout ce qu'ils peuvent avec une obséquiosité et une insistance qui contrastent avec la sauvagerie des Tibétains.

C'est à Houmda que nous achetons la petite guenon à fourrure épaisse que nous avons rapportée en France et qui est au Muséum. Un soldat chinois, en nous la vendant, dit d'un air malicieux :

« Voilà la mère des Européens ».

Comment a-t-il eu connaissance de nos discussions au sujet de l'origine de l'homme?

De Houmda la route va à l'est par Tsamdo. Réfléxions faites, nous prenons la résolution d'éviter cette ville populeuse, où les Chinois sont nombreux et gouvernés par un mandarin. Il serait difficile d'en sortir, dans le cas où ce mandarin du du Céleste Empire voudrait nous prouver son pouvoir. La prudence nous commande de faire un détour par les montagnes dans la direction du nord.

C'est grâce à ce détour que nous visitons Lagoun, le 8 mai. Retenez bien ce nom, car c'est celui d'un grand centre industriel. On arrive à Lagoun par un chemin que tracent les haies qui cernent les champs. Des maisons sont posées l'une auprès de l'autre. Après en avoir compté une vingtaine, on trouve un espace vide, une place (?), où nous remarquons un tas de charbon de bois.

Puis nous entrons dans la cour du chef, et, parmi les nombreux badauds qui nous dévisagent curieusement, nous en voyons dont la face est noircie par la fumée. Nous nous informons, et l'on nous répond que ce sont les ouvriers de l'usine, qu'il y a ici une fabrique de haches, de pioches, de toutes sortes d'outils en fer.

Nous nous empressons d'aller visiter cet établissement, que nous indique le tapage des marteaux. Ces pan! pan! frappés en cadence évoquent devant nos yeux les cratères flamboyants de Bochum que nous avons aperçus pendant la nuit. Il y a bien longtemps que nous n'avons entendu la musique des marteaux.

Par une porte basse nous descendons dans la forge creusée en terre; quatre poteaux supportent le toit en auvent par où tombe la lumière et s'enfuit la fumée.

Un être est agenouillé entre deux soufflets en peau de chèvre qu'il manie alternativement de l'un et de l'autre bras. C'est un vieillard, posé entre les deux grosses outres, et nu jusqu'à la ceinture; on croirait voir un damné véritable. Sur son cadavre presque transparent est une tête décharnée dont la large bouche montre une longue dent; les cheveux rares pendent comme des crins, la peau est un parchemin noirâtre, les côtes sont saillantes comme des cercles; du bout des clavicules tombent en guise de bras deux antennes démusclées.

Cinq ou six jeunes hommes sont debout, silencieux, maigres, étiques, noircis, peut-être momifiés, car ils restent immobiles sans souffler mot. Pourtant ils vivent par leur œil morne.

Le vieillard cesse de gonfler et d'aplatir les outres. Il se lève, et, toujours sans dire mot, il s'approche d'un sac, remplit de zamba une grande écuelle de bois et s'assied. Les jeunes gens s'accroupissent auprès de lui, ils tirent chacun leur tasse de leur peau de mouton tombée sur leurs reins. La farine leur ayant été distribuée, ils passent une grande aiguière au vieux, qui se verse de l'eau dans sa tasse, et l'imitent. Puis, de leurs mains crochues, noires et osseuses comme des griffes, ils pétrissent lentement leur marende, toujours silencieux, fixant sur nous leur six paires d'yeux sans expression.

Nous donnons une pièce d'argent à ces misérables. Le vieux la prend, il est stupéfait de notre manière d'agir. Qui lui a jamais rien donné? Il regarde la roupie, la palpe, la retourne, et ayant constaté que c'était bel et bien de l'argent, il jette à ses collaborateurs attentifs un regard pour les assurer qu'il n'y a pas tromperie : il se met à rire et les autres de rire aussi.

« Zamba », lui dis-je avec le geste du doigt vers la bouche et en montrant chacun des ouvriers.

Vous en avez bien besoin, pensé-je en même temps, car vous crevez de faim, pauvres hères du Tibet!

Et alors, tout joyeux, ils montrent leurs dents en souriant. Les plus jeunes en ont d'excellentes et qui sont faites pour manger. Ils posent leurs tasses et remercient en levant les pouces, puis se remettent à pétrir leur mauvaise pâte.

Leurs outils sont primitifs. Nous voyons des marteaux à une main et à manche très court; des marteaux à deux mains et à manche très long; des cisailles grossières à une main et une à deux mains; une auge creusée dans un tronc d'arbre est à demi pleine d'eau, on y met le fer refroidir; la forge est une auge en terre où brûle le charbon de bois et que l'on enflamme à l'aide des outres posées plus haut.

A côté de la forge, un tronc d'arbre posé de champ est à moitié enterré dans le sol, et dans l'épaisseur du bois un gros lingot de fer est incrusté pour servir d'enclume.

Ces lugubres ouvriers ont, en outre, des tours pour forer, consistant en deux bobines superposées ayant entre elles un intervalle et leur axe unique tenu entre deux planchettes horizontales; le foret est en bas, dans un godet de fer, le sommet de la bobine flotte et joue dans le trou pratiqué dans la planchette du haut. Les bobines sont creuses, en bois, et remplies de sable et de limaille que recouvre une peau; on leur imprime le mouvement de rotation au moyen de poignées en croix adaptées dans le bas.

Et voilà un antre de l'Industrie sauvage, le Creusot du Tibet, et son installation sommaire.

CHAPITRE XIII

L'EST DU TIBET

Le 8 mai, nous sommes à Lamé, petit village où les Chinois ont un poste de soldats, dont quelques-uns parlent avec peine leur langue maternelle. Deux chefs tibétains viennent nous y voir discrètement. L'un, bel homme d'une quarantaine d'années, à la tête énergique, échange quelques mots avec notre lama et repart immédiatement.

Nous le retrouvons le lendemain à Lamda, au bord de la rivière Giometchou, dont les eaux forment avec le Satchou et le Sétchou la rivière de Tchamdo, qui prend plus loin, beaucoup plus loin, le nom de Mékong.

Le chef tibétain nous remet un *cata* de la part de son supérieur de Tsamdo ou Tchamdo et nous prie d'exprimer nos désirs : « Ces désirs seront satisfaits, dit-il. Ici il est difficile de se procurer des provisions, mais dans deux jours nous serons à meilleure place et vous recevrez autant de riz, de mouton, de farine que vous voudrez. »

L'autorité de cet homme est certainement indiscutée dans cette région, on le voit bien à la rapidité avec laquelle ses ordres sont exécutés. C'est la première fois, depuis So, que nous constatons autant d'obéissance chez les indigènes.

Le 14 mai, nous traversons le Satchou sur un radeau de troncs d'arbres assemblés. Trois pagayeurs suffisent à le diriger : deux sont placés à l'avant, un à l'arrière. Le radeau a cinq mètres de long sur trois de large.

Le Satchou est très rapide à cette place et il coule avec une vitesse d'au moins six kilomètres à l'heure entre des berges hautes. Sa largeur est de 80 à 100 mètres.

Sur les bords nous voyons des saulaies, et dans les bocages du lilas sauvage, des framboises et, si nous ne nous trompons, des violettes. Après avoir passé le Satchou, nous voyons fort peu de goitreux ; peut-être avons-nous oublié de vous signaler précédemment cette particularité, ils étaient nombreux dans les villages plus à l'ouest. La population est aussi plus vigoureuse. Elle est très gaie, et cette année-ci elle est de belle humeur, car la pluie tombe assez souvent. Des gens mal intentionnés avaient annoncé notre arrivée et répandu le bruit qu'elle amènerait la sécheresse, qu'on redoute par-dessus tout, et, au contraire, nous apportons la pluie. Nos partisans triomphent et font remarquer l'heureuse coïncidence de notre présence et de l'humidité. Aussi, les méchants sont confondus et l'on nous montre visage aimable.

Le 15 mai, nous quittons les bords du fleuve et nous nous enfonçons dans la montagne, couverte de forêts de sapins.

Notre bivouac est dans une clairière au bord d'un torrent. La pluie tombe par ondées. Les indigènes, dispersés sous les arbres, rassemblent du bois pour le feu du soir. On entend des éclats de voix, le bruit des branches qu'on casse, des plaisanteries, des cris éclatants et joyeux. Puis ils allument des feux qui lancent une flamme claire. Ils s'assoient autour, et à chaque instant ce sont des envolées de rires à gorge déployée.

Cette gaieté continue doit avoir une cause. Nous nous approchons et la trouvons de suite : ils sont presque tous jeunes. Voilà la cause nécessaire et suffisante de cette insouciance et de ces ébats.

A partir de Tchoka nous remarquons décidément un mélange de sang mogol, mélange dont les cas étaient fort rares avant le passage du Satchou : les faces sont plus larges, les yeux bridés. La population n'est pas riche. Les cerfs, les ours, les daims, les tétraophasis s'ajoutent aux espèces que nous avons déjà citées.

Le 17 mai, encore une passe de 4.700 mètres, marquée par des rochers à pic, nus, portant de la neige; à l'horizon, c'est une ceinture de cimes blanches. Le grésil nous assaille. Voilà l'hiver revenu.

Nous descendons à Rouétoundo, où nous voyons une bande de singes. Deux d'entre eux se font tuer. Rachmed nous apporte un nouveau-né, que l'on confie à la petite guenon qui voyage avec nous depuis Houmda, où nous l'avons achetée à des soldats chinois. Elle soigne si bien son nourrisson qu'elle l'étouffe, et c'est un touchant spectacle que de la voir le lendemain matin lécher le petit cadavre, s'efforcer de lui ouvrir les yeux, et montrer les dents à qui veut le lui prendre. La pauvre bête ne comprend rien à ce profond sommeil de son enfant adoptif; c'est le sommeil de la mort, le plus long de tous.

A Tjichounne, le 19 mai, nous retrouvons des hommes armés de sabres, ayant le fusil sur le dos. Ils sont de plus haute taille que tous ceux que nous avons vus jusqu'alors; ils offrent le beau type tibétain; leurs traits sont réguliers, leur mine fière. Beaucoup d'entre eux ont plus de 1^m,80 de hauteur. Ils ne paraissent pas nous considérer avec respect. Ils sont tous riches.

Ils font des difficultés pour nous fournir des bêtes, puis, lorsqu'elles sont là, leurs chefs discutent entre eux et se querellent, se séparent, tiennent des conciliabules à l'écart. Cela va mal.

Enfin ils chargent et nous partons; nous traversons le La-tchou près du village, où un Chinois fait du commerce. Après trois heures de marche, ils ne veulent plus avancer et prétendent nous laisser dans le désert avec nos bagages; déjà ils déchargent leurs bêtes. Nous intervenons et, le revolver au poing, les contraignons d'avancer, ce qu'ils font en ricanant avec insolence, avec des moqueries; ils ralentissent systématiquement la marche, feignant à chaque instant de charger mieux leurs yaks. Puis des cavaliers armés arrivent au galop, mais nous les invitons à prendre le large.

Nous faisons passer l'envie de plaisanter à nos Tibétains et les menons bon train cinq heures durant. Obligés de surveiller ces grands gaillards, nous devons renoncer au plaisir de poursuivre les ours que nous voyons dans chaque repli de la steppe, sans quitter le sentier. Rachmed en a tué un la veille.

Le soir nous devenons amis avec nos yakiers, et ils nous promettent une grande étape pour le lendemain. Dans la nuit il gèle, car nous sommes à 5.500 mètres dans la steppe. Le minimum est de — 4 degrés. Nous remettons nos pelisses.

Le 20 mai, ayant trouvé des sources chaudes non loin du camp, nous descendons la vallée jusqu'à Ouochichoune, où il y a des tentes noires au bord de la rivière. Le chef de l'endroit nous annonce que deux Chinois sont venus lui apporter la défense de rien nous vendre. Il y aurait quatre Chinois qui nous attendraient à deux jours de là pour nous empêcher d'aller à Batang. Mais il n'exécutera pas les ordres des Chinois. « Il tient à notre disposition

autant de yaks et de chevaux que nous voudrons. »
Cela ne le gênera pas, car ici les troupeaux de yaks,
de chevaux, de moutons sont nombreux. Un bon
mouton se paye une roupie. Plusieurs lamas
viennent nous voir; ils nous marquent de la sympathie aussi bien que la foule.

Un lama est énorme; c'est le quatrième ou le
cinquième homme gras que nous comptons depuis
que nous sommes dans le Tibet, où la maigreur
est générale. L'embonpoint excessif y est l'apanage
des chefs et des riches, comme dans tout l'Orient
Nous avons entendu employer le même mot tibétain pour marquer un haut rang et le bon état
d'un mouton ou d'un yak. C'est le mot *bembo* qui
paraît avoir ce double sens, qu'on retrouve en
espagnol dans *gordo* qui se dit des gens gras et des
gens riches. Ce menu fait semblerait prouver un
travail de cervelle analogue. Puisque nous sommes
sur le terrain philologique ou linguistique et que
nous venons de tuer un coucou, oiseau qui dans
tous les pays a reçu un nom onomatopéen, nous
allons voir ce que peut la différence d'oreilles. Le
coucou s'appelle *kounjou* en chinois; *kouti* en tibétain; *koukouchka* en russe; *kakou* en dialecte tarantchi; *pakou* en ousbeg.

Le 22 mai, nous arrivons à Dzérine par des montagnes moins élevées que celles que nous avons
vues jusqu'à présent : ce sont des collines, des
croupes arrondies, des vallées peu profondes. A
l'horizon, plus de hauts pics, plus de neige éblouis-

sante : on pourrait s'imaginer que, les vagues étant moins hautes, l'orage va se calmer et que nous allons enfin aborder dans la plaine. Ce n'est là qu'une impression produite par le manque d'horizon. Aussitôt que nous monterons au sommet d'une passe, nous verrons dans quel chaos de crêtes, de chaînes, de pics nous sommes empêtrés. Au reste nous ne reverrons la plaine qu'au delta du Tonkin.

A Dzérine nous recevons la visite du second chef tibétain de Goundjo; il nous raconte que les Chinois font leur possible pour nous empêcher d'aller à Batang, qu'ils ont beaucoup insisté auprès de son supérieur pour qu'il nous refusât des moyens de transport et des vivres. Mais ce chef aurait répondu qu'il n'était pas sujet chinois, mais soumis au ta-lama, de qui il exécuterait les ordres.

« Vous n'avez donc pas à vous inquiéter, dit le chef, on vous transportera à Batang et même à Ta-tsien-lou. Tout le long de la route les Tibétains vous aideront, car ils savent que le ta-lama est votre ami; je vous le répète, soyez sans crainte, tout sera pour le mieux. » Cette dernière pensée est corroborée par le geste napolitain qui consiste à réunir les doigts de la main le bout en l'air.

A Dzérine, la population n'est pas assez considérable pour fournir, à elle seule, la corvée du transport, et le chef envoie des cavaliers et des piétons réquisitionner des porteurs. Ils arrivent à l'heure dite. Beaucoup sont de très haute taille, quelques-uns ont au moins 1m,85. Ils ont la face fort large, le crâne en pointe, en forme d'œuf; le prognathisme dentaire est la règle générale. Ils sont très vigoureux, très gais; ils jouent comme des enfants. Leurs maisons sont construites comme celles des étapes précédentes; pourtant nous voyons de temps en temps des sortes de fenêtres fermées par des volets en bois.

Nous partons de Dzérine en nombreuse caravane, accompagnés de plusieurs petits chefs qui sont aux petits soins pour nous. Nous sortons de l'étroite vallée pour gagner, par une gorge adjacente qu'une lamaserie surplombe, la douce montée qui nous mène à une passe de 4.000 mètres, après que nous en avons franchi une première de 3.950. Toute cette étape est exécutée gaiement, nos porteurs chantent, crient, jouent tout le long de la route. On dirait une bande d'écoliers à qui l'on vient de donner vacances. Chaque fois qu'ils passent près de nous, ils nous saluent en souriant.

Les faits et gestes d'un garçon de onze à douze ans m'amusent chemin faisant. Il a les traits réguliers, une belle figure, il a l'air fier et décidé. Tout son être dénote une vitalité puissante; il est affamé de vie, de mouvement. Il bondit comme un chevreau à côté de mon cheval. Il voudrait absolument porter le long fusil de son frère aîné, mais celui-ci lui fait comprendre que la crosse toucherait le sol, la bandoulière étant trop longue. Et alors l'enfant se résigne à conduire par une longe une chèvre que nous avons achetée et qui ne veut pas suivre notre petit troupeau. Mais il s'amuse à lâcher la chèvre et à la rattraper. Puis il fabrique un lasso avec une corde et la jette à la tête de notre mouton ou sur notre singe, posté en haut d'un coffre. Il lance des pierres aux yaks, dans la pelisse de ses frères rabattue sur leurs reins, dans l'eau, afin d'éclabousser les babauds. Un homme de ses connaissances passe et il se précipite, il le saisit à la ceinture, il essaye de le renverser, l'autre résiste doucement, en souriant; mais il s'acharne en grinçant ses dents fines de jeune loup. Se tenir en repos est pour lui chose impossible : il récrée ses parents de ses saillies; si une bête s'écarte pour brouter l'orge en herbe, il court sans hésiter, la ramène à coups de pierres dans le sentier. Il satisfait un invincible besoin de mouvement. A juger d'après ses actes et allures, il semblerait qu'il doive être un jour un homme brave, énergique, beau, intelligent. A quoi tout cela lui servira-t-il? De quel usage lui seront son intelligence, son énergie, sa beauté? Ses belles dents elles-mêmes ne seront employées qu'à manger du zamba, et elles s'useront à grignoter de l'orge grillée. Seules ses jambes, seuls ses bras trouveront leur emploi. Pourvu qu'il conserve longtemps sa gaieté, sa vigueur, la vitesse de ses pieds, il sera heureux. C'est le vœu que nous faisons.

Dans la vallée de Maktchou nous remarquons

beaucoup de maisons en ruines. Nous questionnons les indigènes à ce sujet :

« Qui a démoli ces maisons ?

— Les Sokpou sont les auteurs de ces dévastations. Ils habitent au nord de nos territoires.

— Pourquoi sont-ils venus vous faire la guerre ?

— C'est parce qu'ils avaient appris qu'au sud se trouvaient des lamaseries remplies de butin et possédant beaucoup d'argent. Alors ils ont conçu le projet de s'emparer de ces richesses ; des chefs les ont conduits et ils ont envahi notre pays. Ils ont emporté tout ce qu'ils ont pu ; ils ont massacré les habitants, brûlé les forêts et les maisons. Personne n'ayant pu leur résister, ils sont partis sans encombre. Les survivants sont revenus, ils ont demandé l'aide des tribus voisines, les lamaseries ont fourni de l'argent, et ces sortes de forteresses, ces murs à créneaux que vous apercevez sur les hauteurs ont été construits. Ils tombent en ruines depuis que la sécurité est revenue. Au reste nous n'avons plus été attaqués par ces Sokpou.

— Mais pourriez-vous nous expliquer avec plus de précision ce que sont ces Sokpou et où ils habitent ? »

Alors Losène intervient et dit :

« Ils habitent sur la route qu'ont prise les serviteurs que vous avez renvoyés avant que nous nous mettions en route. Leur pays est plus loin que Natchou.

— Dans le Tsaïdam ?

— C'est cela.
— Et à quelle date a eu lieu cette invasion?
— Il y a longtemps, très longtemps. »

Une fois de plus, nous constatons combien il est impossible en Orient de recueillir le moindre renseignement historique. Il semblerait que le présent seul les intéresse. Les documents sérieux font défaut; si les historiens se contentent des sources asiatiques, ils risqueront fort de ne rien comprendre au passé qu'ils voudront ressusciter.

Après Hassar nous remontons le cours d'une rivière qui se tord à travers des roches élevées et formant un étroit défilé. Un sentier incommode, mauvais escalier ménagé dans le roc, mène dans une vallée cultivée, large de cinq à six kilomètres, où se découvrent des hameaux habités et des ruines nombreuses. Nous reprenons la direction du sud-est, que nous avons abandonnée un instant. Nous grimpons sur un plateau et le long de contreforts; nous redescendons dans une autre vallée, où nous trouvons le village d'Acer. Le tonnerre et la pluie annoncent notre arrivée, mais nous avons le temps de nous abriter sous de beaux peupliers.

Les champs sont cultivés avec soin, bien épierrés, défendus par des murs de moellons entassés. Les arbres sont déjà précieux, car nous voyons plusieurs petits peupliers récemment plantés qu'on protège contre le bétail en les entourant d'épines.

La pluie ayant cessé de tomber et le soleil luisant à nouveau, la vallée nous paraît ensanglantée, car sa terre est rouge et elle vient d'être lavée par les eaux.

Ayant changé nos bêtes de somme à Acer, nous allons camper à Lendjounne, sur le petit plateau où se serrent une vingtaine de maisons. Nous posons notre tente près d'une source, sous des peupliers que nous prenions de loin pour des saules, dont ils ont le branchage divergent et s'arrondissant en boule.

Le soir, à l'heure de la rentrée des troupeaux, nous entendons un chant s'éloigner dans la montagne. Plusieurs voix se mêlent. La mélodie rappelle la lamentation des pleureuses musulmanes suivant les morts qu'on porte au cimetière. Il est possible qu'on accompagne un corps qui sera exposé sur le sommet de la montagne.

Il pleut dans la nuit. Nous partons pour Dotou par un ciel couvert et un vent du nord. Hier le vent du sud nous a amené un orage et la pluie.

Ce matin, on nous a annoncé que deux Chinois de Ba et un de Tchamdo nous attendent à Dotou. Le mandarin chinois nouvellement envoyé de Pékin à Lhaça est passé dernièrement à Ba et à Tchambo; il aurait été averti de notre voyage par les autorités tibétaines, et aurait dit : « C'est bien, il faudra leur donner assistance. » Le mandarin qu'il remplace à Lhaça et qui retourne à Pékin aurait parlé dans le même sens. Quoi qu'il en soit, les Tibétains nous aideront à transporter nos bagages jusqu'à Ta-tsien-lou. Il ne nous est pas désagréable d'entendre renouveler les promesses d'autrefois, au moment où nous allons retrouver les autorités chinoises, bien que nous pensions qu'on nous laissera passer, le moyen le plus commode de se débarrasser de nous étant de nous expédier à la côte.

La route de Lendjounne à Dotou passe sur des plateaux dénudés. Une passe imperceptible, de 3.300 mètres, mène à une région mamelonnée comme à la fin d'une chaîne. On aperçoit quelques hameaux dans des vallons, des ruines sur les hauteurs, quelques murs blanchis de lamaseries. Mais plus de maisons en bois, pour la bonne raison que les forêts ont disparu. En trois heures nous arrivons à la lamaserie de Dotou, posée sur une terrasse près de la rivière de Naktchou.

Nous sommes bientôt entourés par une foule très nombreuse, car cet endroit est fréquenté par des pèlerins. Bon nombre de badauds nous considèrent en se tenant le nez; serait-ce pour marquer le dégoût, ou n'est-ce pas plutôt une attitude d'étonnement et d'hésitation?

A quelque distance de l'endroit où notre tente est dressée, on en voit une autre, habitée par les Chinois dont on nous a parlé à Lendjounne. Ils se mêlent à la foule et nous considèrent un instant; puis ils retournent sous leur tente et ne tardent pas à se présenter, mais en grande tenue. Leur chef est un petit mandarin à bouton blanc, grade équivalent à peu près à celui de brigadier ou de caporal. Il ne nous parle pas moins avec une dignité compassée bien faite pour nous en imposer. Ayant montré sa carte de visite, salué en tenant bien l'un contre l'autre ses poings fermés, il nous dit être envoyé par le chef de Djankalo (Tchangka) afin de nous accueillir, de nous souhaiter la bienvenue et de nous accompagner plus loin. Il est à notre service et nous pouvons disposer de lui complètement. Il nous invite même à nous rendre sous sa tente afin de boire une tasse de thé; il craignait qu'il ne nous fût arrivé malheur, car on avait annoncé depuis longtemps notre arrivée, et il ne s'expliquait pas ce retard. Il y a huit jours qu'il nous attend à cette place, qui est fort mauvaise, dit-il. De plus, ses provisions commencent à diminuer, et il est content de pouvoir bientôt partir. Immédiatement il va expédier à Djankalo un courrier qui portera de nos nouvelles à son supérieur, lequel sera enchanté d'apprendre que nous sommes en bonne santé et qu'il ne nous est arrivé rien de fâcheux.

Or je venais d'entrer sous notre tente, lorsque des cris d'émeute retentissent. Henri d'Orléans m'appelle; je sors et je vois une mêlée, des gens qui se battent, un homme ensanglanté que Rachmed tient sous le genou; d'autres, le sabre à la main, ou lançant des pierres. Akoun et Abdoullah tirent quelques coups de revolver en l'air, et le vide se fait autour de nous. Nous gardons par devers nous deux ou trois de ces individus, et surtout le mieux rossé, qui est un chef et l'auteur de toute cette bagarre.

Il s'était, paraît-il, obstiné à vouloir manier la peau du yak sauvage. Rachmed l'avait prié de s'écarter, et comme ce curieux était un chef entouré d'une partie des gens de sa tribu, il avait refusé de faire un pas en arrière, il avait même saisi la peau. Rachmed l'avait alors repoussé; le chef avait, sans hésiter, tiré son sabre ainsi que ses voisins, et cela avait provoqué immédiatement une sortie de nos troupes, dressées admirablement à ce genre d'exercice. D'abord Rachmed avait appliqué un coup de crosse de revolver sur la tête de l'insolent, et comme ses compagnons lançaient des pierres, il l'avait terrassé sans perdre une minute, et il le rossait au moment où je suis sorti, tandis que mes compagnons tenaient les autres à distance, les repoussant à coups de bâton et de crosse. Nous finissons par éloigner les assaillants et nous les faisons prévenir par notre lama que s'ils recommencent nous tirerons droit sur eux.

Cédant aux prières de notre lama, nous rendons la liberté à ceux que nous tenons et qui sont fort endommagés.

Une vingtaine d'entre eux, postés sur une terrasse près de la lamaserie, nous menaçant avec des pierres, nous nous dirigeons de leur côté, et ils jugent à propos de ne pas nous attendre.

C'est alors que nous voyons apparaître nos amis les Chinois, qui se sont tenus sous la tente aussi longtemps que le tumulte a duré. Et alors ils prennent des airs terribles et nous disent :

« Nous allons leur faire des reproches. »

Ils vont jusque sur la terrasse, les mains derrière le dos, en promeneurs, et, comme il n'y a plus personne, ils regardent les Tibétains, qui se tiennent à cinq ou six cents mètres de là, et ils reviennent du même pas, près de notre tente.

« Nous leur avons fait de bonnes recommandations, dit le bouton blanc, mais elles ne serviront à rien. Ce sont des sauvages si méchants que ni Lhaça ni Pékin n'en veulent pour sujets. Il est impossible de quitter la grande route et de pénétrer dans leurs montagnes. Jamais on ne les rencontre sans que des querelles surgissent. L'an dernier, ils ont pillé un envoyé de l'empereur; ils ont refusé récemment des bêtes de somme qu'on leur demandait pour notre mandarin qui allait à Lhaça. Nous-mêmes n'avons pu obtenir des chevaux qu'en les menaçant de votre arrivée, et leur disant que vous tireriez dessus s'ils n'obéissaient pas. On ne pourra jamais rien en faire, car lorsque nous leur parlons les paroles de raison, ils ne nous écoutent pas ou ne veulent pas nous comprendre, et si nous nous avisons de leur donner des coups, ils se fâchent et nous les rendent. Aussi les laissons-nous tranquilles. Que voulez-vous faire? Pourtant nous sommes treize cents soldats dispersés dans des postes depuis Lhaça jusqu'à Ta-tsien-lou. »

En considérant les trois soldats que le *liang-tay* (trésorier-payeur) de Batang nous a envoyés pour nous défendre, nous ne pouvons nous empêcher de rire en nous-mêmes et nous comprenons sans effort que les Tibétains n'éprouvent aucune frayeur à les considérer.

A Dotou nous renvoyons notre guide, le lama Losène; il reçoit des cadeaux qui le rendent le plus heureux des hommes. Il emporte précieusement quelques vieilles chromolithographies représentant la chasse au lion en Algérie et la chasse à l'ours dans l'Oural. Il nous fait ses adieux avec émotion, et nous souhaite un heureux voyage. Nous n'avons plus besoin de lui, nous avons un interprète pour le tibétain, et après Tchangka nous trouverons des postes de soldats chinois. Le brave Losène nous recommande de faire attention, d'être sur nos gardes, car jusqu'à Batang nous traverserons une région habitée par des hommes intraitables et méchants. « Peut-être serez-vous attaqués aujourd'hui dans la montagne par les gens avec lesquels vous vous êtes querellés hier; vous ferez bien de prendre des cartouches. »

C'est ce que nous faisons avant de quitter Dotou. Nous suivons de près nos bagages et nous observons les crêtes.

Nous quittons la vallée suivie depuis Dotou, et une passe de plus de 4.000 mètres nous mène dans une steppe ondulée, avec des tourbières, des fondrières, de rares tentes noires à la sortie des gorges; quelques troupeaux traversent la plaine; si une rivière soudain ne serpentait pas devant nous, nous nous croirions transportés aux environs de Dam.

Plus loin la végétation reparaît; les sapins, les peupliers, le chêne à feuille de houx, les cassis, les épines-vinettes, les broussailles odoriférantes rendent la vallée charmante. Après un défilé, la vallée s'élargit. Une chapelle se dresse près de la route. On aperçoit une lamaserie sur un plateau. En suivant la rive droite du Tson-ron — c'est le nom de la rivière que nous descendons — nous traversons des hameaux nombreux. Et comme le bois abonde, le mode de construction change de suite : ce sont des chalets faits de troncs d'arbres assemblés. Les chapelles sont nombreuses et construites avec les mêmes matériaux; nous sommes de nouveau dans les Alpes pittoresques et peuplées; souvent les parois des roches sont couvertes d'inscriptions.

Les habitants, qui sont d'une belle venue, portent quelquefois des chapeaux à larges bords blancs et à forme rouge, et tel cavalier apparu au détour d'un sentier nous semble un gaucho mexicain.

Les femmes ont modifié aussi leur toilette : elles portent des jupes serrées à la taille, ce qui paraît être le commencement de la coquetterie; jusqu'alors les femmes serraient leurs pelisses sur les hanches.

Toute cette vallée du Tson-ron est très animée. Dans les champs d'orge déjà verts, les femmes donnent un dernier labour à la terre au moyen d'un crochet en bois à pointe de fer. L'une chante une mélodie d'une belle voix mâle, presque sans interruption, s'arrêtant juste le temps de reprendre haleine. Courbées vers le sol, nues jusqu'à la ceinture, elles grattent rapidement les sillons, comme si elles avaient hâte d'en finir ou fait une gageure. Est-ce enfantillage ou plaisir de penser que c'est le dernier coup à cette terre exigeante jusqu'à sa moisson qui les pousse à travailler si joyeusement?

Lorsqu'elles sont fatiguées, sans souffle, elles se laissent tomber de tout leur long sur le dos et s'étalent au soleil. Après s'être reposées, elles reprennent leur besogne en chantant.

Dans les bois de sapins au sud de la vallée, des villages sont perchés comme des nids dans la verdure. Nous nous arrêtons à Tsonké, dont les maisons sont sur la rive gauche d'un affluent du Tson-ron, et qu'une lamaserie posée sur une terrasse domine de ses murs blancs.

Les chefs de Tsonké se montrent très aimables et nous fournissent ce qu'il nous faut, sans se faire prier. Les chevaux qu'ils nous donnent pour l'étape laissent cependant à désirer, bien qu'ils soient plus hauts du garrot, plus forts en apparence que ceux que nous avons eus jusqu'à présent. Notre mandarin chinois, questionné à ce propos, nous dit que cet accroissement de taille résulte d'un croisement avec des chevaux de Sihin-fou.

De Tsonké jusqu'à Tchounneu l'étape est charmante. En quittant la vallée nous nous élevons immédiatement sur un plateau couvert de sapins et de chênes à feuille de houx, semé de clairières que l'herbe couvre d'un tapis vert, et entrecoupé de gorges sillonnées par des torrents. Le sentier est sous bois, à l'ombre; fréquemment on voit de petits écureuils gris bondir d'une branche à l'autre avec une légèreté d'oiseau. Deux petites passes nous mènent à Tchounneu, où nous campons dans un pré entouré de haies. Les croupes et les mamelons voisins sont dénudés; un peu plus haut les sapins commencent. Un petit ruisseau traverse le vallon, quelques peupliers le bordent. Un vent tiède souffle du sud-est et nous nous trouvons fort bien à Tchounneu. Les habitants paraissent se distinguer par une certaine violence de caractère, à en juger, du moins, d'après la facilité avec laquelle l'un des badauds tire son sabre sur un de nos hommes qui l'invite à modérer son indiscrétion. Ajoutons toutefois que cet incident ne se renouvela pas, surtout après la correction qu'il valut à son auteur.

A Tchounneu nous remarquons une fois de plus que le regard des sauvages est caractéristique en ce qu'il est à la fois fixe et effaré. Les femmes surtout se montrent défiantes, farouches, comme les fauves à demi apprivoisés, ne s'approchant qu'avec des hésitations et prêtes à fuir à la moindre alerte.

L'interprète tibétain bavarde une partie de la soirée avec nous. Son chef est parti pour Tchangka afin d'annoncer notre arrivée; son compagnon fume l'opium et, nous dit-il, « je suis tranquille ». Nous apprenons de sa bouche que son père était musulman. La régularité de ses traits nous avait portés à lui prêter cette origine. « Je n'étais qu'un enfant, dit-il, lorsque je suis venu à Batang avec le missionnaire Lou (1). C'était un homme très bon et très intelligent, parlant et écrivant fort bien le chinois et le tibétain. Il donnait aux pauvres tout ce qu'il possédait. Il savait tout, même réparer les montres. »

Au moment d'entrer dans Tchangka, nous admirons la garnison sur une ligne. Deux soldats viennent à nous, ils tendent des feuilles de papier rouge où sont écrites les formules de politesse. Ils nous souhaitent la bienvenue d'une voix forte et plient le genou, puis ils nous précèdent. Enfin nous atteignons le front de bataille, formé par une vingtaine de guerriers de tout âge, dont l'arme unique est un parasol en papier huilé. Ils ont triste mine, leurs faces sont patibulaires, presque tous fument l'opium : on le voit bien à leurs regards vitreux, à leurs traits émaciés. Pour nous conformer à l'étiquette chinoise, nous mettons

---

(1) Le père Renou, ainsi que nous l'avons appris plus tard.

pied à terre et défilons devant ces soldats et ces enfants de troupe; ils nous rendent les honneurs en mettant le genou à terre et en nous saluant de paroles chinoises dont nous ignorons le sens. Ensuite nous enfourchons nos bêtes et nous nous dirigeons vers le jardin, que des peupliers d'une haute futaie et au branchage touffu font ressembler à un Éden. La foule, composée de Tibétains, de Chinois, de métis, se presse autour de nous, curieuse, bavarde, moqueuse, bruyante; elle nous accompagne jusqu'aux tentes de toile que le mandarin a fait dresser en notre honneur.

Nous ne tardons pas à recevoir la visite de quatre soldats, dont fait partie celui qui nous a accompagnés depuis Dotou, et que commandent deux boutons blancs, parmi lesquels notre chef d'escorte. Cet imposant caporal prend la parole et de sa voix trompettante nous présente à nouveau les respects de la garnison, dont voilà les délégués, et nous prie d'accepter l'hommage qu'elle fait : 1° d'une boîte de zamba; 2° d'une boîte de fèves où sont enfoncées à moitié une ou deux douzaines d'œufs.

Ces messieurs nous font des génuflexions cérémonieuses tandis que des comparses enlèvent avec prestesse ces cadeaux, qu'on craint sans doute de nous voir accepter. Nous en avons eu du moins la vue. Abdoullah adore les œufs et il trouve le procédé empreint de singularité : faire passer des victuailles sous le nez de gens affamés lui paraît être une facétie de mauvais ton. Rachmed et Akoun sont du même avis, et ils font pleuvoir les injures sur la garnison.

Ils ne tardent pas à se consoler en voyant arriver deux guerriers portant sur l'épaule au moyen d'une perche un panier en bois — ayant la forme d'une table dont les quatre pieds rejoints seraient les anses, — et où se voient de nombreuses tasses pleines de divers ingrédients.

De nouveau notre caporal nous trompette un petit discours après nous avoir présenté la carte de visite du mandarin :

« Voici, dit-il, un repas que le mandarin de Tchangka vous envoie. Il est indisposé en ce moment et il regrette beaucoup de ne pouvoir vous rendre visite. Il demande des nouvelles de votre santé, et demain, à l'heure qui vous conviendra, il vous rendra visite. »

Nous remercions avec une effusion de cœur qui n'est pas moindre, et, sans perdre de temps, nous chargeons l'orateur de nous fournir une certaine quantité d'œufs frais, de poulets et de viande de porc, car nous avons vu quelques-uns de ces animaux errer dans la rue. Le caporal promet tout ce qu'on veut, et se retire. Aussitôt nous nous mettons à table, ce qui n'est pas une métaphore, pour la première fois depuis bien des mois : par les soins de l'administration a été placée devant nous une estrade, une table très basse où les plats sont entassés. Nous constatons que le nombre ne comporte pas toujours la variété, car sauf des tiges de bambou et des nageoires de poissons, le repas consiste en tranches de porc et en poulet découpé en bouchées. Tout cela est cuit dans la graisse de porc, et Rachmed fuit, en bon musulman qu'il est, et maudit Abdoullah, dont la voracité n'est pas empêchée par une prescription formelle du Coran. En somme, cette cuisine est assez fade. N'oublions pas de mentionner un dessert de boules de pâte où s'incruste du sucre colorié, et un petit pot d'*ara*, eau-de-vie de grains empestée.

Sur ces entrefaites arrive un chef tibétain. Il est le principal personnage de l'endroit, il nous fait des politesses et nous donne quelques renseignements. Il paraît que depuis vingt jours on a reçu à Tchangka des ordres à notre propos, envoyés par le chef chinois de Lhaça. Depuis quarante jours on sait que douze hommes ayant des chameaux se dirigent sur Batang. Le ta-lama de Lhaça a envoyé un papier aux lamas et au peuple tibétain.

Passant à un autre ordre d'idées, nous le questionnons au sujet des cultures et il nous dit que le blé ne réussit pas ici, à cause du froid et du vent soufflant presque constamment du sud : ainsi maintenant il y aurait quelquefois du givre dans la nuit. Aussi se contente-t-on d'orge, de fèves, de thé qu'on apporte de Chine et dont il y a un grand dépôt dans les docks de Tchangka.

Nous demandons à qui appartient le jardin où nous nous reposons.

« A la garnison, dit le Tibétain.

— Comment cela se fait-il?

— Autrefois il appartenait à des bonzes chinois qui avaient bâti une pagode, que les arbres entouraient, mais les Tibétains, s'étant révoltés, chassèrent les Chinois, tuèrent les bonzes et détruisirent la pagode de fond en comble. Les Chinois réunirent des troupes nombreuses, soumirent de nouveau le peuple tibétain, et pour punir les révoltés ils exigèrent, entre autres choses, qu'on cédât ce terrain à la garnison de Tchangka. Les soldats l'ont clos de murs, et ils y mettent paître leur bétail. La place étant commode, elle est devenue le lieu des divertissements, des promenades, des fêtes religieuses et des exercices militaires.

— Les soldats s'exercent-ils souvent?

— De temps en temps.

— Quand cela est-il arrivé pour la dernière fois?

— Il y a deux ans.

— Pourquoi ne s'exercent-ils pas plus souvent?

— Ils n'ont pas d'armes. A Tchangka ils n'ont que quatre sabres pour 130 soldats. Les autres sabres sont dans le magasin à Batang.

— Y a-t-il vraiment 130 soldats? Depuis que nous sommes arrivés, nous n'en avons vu qu'une trentaine.

— Il devrait y en avoir 150, car le mandarin touche la solde pour ce nombre-là. Mais, ne recevant lui-même que cinq à six onces d'argent par mois, il augmente ses appointements en réduisant son contingent. Autant de soldats en moins représentent autant de fois une once et demie qu'il met en poche chaque mois. Ceux qui meurent ne sont pas remplacés, et comme la plupart des soldats sont mariés, on inscrit sur les rôles leurs enfants mâles, qui ont ainsi la perspective de toucher la solde de leur père lorsqu'ils seront en âge de le remplacer, si l'on juge à propos de les enrôler. De la sorte figurent toujours 150 soldats environ sur la liste de solde, c'est pour cela que vous avez vu des garçons de treize à quatorze ans parmi les soldats alignés pour vous saluer.

— Quels sont les soldats qui ne se marient pas ?

— Les fumeurs d'opium, à qui il ne reste pas assez d'argent pour nourrir une femme et des enfants.

— Les femmes sont Tibétaines ?

— Tibétaines ou bien filles de Chinois et de Tibétaines. »

Notre interlocuteur prend congé de nous en nous saluant d'une inclination de corps et en joignant les poings.

Notre vieil interprète nous fait ensuite la confidence que, malgré son désir, il ne nous accompagnera pas à Batang, parce que notre caporal, son chef, le déteste.

« Je sais, dit-il, qu'il intrigue auprès du mandarin pour vous accompagner plus loin. Il obtiendra la permission au détriment d'un autre, car le mandarin est du Setchouen comme lui. Il me fera remplacer, cela est sûr. Tous les soldats de la garnison se disputent à qui ira avec vous, parce qu'ils savent que vous nous avez généreusement récompensés. »

Nous recommandons à l'interprète de faire pour nous une provision d'œufs, car nous ne comptons qu'à demi sur son caporal, bien que celui-ci réalise un certain bénéfice en nous fournissant des vivres. Nous sommes mis en défiance par la facilité avec laquelle ces Chinois nous ont toujours promis ce que nous leur demandions, et par l'habileté avec laquelle ils se sont excusés de n'avoir pas tenu parole. Ils nous ont encore promis pour demain du porc frais et nous nous endormons en songeant à des côtelettes rôties : elles seront excellentes.

CHAPITRE XIV

PAR LA CHINE AU TONKIN

Le 2 juin, nous nous réveillons à Tchangka après un minimum de — 4 degrés dans la nuit. Le vent souffle du sud toute la matinée, puis il cesse, et la pluie tombe.

Trois coups de fusil annoncent le quinzième jour du mois chinois, un jour de fête où l'on se rend à la pagode pour faire aux statues les révérences selon le rite.

Le secrétaire du mandarin vient nous annoncer que son chef est sorti de son tribunal et que ses scribes l'accompagnent à la pagode afin de remplir les devoirs de la religion. Et il ajoute : « Ne vous étonnez pas que notre chef ne vous fasse pas visite, ainsi qu'il vous l'avait promis hier, car il sera occupé une bonne partie de la journée et il ne voudrait pas vous déranger dans la soirée. Voici un papier pour vous. »

C'est une longue pancarte en langue chinoise et tibétaine. L'envoyé du mandarin nous la lit et nous apprenons de la sorte que : arrivés le quatorzième jour de la lune, nous partirons le seizième, qu'on nous fournira six chevaux de selle, six chevaux de bât et trente-trois yaks. Deux soldats prendront les devants, prépareront les logis et rassembleront les bêtes, deux autres nous accompagneront. En cinq jours nous serons à Ba.

La route que nous suivons est la grande route des pèlerins. Elle est marquée par de nombreux obos, formés par des amas considérables de prières gravées. Souvent nous voyons des « Om mané padmé houm », taillées avec soin dans de petites dalles schisteuses et dont les creux sont coloriés en bleu, vert, jaune. Ces lettres brillantes plaisent à l'œil et égayent le chemin de Lhaça, où elles sont placées comme des affiches réclames en faveur du Tale Lama.

Nous remarquons aussi, sur les obos et au sommet des chapelles, des colonnettes de bois terminées par des boules, des croissants ou des ornements mal dessinés, mais taillés tous de la même façon; nous comptons sur chacune de ces colonnettes douze anneaux en creux. Ce chiffre douze, revenant toujours, doit répondre à une préocupation religieuse ou superstitieuse. Nous avons demandé des explications aux personnes compétentes et nous ne sommes pas encore éclairés à ce sujet. Peut-être cela a-t-il rapport avec le cycle tibétain de douze années?

Certains auteurs ont dit que Lhaça est le rendez-vous d'innombrables pèlerins. Nous ne savons sur quoi ils basent ces assertions; quant à nous, nous en avons rencontré et nous en rencontrerons fort peu. Il doit y avoir exagération, à moins que la population du sud du Tibet et au nord des Himalayas, étant très dense et très dévote, ne fournisse la presque totalité des pèlerins.

Le commerce du thé entre la Chine et le Tibet est assez considérable. Le transport de cette denrée s'effectue principalement par la route de Tatsien-lou à Lhaça par Tsamdo, et le va-et-vient des yaks chargés ou vides donne de l'animation à la route. Les relais sont fixés par la coutume, et chaque village contribue pour sa part au transport du thé, et reçoit une rétribution proportionnelle, payable en thé le plus souvent, mais après que l'impôt a été payé par un nombre suffisant de corvées.

A trois heures de Kouchou nous relayons à Leindünne, où l'on arrive par deux petites passes et qui est une lagune de 3.600 mètres environ. On traverse un paysage charmant de sapins et de chênes à feuilles de houx. Les vallées sont toujours cultivées, et dans presque tous les deltas on voit des fermes entourées de champs verts.

La population paraît moins pauvre. Elle est mieux vêtue, mieux chaussée. De temps à autre on aperçoit des indigènes gras. Les femmes apportent quelques modifications à la toilette tibétaine. Leur jupe courte est plissée par derrière, serrée à la taille par une ceinture de cuir à ornements de métal et recouverte devant par un tablier. Leur coiffure se civilise, elles ne taillent plus leurs cheveux à la hauteur des sourcils, elles se contentent d'une raie sur le crâne, leur front est à découvert, et elles réunissent de nombreuses petites tresses en une seule natte, derrière la tête. Les vêtements sont de bure, quelquefois à fond rouge, et rayés des couleurs nationales du Tibet, de vert, de rouge, de jaune. Sous le soleil, cet assemblage fait un bariolage assez méridional, rappelant l'Andalousie. A peine avons-nous fait cette remarque que nous sommes assaillis par un vent glacial du nord.

Après Leindünne, la route bifurque vers Batang et Atentze. D'après les soldats chinois qui ont voyagé dans cette direction, en quatre jours on peut aller à Atentze, et en un mois d'Atentze à Yunnan-fou. Mais la route, très montueuse, aurait des passes innombrables et si difficiles, que seuls des piétons ou porteurs pourraient l'utiliser, et des yaks ou d'autres bêtes de somme ne pourraient passer par là. Toujours d'après les soldats, on ferait beaucoup de commerce dans cette région. Les missionnaires français l'ont en partie visitée et nous renvoyons aux travaux des pères Desgodins et Biet les personnes désireuses de connaître ce coin de l'Asie.

Bien que les vallons soient cultivés avec soin, les récoltes ne sont pas suffisantes pour nourrir le poste de Leindünne, car il va chercher ses provisions à Atentze. C'est à ce marché que les soldats achètent leurs légumes secs et leur riz. Ils élèvent des poules qui leur pondent des œufs, et des porcs qu'ils tuent quand ils sont gras. Bien qu'ils n'habitent qu'à deux jours de Batang, ils ne s'y fournissent de rien, le prix des choses étant très élevé dans cette ville; mais c'est là qu'habite le *liang-tay*, l'homme aux onces d'argent, le trésorier-payeur, et lorsque la fin du mois est proche, le poste détache un des siens afin d'aller recevoir la solde. Ce courrier a la consigne de revenir très vite, « car un retard serait grave, me dit le caporal : il faudrait alors acheter à crédit ».

En passant dans le village de Leindünne nous remarquons une tentative d'ornementation architecturale : d'abord des modillons bien alignés, puis, taillés dans les volets des fenêtres, des dessins plus ou moins géométriques. A en juger par la grande quantité de *manis* (1) fraîchement peints de couleurs éclatantes qui jalonnent la route, nous sommes en pays de sanctification. Est-ce un sentiment religieux qui pousse des laboureurs mangeant dans leurs champs à prendre d'un commun accord de la terre à la poignée et à la lancer en l'air dès que nous sommes passés? ou bien avons-

(1) Prière gravée.

nous réellement mauvaise tournure et l'œil jetta-teur? Nous ne saurions vous le dire.

A cinq kilomètres environ de Leindünne, en passant d'une vallée dans une autre, nous arrivons en haut d'un escarpement; il domine une lamaserie posée sur un terre-plein, dans la vallée où la route d'Atentze descend vers le sud, le long de la rivière. Une passe de 3.600 mètres, la seconde depuis Lein-dünne, nous mène à un plateau nu où apparaissent des grès schisteux.

Après une heure et demie de discussions, la population se décide à transporter nos bagages jusqu'au prochain relais, à 3 kilomètres de là. Et alors de nouvelles discussions recommencent, puis nous faisons encore 7 kilomètres par une gorge boisée; elle serait charmante si la pluie ne tombait pas. Nous arrivons à Kountsetinne, montés sur des chevaux dont les jambes laissent beaucoup à désirer. Nous décidons de passer la nuit dans le caravansérail de l'endroit, appelé *kouen-kan* en chinois. La malpropreté de l'établissement est telle que nous préférons dresser la tente dans la cour, malgré le mauvais temps.

Vous avez lu déjà la description d'auberges chinoises, bâties en bois, où les chambres pour les voyageurs, les écuries, les cuisines, communiquent de telle sorte que les poules, les porcs, les hommes se coudoient, si l'on peut dire cela d'êtres aussi divers. Les odeurs des plats et d'autres objets se confondent; la vermine sort des fentes des planches pour souhaiter la bienvenue aux voyageurs, et l'on préférerait loger dans les branches d'un arbre plutôt que dans un pareil taudis. Dire que plus tard, en comparaison des auberges de la vraie Chine, celles du Tibet nous sembleront des établissements de premier ordre! Il paraît que le *kouen-kan* ou *kong-kuan* est destiné à loger les mandarins et les soldats de passage : on nous y installe parce qu'on nous considère comme des personnages de qualité.

Le gardien de cet immeuble fait un grand éclat, il crie, il menace les indigènes. Il leur reproche de nous mal servir, de ne pas transporter les bagages avec assez de précautions, de ne pas balayer la cour assez vite, de ne pas apporter le bois pour le feu. Il leur rappelle que nous sommes des « grands hommes » (*tajen*, comme disent les Chinois), ayant droit au respect. Tout cela est débité avec l'apparence d'une vive indignation. L'orateur semble se désoler qu'on nous traite mal, et souffre plus que nous-mêmes de la barbarie de ces gens. Mais les Tibétains s'émeuvent fort peu des criailleries de ce Chinois, ils n'en font pas un seul mouvement plus vite et ils continuent à jeter les ballots de-ci de-là jusqu'à ce que nous intervenions.

Cette petite manifestation du gardien a son but. Il a su par ses compatriotes que nous n'avons pas donné de cadeaux aux chefs des précédents villages parce que nous avons été mécontents. Il veut nous prévenir en sa faveur, et, les paroles ne coûtant pas une sapèque, il prononce un véritable discours, avec des gestes éloquents et une voix tonitruante.

A la nuit tombante, les chefs tibétains et chinois, qui causent tranquillement en fumant leurs pipes et en buvant le thé, à l'abri de la pluie, sortent de l'auberge avec une vitesse relative. Les deux principaux, le chef tibétain du village et le chef du poste, montent à cheval et partent en reconnaissance avec sabres et fusils.

Nous sommes tout surpris de cette prise d'armes. Notre bouton blanc nous explique avec des froncements de sourcil et sa voix trompettante qu'un piéton vient d'accourir en toute hâte afin de réclamer du secours.

Il paraîtrait qu'à quelques centaines de mètres du village, dans le bas de la gorge, des brigands descendus de la montagne ont surpris les Tibétains qui avaient amené nos bagages et leur ont pris six chevaux. Afin d'exécuter plus facilement ce coup de main, les brigands ont eu soin de laisser passer le gros de la troupe et de n'attaquer que l'arrière-garde. On va réunir quelques hommes du village, et poursuivre les ravisseurs. « Mais, ajoute le bouton blanc avec philosophie, cela ne servira à rien, car les voleurs ont de l'avance et ils se sont déjà dispersés dans les fourrés de la montagne.

— De pareils faits se produisent-ils souvent?

— Oui, assez souvent. En effet la montagne est peuplée de sauvages incorrigibles contre lesquels on ne peut rien. »

Toute la nuit, les ondées de pluie se succèdent, et le matin nous nous réveillons dans les nuages.

La descente commence à cinq minutes de l'auberge, qui est située à 2.500 mètres environ. Nous voyons des clématites, des seringas, des jasmins, des églantiers. Bientôt nous sommes dans des champs cultivés, où nos hommes trouvent des radis presque mûrs. Puis voilà des noyers avec des noix déjà mangeables. On descend encore et à 1.650 mètres l'orge est aussi à peu près mûre; à 1.350 mètres la gorge est déboisée complètement, et l'on moissonne déjà. A 1.200 mètres, la moisson est sur les toits, et l'on peut donner de la paille fraîche aux chevaux. Vous voyez par ces constatations successives sur une même pente de montagne que l'altitude n'est parfois qu'une latitude en hauteur.

La population de ce versant de la montagne est assez farouche et elle n'obéit pas mieux à ses chefs que celle placée sur l'autre versant.

Le costume se modifie sous l'influence des modes chinoises; les métis sont nombreux et les chefs des indigènes ont les cheveux rasés sur le devant du crâne comme les mandarins de la nation conquérante. La chaussure n'est plus tibétaine, les enfants ont au pied des sandales; deux lanières passant l'une entre le gros orteil et le premier doigt, l'autre entre le troisième et le quatrième, serrent le talon par derrière.

Nous suivons par une pluie battante un sentier assez difficile se déroulant le long des berges hautes de la vallée. Puis tout à coup nous la quittons et nous apercevons un grand fleuve, dans une vallée large de 7 à 800 mètres. C'est le Kin-cha-kiang, le Fleuve Bleu immense.

Nous longeons sa rive droite à travers les pierres, parfois nous sommes sur une plage sablonneuse déposée par le fleuve lorsqu'il a pu s'enfoncer dans les rochers de la rive opposée; on descend dans le fond des crevasses que les torrents ont fouillées en se précipitant d'en haut, on remonte leurs berges abruptes, ou, lorsqu'elles sont à pic, on se glisse au flanc des pentes par les méandres d'un sentier.

Nous sommes loin d'avancer aussi vite que le fleuve s'en va. Le Kin-cha-kiang, le Yang-tse-kiang de l'est, roule impétueusement ses eaux. Son allure est sauvage, bruyante. Tantôt il bondit sur les roches des rapides, tantôt il bat comme un furieux les dures assises de la montagne : il creuse des anses où son eau se calme, se repose, mais pour repartir avec une vitesse étonnante. Il se tord, il se démène dans une prison de pierre, frayant sa route vers l'Océan comme s'il avait hâte de se déverser dans son sein. Mais si l'on considère la montagne où il est enserré, on se dit qu'il a beau faire, qu'il ne la pourra saper malgré sa rage. Au milieu de ces prodigieux accidents géologiques, le Kin-cha-kiang se tortille ainsi qu'un vermicule infime et impuissant.

Mais nous nous sommes éloignés du fleuve. La route est plus facile; elle s'élève sur une berge en terrasse et nous galopons sur le sable à travers les églantiers, qui nous accrochent de leurs épines. Nous arrivons au delta que forme le Chisougoune en débouchant des montagnes. Nous le traversons sur un pont qui ne nous inspire qu'une médiocre confiance, car nous ne sommes plus accoutumés à nous servir de ces ustensiles civilisés de voyage : nous sommes habitués aux gués.

En haut des roches, de l'autre côté du pont, des coups de fusil éclatent à la file et des cris sauvages retentissent. Ce sont les honneurs que nous rendent des hommes juchés là, afin de surveiller cette vallée latérale par où descendent fréquemment les brigands qui infestent le pays. Le mandarin chinois de Batang aurait donné l'ordre de veiller sur nos personnes, et ce poste va retourner à son village, maintenant que nous sommes passés.

Depuis Tchangka nous sommes sur un terrain français, car, après Huc et Gabet, le père Renou a pénétré dans le Tibet, où il a rassemblé les éléments d'un dictionnaire qu'on peut comparer à celui de Csoma, le savant Hongrois dont il a complété les travaux. L'intelligent et énergique père est mort dans ce Tibet qu'il a ouvert à ses successeurs, en leur permettant d'en étudier la langue.

.31.

Puis viennent les pères Fage, Desgodins, Thomine, qui pénètrent jusqu'à Tchamdo, et tant d'autres, dont tout Français et tout Européen devrait savoir les noms.

Nous disons que tout Européen devrait savoir les noms de ces martyrs de la civilisation, car ce sont eux qui ont frayé la route aux explorateurs. L'illustre Prjevalsky voyageant dans le Tibet n'a fait que suivre en partie la route du père Huc. De même les Anglais Gill, Mesny ont suivi la route de nos missionnaires. Plus tard, le comte Bela Szechenyi, accompagné de Loczi et de Kreitner, a tenté d'atteindre Lhaça; il possédait toutes les recommandations, tous les papiers possibles, il était accompagné d'une escorte et de mandarins chinois, il disposait d'une fortune considérable et il n'a pu dépasser Batang; il est revenu par le Yunnan. Cooper a voulu sortir des sentiers battus par nos missionnaires, et il a été assassiné. Baber n'a fait que suivre la route qu'ils avaient jalonnée, et bon nombre des renseignements que ses livres contiennent lui ont été fournis par les membres de la mission du Tibet. Aucun Européen venu de l'est, et voulant pénétrer dans le Tibet, n'a pu même atteindre la tombe du père Renou. A partir du village où nous allons débarquer, la route a été parfaitement décrite jusqu'à Ta-tsien-lou par le père Desgodins, un vaillant qui est encore sur la brèche malgré soixante ans passés.

Maintenant, nous allons rencontrer fréquemment des endroits où le sang français a été versé avec un désintéressement qu'on n'admire pas assez. Et quand nous songeons que nous arrivons à Tchroupalong, et que peut-être s'y trouvent les assassins du père Brieux, massacré quelques kilomètres plus loin, nous regrettons sincèrement de n'être pas vingt ou trente hommes bien armés et bien déterminés afin de faire justice et d'inspirer à ces sauvages, à ces lâches Chinois et Tibétains le respect, sinon la crainte des Européens.

Ce n'est qu'assez tard dans l'après-midi que tous nos bagages sont débarqués sur la rive gauche du fleuve. Il y a eu en route encore une bagarre au dernier relais. Un chef, un métis sans doute, grand gaillard au costume mi-tibétain, mi-chinois, et coiffé à la chinoise, ayant voulu obliger des yakiers à dépasser le relais, où la coutume veut qu'on les remplace, une querelle a éclaté; les Tibétains ont jeté bas les charges, chassé leurs bêtes vers la montagne et, ramassant des pierres, les ont lancées contre le chef, en l'accablant d'injures. Ils n'ont pris la fuite que lorsque nos hommes les ont menacés de leurs revolvers. Il n'a pas fallu moins de deux heures de pourparlers et de négociations pour obtenir des habitants du village le transport des bagages jusqu'au bac.

Remarquez bien que ceci se passe en présence d'une escorte et d'un inspecteur militaire, venus de Batang à notre rencontre. Et nous en concluons que les Chinois n'ont dans ce pays qu'une autorité factice, que du reste ils n'établiront pas avec les troupes qu'ils ont échelonnées dans les postes de la grande route impériale.

Les soldats chinois que nous avons vus jusqu'à présent n'ont du soldat que le nom.

A quelques kilomètres de Tchroupalong, sur la route de Batang, nous remarquons une maison à l'entrée d'une gorge. On nous apprend qu'à cette place le père Brieux a été massacré par des misérables qu'avaient soudoyés et encouragés les lamas et les Chinois.

Lorsque nous arrivons à Batang, situé dans une jolie vallée couverte de moissons, on nous accueille comme des personnages de distinction, on nous rend les honneurs, on nous loge dans le kouen-kan nouvellement bâti qu'on réserve aux grands mandarins. Les lamas nous évitent; ceux que nous rencontrons dans les rues rebroussent chemin, s'en vont par une rue latérale ou se réfugient dans les maisons. Lorsque nous dirigeons nos promenades vers la lamaserie, entourée de hauts murs d'où émerge un dôme brillant, on s'empresse de fermer la grande porte massive, comme si l'on craignait de nous voir pénétrer dans ce prétendu temple de la sagesse, qui n'est qu'un refuge de malandrins.

Nous visitons à diverses reprises l'emplacement des maisons autrefois la propriété des missionnaires, en vertu d'actes de ventes d'une légalité complète. Tout a été dévasté, la chapelle n'offre plus que des ruines; entre les pans de murs l'orge est déjà grande. Les Tibétains vont moissonner pour la troisième fois les champs des expulsés sans que l'autorité chinoise intervienne. Et nous nous demandons quel est ce gouvernement que l'on dit puissant, auquel s'adressent les Européens lorsqu'ils sont lésés, et avec lequel ils signent des traités qu'eux seuls exécutent.

Nous nous demandons comment on prend au sérieux les engagements d'un empereur de Chine, car il n'est pas obéi ou parce qu'il ne peut pas l'être ou parce qu'il ne veut pas l'être. Pourquoi traiter en Européens des gens qui n'acceptent que le fait accompli et ne respectent que la force, qu'on a toujours vu ramper devant un ennemi puissant et se montrer féroces vis-à-vis de braves gens inoffensifs? Un pouvoir incapable de protéger personne, d'appliquer les moindres règles de police, mérite-t-il le nom de gouvernement?

Nous avouons ne rien comprendre à la manière d'agir des Européens. On dirait qu'ils s'ingénient à gonfler d'orgueil ces hommes jaunes qui en éclatent naturellement.

Nous sommes à Batang où se promènent jusqu'à ce jour tranquillement des assassins et des incendiaires; notre présence suffit pourtant à les inquiéter, et nous ne sommes que quelques-uns, bien armés il est vrai. Comment se fait-il que les Européens ne punissent pas eux-mêmes, avec ou sans le concours des Chinois, ceux qui le méritent? Pourquoi se laissent-ils bafouer?

Disons d'abord qu'à Batang nous avons eu quelques petites discussions avec le caduc liang-tay. Ce brave trésorier voulait à toute force que nous lui montrassions les papiers que nous avions demandés à Pékin et que, paraît-il, on nous avait adressés par l'intermédiaire du consul russe de Kachgar. Nous ne pouvons croire qu'on ait fait prendre une telle route à nos passeports. Donc le trésorier insista beaucoup, et après que nous lui eûmes bien expliqué que le courrier — s'il y en a eu un — qui s'était mis à notre poursuite n'avait pu nous rejoindre par un aussi long chemin des écoliers, il parut convaincu que nous n'en possédions pas et nous laissa partir sans autre forme de procès.

Après Batang, le seul endroit auquel les voyageurs aient donné le titre honorifique de ville est Litang. Les Tibétains l'appellent Lé-tong (Plaine du Cuivre).

Lorsqu'on sort des montagnes pour arriver à cette plaine, on traverse des collines nues sur lesquelles une grêle de pierres est tombée; ce sont des blocs, des roches, d'énormes cônes de granit dénudé quelquefois superposés. A la descente, les éboulements sont nombreux. Comme nous sommes dans cette région à la tombée de la nuit, elle prend l'aspect fantastique d'un chaos; l'obscurité venue, nous marchons à grand'peine, pendant de longues heures, au milieu des pierres et des roches et il nous semble entendre des grondements souterrains. Le lendemain nous sommes dans une plaine : elle nous paraît immense après tant de défilés, de passes et de montagnes; cette tranquillité de la nature, les molles ondulations de la steppe grise où une rivière circule nous font éprouver le sentiment d'être arrivés dans un autre univers. La plaine est large de 15 à 20 kilomètres, longue de 50 à 60 : ce sont à peu près les proportions des grands lacs aperçus sur les hauts plateaux. Il y a ici une solution de continuité, une interruption dans l'ensemble des soulèvements où nous montons et descendons depuis des mois. Il semble que l'ouvrier ait voulu prendre ici un temps de repos, et, au fait, ces blocs, ces cônes, ces roches entassés à l'ouest de la plaine, derrière nous, ne sont-ils pas les matériaux laissés là par le grand constructeur? Pourtant les bruits que nous avons cru percevoir sous nos pieds indiquent que les vastes usines sont encore en activité.

Aussi est-ce une véritable surprise d'arriver dans la plaine de Lé. Et c'en est une autre de ne pas apercevoir la ville qu'on nous a annoncée. Où est-elle cachée? Malgré la pompe des discoureurs indigènes nous ne nous attendons pas à voir une capitale. Nous savons par expérience le peu de valeur qu'ont les mots. En outre ce n'est pas dans un désert, sous un ciel aussi rigoureux — le 15 juin nous y sommes assaillis par la neige et la grêle,

— ce n'est pas dans d'aussi mauvaises conditions que les hommes s'agglomèrent et fondent de grandes cités. Néanmoins nous voudrions bien voir Litang.

Nous poursuivons notre route, et notre caravane aperçoit la ville perchée sur la montagne, adossée à un contrefort. Les maisons descendent les pentes, elles s'étagent et donnent l'illusion d'une ville avec des monuments imposants et que signale au loin l'étincellement des dorures.

De près, on voit que Litang a exactement la forme d'un triangle dont la superficie est occupée par la lamaserie enclose de hauts murs, ayant au sommet les édifices, et dont le côté droit se prolonge sur un dos d'âne où sont des masures grises qu'habitent des laïques, des Chinois et des métis. On trouve dans ce quartier de la ville quelques boutiques assez misérables, la lamaserie ayant accaparé le commerce. Nous nous adressons au chef des lamas pour obtenir les bêtes de somme qui nous sont nécessaires, et non au mandarin chinois logé à l'intérieur du couvent, près de la porte d'entrée. Ce mandarin est à la complète discrétion des lamas; ils l'hébergent, le nourrissent et, paraît-il, lui dictent des ordres. En tout cas, nous avons vu ces tondus faire la police autour de nous et chasser des soldats chinois, qui s'éloignaient sans oser se permettre la moindre observation.

Aussi bien que le commerce, l'industrie serait

entre les mains des lamas; l'un d'eux vient nous offrir des petits pains de soufre; d'autres travailleraient les métaux et surtout l'argent, fabriquant des ornements pour les indigènes. Un de ces ouvriers, fort bien mis, jeune homme à mine intelligente, vient nous rendre visite; il possède quelques mots d'hindoustani et de persan, ce qui nous permet d'apprendre qu'il est allé à Ladak, qu'il a appris son métier chez un Afghan du Pendjab immigré à Lhaça. Cette rencontre nous fait sentir combien nous étions près des Indes lorsque nous étions sur les bords du Namtso. Si les hommes voyagent, on peut affirmer que les marchandises voyagent encore plus et que de main en main elles vont d'un antipode à l'autre. A Litang on nous vend des allumettes de Malmö. Elles ont suivi les fumeurs d'opium, elles leur sont très utiles pour leur fumerie, la pipe devant être souvent allumée; les lamas s'en servent pour les luminaires de leurs autels.

A Litang nous assistons à un beau coucher de soleil. Nous admirons un superbe paysage de nuages : à l'est ils sont accumulés au-dessus des montagnes; ils semblent épais, lourds, faits d'une matière solide; au-dessus, le ciel est rempli comme par la masse immense d'un métal incandescent : c'est la fournaise rutilante d'un atelier titanique et cyclopéen où l'on triture un monde; à son contact avec les nuages, l'or du métal en fusion a les teintes de l'acier.

Et de nouveau nous voilà pensant qu'on fabrique ici des montagnes qu'on répandra vers l'orient; tandis qu'à l'occident le ciel est pur, les hauteurs nettes et la besogne achevée : nous l'avons constaté aux dépens de nos jambes.

A Litang on tire le canon pour annoncer la fermeture des portes; c'est en même temps le signal des aboiements des chiens.

On nous confie à la garde de deux hommes armés de piques, de chaînes, d'une lanterne et de semelles de cuir cousues ensemble à une même extrémité : elles servent à claquer les joues des récalcitrants. Nous dormons en toute sécurité, par la bonne raison que nous avons enivré complètement nos gardes du corps et qu'ils ronflent.

Le lendemain, nous nous réveillons dans la brume. La plaine, les montagnes ont disparu. Soudain le soleil se montre, il frappe de ses rayons la grande lamaserie, et elle resplendit à travers les vapeurs qui flottent, s'élèvent, se perdent dans l'atmosphère comme les fumées de feux allumés sur les toits des maisons. Et Litang ressemble alors à un immense amphithéâtre d'autels érigés les uns au-dessus des autres jusqu'au ciel, où ils envoient la fumée des encens qu'on brûle en l'honneur de la divinité.

Après Litang nous ne trouvons plus que de petits villages. Enfin le 24 juin, nous descendons dans la vallée étroite où les maisons de Ta-tsien-lou se pressent. Un sentier pavé et glissant mène au pied de la terrasse où est établie une lamaserie au milieu de superbes peupliers. Plus bas coule une rivière torrentueuse au travers de bocages, sur un lit de cailloux et de rochers.

On la franchit au moyen d'un pont d'une seule arche sous laquelle l'eau bruit en écumant, car c'est d'une course folle que cette rivière passe dans la ville, posée sur ses deux rives.

A Ta-tsien-lou nous sommes accueillis à bras ouverts par nos compatriotes de la mission : Mgr Biet, les Pères Dejean, Giraudot Soulié, et par M. Pratt, un naturaliste anglais.

Ta-tsien-lou a une population composée de Tibétains et de Chinois. La plupart des Chinois sont soldats ou bien marchands, occupés surtout au commerce du thé, de l'or, de la rhubarbe et des peaux. On trouve aussi dans leurs boutiques des marchandises européennes : des tapis et des draps russes, des calicots anglais, de l'horlogerie suisse, des contrefaçons allemandes, des produits européens et différents affiquets d'origine chinoise.

La rhubarbe, fort mal séchée, se trouve à profusion dans les montagnes environnantes. Le thé de Chine arrive à Ta-tsien-lou sur le dos des porteurs; on l'enferme dans des caisses spéciales enveloppées de peaux qu'on mouille et qu'on coud autour tandis qu'elles sont fraîches : la peau se rétracte et protège la précieuse denrée contre les fugues et les caprices des yaks qu'on emploiera dorénavant à la transporter jusqu'à Lhaça et même plus loin.

L'or est recueilli par des orpailleurs misérables qui travaillent pour le compte des lamaseries. Il abonde dans toute cette région, qu'on n'aurait pas de peine à transformer en véritable Californie.

. . . .

Tandis que nous nous reposions avant de partir pour le Tonkin, un incident assez caractéristique se produisit. M. Pratt, naturaliste anglais, pourrait au besoin confirmer ce que nous allons dire : d'abord que les missionnaires lui ont rendu tous les services en leur pouvoir, sans jamais lui demander, pas plus qu'à nous, quelle était sa croyance. M. Pratt pourra dire que le mandarin de Ta-tsien-lou a essayé de fomenter une émeute contre nous, sous prétexte que nous « voulions voler » les trésors, insinuation ridicule et grotesque, comme on pense bien.

Il faut pourtant vous raconter cette histoire avec quelques détails. Imaginez-vous que depuis deux ans on promet aux missionnaires de Ta-tsien-lou des passeports qui leur permettront de retourner à Batang.

Il y a engagement solennel de les donner, mais on ne le tient pas. Mgr Biet croit devoir profiter de notre présence pour tenter une nouvelle démarche auprès du mandarin de l'endroit, nommé Foutchao-kong, et auprès du liang-tay de Batang, un certain Ouang-kia-yong. Ce dernier a été nommé récemment à la place du vieillard que nous avons rencontré dans cette ville; il se rend à son poste et se trouve à Ta-tsien-lou en même temps que nous.

Un conseil auquel nous assistons est tenu, et, après une discussion, les mandarins promettent des passeports aux missionnaires. Le nouveau trésorier s'engage à les emmener avec lui, le 17 de la lune. Ce personnage nous demande même un revolver destiné à terrifier les Tibétains. On le lui promet.

Bien entendu, les engagements pris par les mandarins ne sont pas sérieux. En effet, le 15 de la lune, dans la matinée, un homme du yamen vient nous prévenir officieusement que Ouang-kia-yong partira le lendemain, c'est-à-dire un jour plus tôt qu'il n'a été convenu. Or, on n'a pas vu l'ombre d'un passeport à l'évêché.

Dans l'après-midi nous envoyons Dedeken, vêtu à l'européenne, porter le revolver promis. Il en profitera pour obtenir quelques renseignements, sinon des explications. Il se présente à la porte du tribunal, remet nos cartes, selon l'étiquette; on l'introduit, puis on le prie de s'asseoir, car ces messieurs sont à table. On ne lui demande même pas ce qu'il veut. La salle du banquet est voisine de l'antichambre, les cloisons sont minces, et durant les cinq heures qu'il attend, Dedeken a tout le temps d'entendre insulter la France, les Européens et les missionnaires, dans les termes les plus malséants. Le mandarin Ouang-kia-yong se distingue par des éclats de voix : il veut que les injures soient entendues distinctement de celui qu'il ne daigne pas recevoir.

Le festin dure, la nuit tombe et Tchao-kong, mandarin de Ta-tsien-lou, fait battre le tambour dans la ville et convoque un homme par maison; le crieur public appelle à l'aide, criant sur tous les tons : « Secours au tribunal en danger et sus aux Européens. Armez-vous. » Le peuple s'arme, qui d'un sabre, qui d'un gourdin, tous d'une lanterne et d'un parapluie, car heureusement il pleut et cela rafraîchit l'enthousiasme.

Nous ignorions ces détails; mais, inquiets au sujet de notre compagnon, nous envoyons deux de nos hommes armés le chercher, le prier de revenir. Dedeken sort et il est tout surpris de voir les abords de la cour du yamen occupés par la foule.

On veut barrer le passage à nos hommes; ils menacent et reviennent avec Dedeken. Mais une foule de 500 à 600 individus les suit, malgré la pluie battante. Arrivé au pont qui traverse le torrent, Dedeken a une soudaine intuition du danger qu'il court d'être jeté à l'eau; il s'arrête et invite à haute voix les curieux à ne pas l'accompagner plus loin. La foule hésite un instant et nos gens arrivent sains et saufs à la maison.

Ces braves mandarins avaient suivi la tactique habituelle pour provoquer le massacre d'Européens. Ils n'avaient pas réussi pour plusieurs raisons : parce que la population de Ta-tsien-lou est composée en grande partie de marchands et qu'elle est pacifique — les marchands, en effet, se tinrent tranquilles; — parce que le chef militaire est musulman et qu'il vit en bons termes avec les missionnaires : il avait refusé d'envoyer 200 soldats qu'on lui demandait; — parce que le roi tibétain, invité à soulever ses sujets, n'avait pas bougé, par antipathie pour les Chinois.

Le lendemain de cette sotte affaire, le liang-tay Ouang-kia-yong partait pour Batang par un chemin détourné; les gens du Kuin-leang-fou se répandaient dans le bazar en proférant des insultes contre nous; ils annonçaient que nous allions être enchaînés et chassés comme des chiens. Les missionnaires devaient avoir le même sort. Le second du Kuin-leang-fou, un certain Liou-pin, disait qu'il fallait tuer les Européens, qu'il en avait lui-même massacré à Tchong-king et que *cela n'était pas difficile*. Nous supposons qu'on voulait nous effrayer, mais on ne nous effraya pas.

Que fait alors le mandarin, qui n'a pas atteint son but; il laisse passer trois ou quatre jours, puis il envoie un homme de confiance nous offrir des excuses pendant que nous sommes à l'évêché. Le messager était en tenue de cérémonie; il avait à la main la grande carte de son maître, qui, disait-il, *se reconnaissait seul coupable*, bien qu'on eût *agi à son insu, par erreur*. Nous répondons que nous n'accepterons ces excuses que lorsque le mandarin aura délivré les passeports promis aux missionnaires.

Cet acte nous prouvera la sincérité du coupable repentant.

Le mandarin ne s'en tient pas là. Il nous fait voler quelques jours après, et, feignant d'instruire le procès des voleurs, il tient une grande séance en présence d'un public nombreux, et au moyen de faux témoins, de mensonges impudents, il s'efforce de nous salir et de nous déshonorer. La violence ne lui ayant pas réussi, il emploie la calomnie.

Nous envoyons un petit mot à son chef, qui habite Tcheng-tou-fou. Nous nous plaignons pour la forme, et notre plainte porte ses fruits : le coupable reçoit de l'avancement après notre départ.

Voilà l'administration chinoise à laquelle nos diplomates demandent des réparations, c'est-à-dire de la justice, de la loyauté. Nous croyons que c'est perdre son temps. Ces gens sont lâches, il faut leur inspirer la crainte : c'est le seul sentiment auquel ils cèdent.

Au moment où nous écrivons ces lignes, les bâtiments de guerre des puissances européennes se sont rassemblées et attendent le résultat des démarches et des discussions des ministres avec les Chinois.

Ils seraient disposés à agir. Nous pouvons prédire que les mandarins feront des excuses, qu'ils payeront une indemnité, qu'ils accorderont des concessions douanières à quelques-uns, des commandes de fusils destinés à tuer les Européens à d'autres, qu'ils feront des proclamations invitant le peuple au respect des Européens; on décapitera peut-être quelques chenapans qui devraient l'être depuis longtemps, et la comédie sera jouée. Les mandarins seront félicités par leurs supérieurs, ils recevront de l'avancement, on dira au peuple que les Européens sont des gens qui vendent leur vie pour de l'argent et qui font des menaces sans les exécuter jamais.

. . . .

Notre séjour à Ta-tsien-lou a duré plus d'un mois, car nos forces étaient épuisées et nous voulions arriver au Tonkn. Grâce aux bons soins de nos compatriotes, à leur obligeance, à leur aide, nous avons pu exécuter cette dernière partie de notre programme.

Pendant notre exploration nous avions fait de nombreuses collections destinées aux musées de France; à Ta-tsien-lou nous les avons augmentées considérablement, grâce à des achats que nous facilitaient nos compatriotes.

S'il avait fallu transporter nos ballots jusqu'au Tonkin, cela nous eût retardés et peut-être arrêtés à mi-chemin. Mais heureusement pour nous, M. Pratt, le naturaliste anglais bien connu, s'offrit à se charger du transport de nos bagages jusqu'au premier consul français, que nous supposions être à Han-keou et à qui nous adressions une lettre. Nous avons envoyé nos photographies par l'intermédiaire du consul anglais de Tchong-king, le consul européen le plus rapproché. Nous regrettons de ne pas savoir son nom afin de le publier à cette place, comme un faible hommage de reconnaissance. Photographies et collections sont arrivées en bon état en Europe, et elles sont exposées au Muséum, où elles resteront. M. Pratt a dû faire transporter nos paquets pendant un mois à dos d'hommes, acheter des jonques, descendre le Yan-tse-kiang jusqu'à Chang-haï. Notre consul de Han-keou étant absent, M. Pratt trouva tout naturel de transporter plus loin les collections adressées au Muséum d'histoire naturelle. A Chang-haï il se présente au consulat français, où M. Wagner lui dit ne pas vouloir s'intéresser (!) à cette affaire. Alors M. Pratt a recours au procureur des Missions étrangères, qui veut bien s'occuper de ces collections destinées à l'État, et les fait charger sur un paquebot des Messageries.

Grâce à M. Pratt, nous savions que les fruits de notre travail étaient en sécurité, autant que le permettent les rapides du Yan-tse-kiang, et nous pouvions nous diriger vers le Tonkin sans impedimenta.

Nous aurions peut-être quitté Ta-tsien-lou plus tôt, si, le 15 juillet, le bruit ne s'était répandu que des Européens partis de Sining-fou étaient en marche sur Ta-tsien-lou. Après avoir attendu une semaine ces Européens, que nous supposions être des Russes, nous sommes partis en suivant la route de Baber, le voyageur anglais.

En quittant Ta-tsien-lou, on quitte le Tibet. D

la première étape on voit commencer les vallées humides où se presse une population très dense et très affamée. On cultive tout ce qui peut l'être, de bas en haut. Chaque poignée de terre végétale est utilisée. Il n'est pas rare de voir une ou deux touffes de maïs plantées dans les encoignures des escarpements, sur de petits éboulis au flanc de la montagne. Tout est déboisé. Ici l'on fait produire à la terre ce qu'elle peut, impitoyablement. Nous constatons que des yeux avides ont examiné tous les coins et recoins de la vallée et que pas une parcelle de terrain n'est perdue. Ces gens-là doivent regretter de ne pas pouvoir faire sortir des moissons du cœur des rochers : s'ils en avaient le temps, ils les pulvériseraient et les transformeraient en rizières.

Nos auberges portent des noms pompeux, comme celui de « l'Étoile Polaire », car les Chinois sont ferrés sur les points cardinaux; ils en parlent à tout propos. Ils connaissent depuis des siècles l'aiguille montrant le sud, comme ils disent.

Nous sommes étonnés par leur économie, leur parcimonie, leur avarice, leur art de tirer parti de tout, absolument tout. Ne nourrissent-ils pas leurs chiens avec... On vous apporte une lampe lorsque la nuit tombe; eh bien, la mèche en est faite avec la moelle séchée d'un certain jonc. Vous fendriez le jonc, eux l'évident soigneusement; il servira à divers usages, à faire des ventouses, par exemple. Ils suppléent aux produits de l'industrie, qui leur manque, avec une adresse de mains et une patience remarquables. S'ils ne fumaient pas, il n'y aurait pas chez aucoup d'entre eux trace de superflu.

Et encore n'avons-nous pas entendu à ce propos une discussion bien typique entre un fumeur d'opium et un non-fumeur. Ils envisageaient la question de l'opium à un point de vue économique. Le fumeur disait que la dépense est la même pour l'un et pour l'autre, et que par conséquent l'opium n'offre pas d'inconvénients. En effet, un fumeur ne mange pas de viande, il ne peut boire d'eau-de-vie, il peut se nourrir de fruits à très bon marché et en manger d'énormes quantités sans s'exposer à la diarrhée. Celui qui ne fume pas doit manger de la viande de porc; il boit de l'eau-de-vie, et sa dépense pour se nourrir est aussi forte que pour fumer.

Dans ce pays, qui nous semble un véritable pays de la faim, où la lutte pour la vie rend les hommes féroces, sans pitié, sans charité, l'essentiel est de ne pas mourir de faim; peu importe le reste. Nous avons rencontré des êtres décharnés, se traînant avec peine; ils mouraient de faim. Nous en avons vu qui étaient tombés d'inanition sur le sentier; les Chinbis les enjambaient sans s'émouvoir, sans leur prêter aide. Le mourant expirait, et son cadavre restait là sans que personne songeât à s'en occuper.

. . . .

A Fou-lin nous quittons la grande route, qui

continue vers l'est, et nous nous dirigeons vers le Yunnan à travers les plateaux du Tien-chan. Sur la route nous trouvons des villes et des villages chinois, formés surtout d'émigrants du Se-tchouen : la montagne est habitée par les Lolos, race svelte, à longs pieds, énergique, guerrière; elle inspire une véritable crainte aux Chinois, qu'elle ne se fait pas faute de piller à l'occasion.

Nous voyageons à l'époque des examens, et les futurs bacheliers, chevauchant par bandes sur les chemins, ne perdent pas une occasion de nous insulter ou de nous menacer. Et nous ripostons par des corrections, quel que soit leur nombre, décidés à donner bonne idée des Européens et des Français à ces gens qui n'en ont pas encore vu dans leur costume national. Nous préférerions mourir plutôt que de laisser une insulte impunie, et c'est en appliquant ce principe, à nos risques et périls, que nous avons pu arriver sans encombre sur les bords du fleuve Rouge, après une halte à Yunnan-fou chez nos missionnaires et une autre à Mongtzeu chez M. Leduc, notre consul, qui nous accueillit cordialement ainsi que les Européens de la douane.

Grâce à M. Leduc et à M. Jansen, ingénieur des télégraphes, de nationalité danoise, nous nous embarquons le 22 septembre sur le fleuve Rouge, avec des provisions de route à l'européenne. Ce sont des boîtes de conserves, des vins de France, même du champagne, que nos hôtes nous ont offert gracieusement. Enfin, pour que rien ne manque au festin dont Henri d'Orléans élabore immédiatement le menu, nos bateliers sacrifient un buffle et nous offrent le « dos gras » de la bête, le filet et le faux-filet inclusivement, pour nous servir des termes aucunement homériques.

Puis, tandis que tous descendons le fleuve à l'ombre de la capote de joncs tressés formant toiture, et que la brise, rafraîchie par la marche en aval, nous caresse délicieusement, que les rives étalent une luxuriante végétation, où notre œil se fixe sans énergiques regards, on étend une natte propre, et dessus on dispose un déjeuner merveilleux, qui débute par la quinine. Car il faut être prudent lorsqu'on festine, ainsi que nous l'enseigne l'histoire. Vous entendez que je veux parler de Balthasar, à qui la joie de manger fit oublier l'ennemi. Or la fièvre en est un pour le voyageur, un ennemi contre lequel il suffit d'être en garde pour n'avoir rien à en craindre.

Le 22 septembre nous nous embarquons sur le fleuve Rouge, qui nous apparaît couleur de lie du haut de la deuxième passe, avant Mang-hao. Nul fleuve ne mérite mieux son nom.

Avant de l'atteindre, nous avons fait, depuis la frontière de Sibérie, à peu près 6.000 kilomètres, soit à pied, soit à cheval. Aussi vous comprendrez avec quelle satisfaction nous nous sommes étendus dans la jonque que nous avait retenue M. Jansen.

Le soir du 22 septembre, après avoir franchi

très rapidement les rapides, nous apercevons le drapeau français du poste de Bac-sat et nous stoppons pour aller serrer la main à son chef, le capitaine Cadars. Enfin nous étions sur la terre française.

Le 23 nous étions à Laokaï, où M. Laroze nous recevait en amis, et nous y changions de jonque. L'accueil de Laokaï n'était que le prélude des réceptions cordiales qui allaient se succéder sans interruption pendant notre séjour à Hanoï et le parcours de notre colonie.

A Hanoï, la colonie civile et militaire, M. Raoul Bonnal et le général Bichot en tête, nous traitait le plus amicalement du monde, et cet exemple était suivi par la population entière du Tonkin. A tous nous envoyons nos remerciements sincères.

Si nous avons été étonnés de la beauté du fleuve Rouge, nous ne l'avons pas été moins du confort et de l'animation qu'on trouve à Hanoï. Et ce que nous avons vu du delta, la richesse de la végétation, l'inouïe fertilité d'un sol inépuisable, tout nous fait penser que nous avons là une colonie très riche dont nous pourrons tirer un excellent parti. Il nous suffira pour cela de tomber d'accord au sujet de cet enfant dont la venue a peut-être dérangé nos combinaisons et qui aurait pu mieux se présenter, mais, croyez-nous, il est viable, et il fera son chemin si l'on s'occupe de lui comme il le mérite. C'est ce que nous souhaitons à nos compatriotes.

Chacun sait qu'on revient du Tonkin plus facilement et plus vite qu'on ne traverse le vieux continent. Pour le retour, nous avons pris à Haïphong les Messageries maritimes, et de Hong-kong sommes revenus à Marseille, avec nos collections, qui nous avaient précédés sur l'*Irraouaddy*.

De Hong-kong nous avons réexpédié notre Chinois dans son pays, où il retournera en accompagnant des missionnaires belges. Le petit vaniteux d'Abdoullah, qui mérite quand même quelques éloges, nous quitte à Port-Saïd. Rachmed vient avec nous à Paris, dans « son pays », et il retournera ensuite dans son autre pays le Turkestan russe. Dedeken rentre en Belgique. Henri d'Orléans et moi, étant les seuls Français de cette bande, restons en France. Tous sont très heureux du résultat du voyage. Je ne veux pas quitter la plume sans les remercier tous d'avoir eu confiance en moi, et d'avoir travaillé de tout cœur à la réussite d'un projet assez hardi. Tous nous avons fait ce que nous avons pu. Si nous n'avons pas fait plus, qu'on soit indulgent pour nous.

FIN

TABLE DES MATIÈRES

	Pages
Chap. I. Dans le Tien Chan chinois	1
— II. Dans le Tien Chan chinois (*suite*)	25
— III. Le Tarim et le Lob Nor	45
— IV. Les hauts plateaux	81
— V. La recherche d'une route	113
— VI. La recherche d'une route (*suite*)	141
— VII. Les lacs les plus élevés du monde	177
— VIII. Les Tibétains porteurs	207
— IX. Les gens de Lhaga	239
— X. Les gens de Lhaga (*suite*)	259
— XI. Le Tibet habité	277
— XII. Le Tibet habité (*suite*)	297
— XIII. L'est du Tibet	327
— XIV. Par la Chine au Tonkin	355

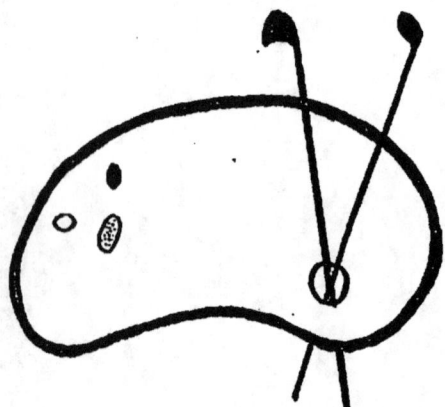

ORIGINAL EN COULEUR
NF Z 43-120-8

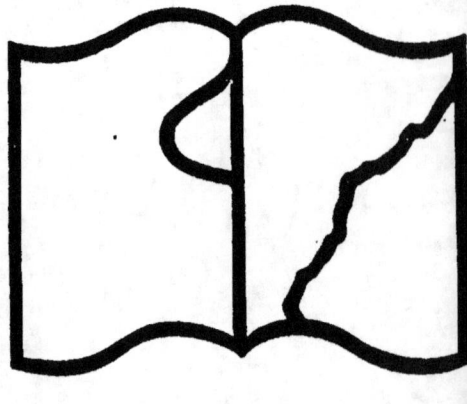

Texte détérioré — reliure défectueuse
NF Z 43-120-11

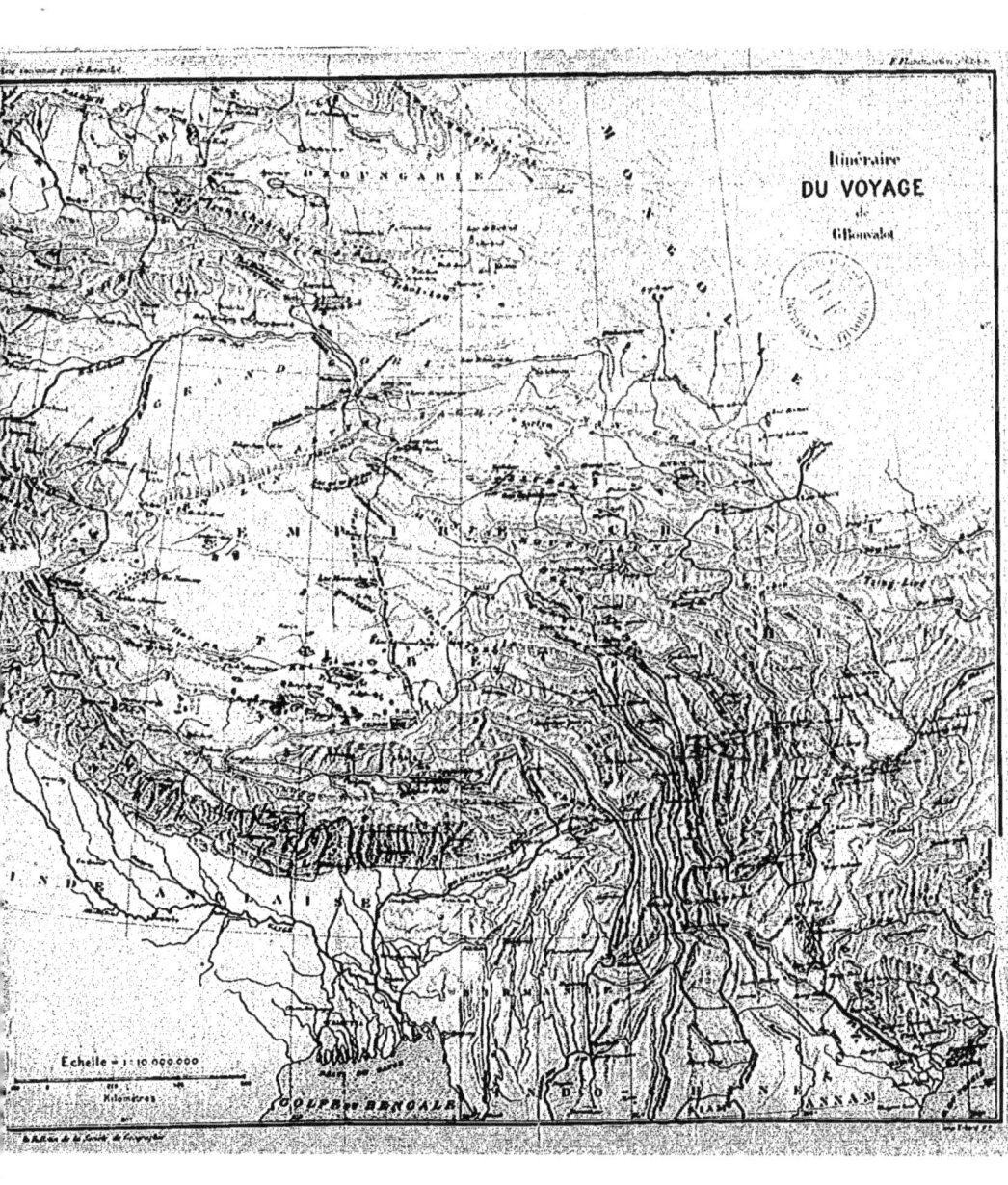

www.ingramcontent.com/pod-product-compliance
Lightning Source LLC
Chambersburg PA
CBHW052035230426
43671CB00011B/1659